1.	序章 史學史는 왜 배우는가	著述者와 讀者 —— 人間의 문제. 時代的 背景 —— 왜 저술했는가. 著述의 內容과 性格 理論과 實際 — 베른하임의 『歷史學入門』 時代區分	(누가) (언제)(어디서) (무엇을)(어떻게) (왜)
2.	神異的 正史와 그 傳統	帝王 中心 貴族들의 神異史話 (三國時代) 『留記』·『書記』·『國史』 貴族的 神異史話 (統一新羅時代) 金大問·僧傳·[illegible] 『舊三國史』『殊異傳』『海東古記』 (『海東高僧傳』)	[支配者의 權威 超人間的 偉大性 貴族勢力 佛敎勢力 反武臣的
3.	道德的 合理主義 史學	崔致遠 金富軾 『三國史記』 『海東高僧傳』 『三國遺事』·『帝王韻紀』 —— 復古的 高麗後期 史書 편찬 (李齊賢 ---) 朝鮮初期 〃 (高麗史·實錄·寶鑑·通鑑·地理誌) 朝鮮中期 私撰史書 ( ) —— 士林勢力 反映, 學問的 獨立 族譜 - 地方誌 · 野史	貴族中心 經世術 — 政治史 中心 敍述 忠은 貴族權威의 象徵 中國의 權威 (事大)
4.	兩班社會 改革을 위한 史學 (社會改革史學)	實學派의 社會改革論을 뒷받침하는 史學 實學派 史學: 尙古史觀(正史·現實[illegible]), 正統論, 發展과 進步, 歷史舞台 (反事大), 考證的 方法 (神異史觀 批判) 中間階層史學: 『震史』 — [illegible], 『里鄕見聞錄』 — 鄕吏, 『壺山外記』 — 中人	[嶺外兩班層의 社會批判 激烈的 權威 反事大 中間階層의 自覺 兩班身分制 批判 人間中心 (傳記) 새 史料 발굴
5.	愛國的 啓蒙史學	進步史觀 (西遊見聞) 社會進化論 世界的 普遍性 啓蒙史學 敎科用圖書 國家興亡史 英雄傳記物 東學의 開闢史觀 大倧敎의 國粹主義的 復古史觀 (神檀實記 ····) 古典 發掘 — 光文會	[兩班 신분 排斥 平等思想 愛國思想 (對外 경쟁)
6.	~~近代史學의 成長~~ 民族主義史學과 科學的 正史學	民族主義史學 {精神史觀, 獨立의 精神的 支柱, 民族的 使命 (咸錫憲)} 唯物史觀 {官學史觀·民族主義史觀 批判, 社會改革實踐論 (社會發展公式)} 實證史學 {客觀的 史實 존중 — 科學的 方法, 社會的 關心 희박 — 體系性 결여, 獨立된 職業的 學問}	
7.	陣痛하는 現代史學	新民族主義史學 植民主義史觀 批判 民族史學論, 分斷史學論 時代區分論 古代史波動, 民衆史學 北韓 正史學	
8.	結章 現代 韓國史學의 進路	多元的 普遍性의 發展史觀 — 學問과 現實 普遍性과 特殊性 正史的 眞理와 現實 — [illegible]	

이기백 선생의 한국사학사 강의계획표

李基白韓國史學論集 15

韓國史學史論

李 基 白 著

一 潮 閣

책을 펴내기까지

'사학사는 왜 배우는가'. 이 책 서장의 제목을 이렇게 붙인 이기백 선생은 그 이유를 "사학사는 옛날 역사가들의 역사에 대한 의식이 어떠했고, 동시에 현대인들이 어떠한 역사의식을 가지는 것이 바람직한가에 대한 하나의 길잡이가 된다"라고 설명하였다. 즉 사학사란 『삼국사기』나 『삼국유사』, 『고려사』와 『조선왕조실록』 등과 같은 역사서들을 '누가, 언제, 어디서, 무엇을, 어떻게, 왜' 썼는가 하는 문제에 관심을 갖는 학문인데, 그러한 역사서의 저술이 당시의 사회와 우리 역사의 큰 흐름 속에서 어떤 의의를 가지는가를 이해하는 일은 바로 우리가 어떤 역사의식을 갖고 살아야 하는가라는 문제를 해결하는 데 도움을 준다는 것이다.

『한국사학사론』은 바로 이와 같은 입장에서 쓰인 책이다. 선생께서는 『한국사신론』을 통해 한국사의 큰 흐름을 새로운 관점에서 정리하는 한편으로, 『민족과 역사』, 『한국사학의 방향』, 『한국사상의 재구성』과 같은 사론집을 펴내 한국사를 이해하는 올바른 관점을 제시하고자 노력하였다. 그러한 관심은 한국사학사의 큰 줄기를 개관하려는 계획으로 확대되었다. 그리하여 사학사의 연구와 함께 강단에서 '한국사학사' 강의도 여러 차례 하면서 그 저술 내용을 구체적으로 가다듬어 가셨다. 선생께서는 만년에 당신의 학문적 업적을 정리하여 『이기백한국사학논집』을 출간하기 시작하였는데, 원래 이 '논집'의 목록에 『한국사학사론』이라는 책의 제목이 들어 있는 것을 보면 생시에 저술의 완성을 확신하신 듯하다. 그러나 안타깝게도 그 일을 끝내지 못하고 별세하셨는데, 이제야 비로소 책으로 출간되어 『이기백한국사학논집』(별책 포함 전 16권)이 완간되었다.

평소 선생께서는 한국사학사 연구의 중요성과 함께 그 저술계획을 여러 차례 언급하셨기 때문에 이 책을 끝내지 못한 데 대한 주위의 아쉬움이 매우 컸다. 그래서 가르침을 직접 받은 제자들 몇 명이 모여서 선생의 학문적 업적을 계승하는 방법을 모색하다가 한국사학사를 개관하려던 선생의 노력을 이어가기로 의견을 모았다.

그러한 과정에서 다행스럽게도 선생의 '한국사학사' 강의 녹취록과 강의노트가 있다는 사실을 알게 되었다. 그 녹취록은 1999년에 이화여자대학교에서 사학과 학생들을 상대로 강의한 것을 정리한 것이다. 언젠가 선생께서는 '그 강의 전체를 녹음했고 그것을 대학원생이 풀어쓰고 있는데, 그 상태로 책을 낼 수는 없고 손을 보아야 할 것 같다'는 요지의 말씀을 하신 것으로 기억한다. 그런데 막상 녹취록을 검토해보니 실제 녹취는 전체 강의 중 일부만 되어 있고(서장을 포함한 이 책의 제1·2·3장), 나머지 뒷부분(이 책의 제4·5장)은 녹취가 되지 않은 채 노트 형식으로만 정리되어 있었다. 또 선생께서는 녹취록의 앞부분(이 책의 서장, 제1·2장)은 직접 수정하셨으나, 나머지는 수정을 전혀 하지 않은 채였다. 그러므로 녹취록과 강의노트가 남아 있기는 하였지만, 정작 각 부분은 일정한 통일성과 조화를 이루지 못한 상태였다. 혹시 녹음테이프 원본이 있는지 여러모로 알아보았으나 끝내 찾지 못한 것이 지금도 무척 아쉽다.

어쨌든 이러한 문제를 두고 여러 차례 고민과 논의를 한 끝에 우리들은 일단 선생께서 생시에 계획하셨던 『한국사학사론』을 출간하기로 결정하고, 다음과 같은 정리원칙을 세웠다.

첫째, 원본이 강의록 형태로 남아 있으므로 전문학술서의 성격을 지양하고 일반인도 쉽게 읽을 수 있는 수준의 책으로 만든다. 둘째, 책 전체의 체재와 내용의 조화를 이루기 위해 선생께서 직접 수정하신 제1·2장의 형식을 참고하여 나머지 원고의 일부를 최소한으로 수정한다. 셋째, 강의가 녹취되어 있지 않은 제4·5장은 강의노트와 선생께서 쓰신 기왕의 논문을 참고하여 내용을 수정 보완한다.

이러한 원칙 아래 각자가 일정한 부분을 맡아 원고를 정리하되, 전체가 모인 가운데 그 내용을 거듭하여 검토하였다. 다행히 선생께서는 생시에 사학사에 관한 많은 글을 쓰셨기 때문에 우리들의 역할도 원고의 내용을 수정한다기보다는 그 글을 참고하면서 표현을 가다듬는 수준에 그쳤고, 또 가르침을 직접 받은 제자들이었던 만큼 내용의 해석을 둘러싸고 이견이 생길 여지도 거의 없었다. 물론 어떤 대목에서는 선생께 직접 문의하고 싶은 부분도 없지 않았지만, 원고를 가다듬는 동안 내내 우리 모두가 선생의 강의를 직접 듣는 마음으로 임하였으므로, 어떤 때는 마치 선생께서 우리와 함께 계시는 듯한 느낌이 든 적도 많았다. 역사학 자체가 오로지 진리를 추구하는 데 그 존재 의의가 있음을 갈파하고, 그 진리를 밝히는 데 일생을 바친 선생의 학문적 업적이 이 『한국사학사론』에도 고스란히 담겨 있음을 새삼 알게 되었다.

그러나 최소한이라고는 하였지만, 감히 원고를 수정하면서 선생께서 말씀하시고자 한 원뜻을 잘못 헤아리는 어리석음을 범하지 않았나 하는 두려움이 있다는 사실을 고백한다. 그러므로 이 책에서 혹시 잘못이 찾아진다면 그것은 전적으로 선생의 가르침을 아직도 제대로 깨우치지 못한 우리들의 책임이라는 점도 아울러 밝혀두는 바이다. 또 원래의 강의계획서에는 제6장 '진통하는 현대사학'과 '현대한국사학의 진로'라는 제목을 붙인 결장結章 부분이 들어 있지만, 우리가 입수한 강의노트에는 이 부분이 빠져 있다. 따라서 부득이 이 책은 이들을 제외하고 5개 장으로만 구성하였다는 점도 참고로 언급해 둔다.

이상에서 이 책을 내기까지의 과정을 간단하게 밝혔지만, 끝으로 선생께서 손수 쓰신 강의노트를 이용하도록 흔쾌하게 허락해주신 사모님 최연순 여사, 강의 녹취록을 제공해주신 이화여자대학교의 이배용 교수께 깊은 감사를 드린다. 그리고 선생의 뜻을 높이 받들어『이기백한국사학논집』을 완간시켜 주신 일조각의 김시연 사장과 원고를 깔끔하게 다듬어준 편집부 여러분께도 감사를 드린다. 아울러 이 책의 원고를 정리하는 데 참여한 제자들은 곽승훈 · 김당택 · 김수태 · 김용선 · 김태욱 · 노용필 · 류창규 · 변동명 · 신호철 · 조인성임을 밝힌다.

2011년 6월 2일

참여한 제자들을 대표하여

김용선 씀

차례

| 서장 |

사학사는 왜 배우는가

1. 사학사에 대한 관심

최근 사학사에 대한 관심이 매우 높아져서 역사학계에서는 하나의 붐을 이루다시피 하고 있고, 금년(1999년)에는 사학사를 연구하는 학회인 '한국사학사학회'도 생겼다. 이와 관련해 여러 책들이 편찬되었는데, 그중 『한국사학사』(신형식 편저, 삼영사, 1999)는 우리나라의 역사책에서 중요한 것들을 골라 책 소개를 중심으로 시대를 나누어 정리하였고, 『한국사학사대요』(박인호, 이회문화사, 1996)라는 개설서도 편찬되었다. 우리나라 사학에 관한 전반적인 내용을 다룬 책 중에는 이 두 책이 가장 대표적이며 그 외에도 여러 가지 저서가 편찬되었다.

『역대한국사론선』(이기백 편, 새문사, 1993)은 고대부터 해방 직후까지 우리나라 역사학자들이 역사책을 쓴 이유에 대해 알 수 있는 글들을 소개하였다. 김부식이 『삼국사기』를 임금에게 올리면서 쓴 글이 있어 그 글을 통해 그가 『삼국사기』를 어떤 뜻으로 썼는지를 알 수 있지만, 그 외에는 역사가들이 자신의 저서에서 역사를 어떻게 보겠다는 자신의 생각을 피력한 경우는 거의 없다. 가령 김대문의 『화랑세기』에는 화랑도花郞道를 통해 임금을 보좌하는 어진 신하나 나라를 지키는 훌륭한 전사들이 화랑도花郞徒에서 나왔다는 이야기는 있지만, 『화랑세기』를 무슨 생각으로 지었는지는 나와 있지 않다. 따라서 『역대한국사론선』은 간접적으로나마 역사가들이 역사서를 쓴 이유를 알 수 있는 글들을 번역해서 소개하였다.

이렇듯 학계에서 사학사에 대한 책이 많이 편찬되고 있는 것은 그만큼 사학사에 대해 관심이 높다는 것을 의미한다. 이처럼 사학사에 대한 관심이 높아지고 있는 이유는 무엇일까. 이는 사학사가 옛날 역사가들의 역사에 대한 의식이 어떠했고 동시에 현대인들이 어떠한 역사의식을 가지는 것이 바람직한가에 대한 하나의 길잡이가 된다는 점에서 당연히 역사가뿐 아니라 일반인의 관심의 대상이 된 까닭이다.

2. 사학사 연구방법

사학사를 연구하는 방법은 어떠한 역사적 사건에 대해 '누가, 언제, 어디서, 무엇을, 어떻게, 왜'라는 여섯 가지 질문을 던지는 것이다. 이것은 사학사뿐 아니라 인간과 관련되는 모든 사건에서 우리가 당연히 의문을 가져야 할 여섯 가지의 질문이라고 할 수 있다. 이 질문에 대한 답을 얻으면 모든 문제가 해결된다고 할 수 있다. 이것은 상식적인 이야기일 수도 있지만 매우 중요한 부분이다. 사료에 나온 것에만 현혹되어 이러한 여섯 가지 질문을 차분히 고찰하지 않는 경우가 많기 때문이다.

우선 '누가'는 역사학의 경우에 저자가 된다. 예컨대 『삼국사기』의 저자는 김부식이다. 그러나 저자 개인의 이름만으로 '누가'에 대한 정답이 된다고는 할 수 없다. 왜냐하면 김부식이 어떤 사람인지를 알아야 하기 때문이다. 당시 고려 중기에는 여러 유형의 인물들이 있었다. 평소의 일상생활에 만족하는 유형, 왕권이라는 특수한 통치권을 가진 왕이라는 유형, 귀족이라는 유형 등이 있었으며, 같은 귀족이라도 유형이 다른 경우가 있었다. 예컨대 묘청과 김부식은 같은 귀족이지만 당시 크게 대립하였으므로, 그 둘의 유형을 다르게 구분지을 수 있다. 한편 묘청과 같은 생각을 가진 사람으로 당시 유명한 시인인 정지상을 들 수 있는데 묘청과 정지상은 같은 유형으로 분류할 수 있다. 이렇듯 당시에 김부식으로 대표되는 귀족세력과 묘청이나 정지상으로 대표되는 귀족세력은 크게 대립하고 있었고 그 유형도 다르다. 김부식은 유학자이며 개경파이고, 묘청이나 정지상은 서경파이며 풍수지리설을 신봉했다는 점에서 성격적으로 차이가 있다. 따라서 김부식이 『삼국사기』를 짓게 되는 배후에는 김부식과 생각을 같이하는 일단의 같은 유형의 인물들이 배경을 이루고 있다고 보아야 한다. 따라서 그 배경을 이루는 사람들이 어떤 유형인지를 알아야 '누가'에 대한 정답이 나오는 것이다. 이것은 학문에서 개인적인 사관의 문제를 밝히는 것 이상의 중요한 의미를 갖는다.

'언제'는 책이 지어질 당시의 시대적 배경을 말한다. 『삼국사기』의 경우는 유교정치와 귀족정치라는 시대적 배경 속에서 지어졌다. 김부식이 개인적으로 책을 쓴 것이 아니라 당시에는 그를 포함한 많은 유학자가 있었고, 『삼국사기』와 같은 역사책을 필요로 하는 시대적 배경이 있었기 때문에 그와 같은 책을 지을 수 있었던 것이다.

'어디서'는 사회적 배경이다. 김부식은 개경 사람인데 묘청은 서경 사람이다. 당시에 서경이라는 지역은 고구려의 옛 서울로서, 고구려를 계승했다는 의식을 가진 일부 사람들이 서울을 옮겨야 한다는 생각을 갖고 있었다. 서경 사람인 묘청이 만일 서경에서 역사서를 썼다면 개경 사람이 쓴 김부식의 『삼국사기』와는 달랐을 것이다. 이처럼 사회적 배경이라는 것은 중요하다. 그러나 이 점은 사학사에서는 항상 고려해야 할 점이 아닐 수도 있다. 왜냐하면 대부분의 역사서는 우리나라에서 저술되었으므로, 묘청과 김부식의 경우와 같이 특별한 경우를 제외한 대부분이 사회적 배경을 우리나라라는 하나의 통일된 단위로 보기 때문이다. 따라서 '어디서'라는 물음은 별로 중요치 않게 생각해도 무방하다.

'무엇을'은 저술의 내용이다. 즉 저자가 관심의 대상으로 삼은 내용을 말하는 것이다. 가령 임금의 행적에 대해 관심을 가지면 왕실의 역사가 되고, 불교에 관심을 가지면 불교사가 된다. 예컨대 김대문의 『고승전』이나 고려 후기 각훈의 『해동고승전』, 일연의 『삼국유사』 등은 불교와 관련된 내용이 많다. 그 외에도 향리나 서얼, 의사나 통역관과 같은 중인中人들의 역사 등 여러 가지 내용의 역사서가 있는데, 각각의 역사서에서 그 내용이 무엇인지를 아는 것은 상당히 중요하며 역사책을 이해하는 데 중요한 역할을 한다.

'어떻게'는 저술의 형식이다. 형식에는 여러 가지가 있다. 예컨대 초인간적인 설화 형식, 역대 왕의 이름을 나열하는 연대기 형식, 흥미 위주의 사화史話 형식 등 저술의 형식에 차이가 있다. 또 『삼국사기』의 경우처럼 왕실에 관한 것은 본기에 적고, 귀족들의 전기는 열전에 적고, 지리에 관한 것은 지리지에 적으며, 종교에 관한 것은 제사지에 적고, 의복은 색복지에 적는 식의 기전체紀傳體 서술 형식도 있고, 사건의 전말을 적는 기사본말체紀事本末體 형식도 있다.

'왜'는 저술의 목적이다. 이것이 바로 우리가 역사책에서 최종적으로 알아내야 하는 것이다. 앞에서 말한 다섯 가지 요소들을 잘 고찰하면 자연스럽게 저술의 목적이 결론으로 나온다. 물론 때로는 김부식의 『삼국사기』와 같이 저자 자신이 책을 쓴 목적을 뚜렷이 적은 경우도 있지만 이것을 완전히 믿을 수는 없다. 저자의 사회적 유형성이나 사상, 그리고 시대적 배경들을 함께 고찰하여 저술의 목적을 알아내야 한다.

이상에서 살펴본 여섯 가지 항목을 잘 고찰하면 역사 저술의 역사적 의의를 알 수 있다. 그런데 역사학도 하나의 사상이라고 할 수 있다. 사상이라는 것은 인간의 본질이나 사회적 역할 등에 관한 것인데, 역사학은 인간이 왜 역사적으로 그러한 행동을 했는지를 기술하는 것이므로 사상과 역사는 연구대상만 다를 뿐 별로 차이가 없다고 할 수 있다. 따라서 역사학의 역사는 사상의 역사를 연구하는 것과 마찬가지로 중요한 관심의 대상이 되어야 하는 것이다.

3. 시대 구분

시대 구분의 필요성은 역사의 큰 흐름을 단계별로 이해할 수 있는 계기를 마련해준다는 데 있다. 사학사의 시대 구분은 우리나라 역사학의 방향과 흐름에 있어서 그 전환과 구분이 어디에 있는지에 따라 선을 긋는 역할을 한다. 시대 구분을 통해 사학사의 흐름을 더 분명하게 알 수 있다.

우선 역사적으로 시기를 구분하면 삼국시대 · 통일신라시대, 고려시대, 조선시대, 개화기, 일제시대, 해방 이후로 나눌 수 있는데, 사학사 연구에서는 어떻게 구분하고 있는지 살펴보도록 하겠다.

사학사에 대해 시대 구분을 한 학자들을 글을 쓴 순서대로 살펴보면, 우선 『한국문화전통론』(세종대왕기념사업회, 1983)을 쓴 김철준이 있다. 이 저서에서는 삼국시대와 통일신라시대를 고대사학으로 보고, 고려시대와 조선시대를 중세로 이해하여 고려시대를 '중세문화의 성립과 민족의식의 성장'이라는 제목으로, 그리고 조선시대는 '조선조 사학의 흐름'이라는 제목으로 다루었다. 개화기에서 일제시대는 근대사학으로 보고 민족사학, 문헌고증사학, 사회경제사학의 셋으로 나누었다. 즉 고대사학, 중세사학, 근대사학으로 나누었는데 이것이 시대 구분의 제1유형인 3구분법이다.

한영우는 『한국사특강』(한국사특강 편찬위원회 편, 서울대학교출판부, 1990)의 「총론」에서 고대사학, 중세사학, 근대사학, 현대사학으로 나누었는데 이것은 3구분법에 현대사학을 합한 4구분법으로 역시 제1유형에 속한다. 정구복의 「사학사에 있어서의 시대구분과 각 시대의 특징」이라는 논문은 『한국사 시대 구분에 관한 연구』(한국정신문화연구원, 1995)에 실려 있는데, 이 논문에서는 고대의 역사학, 중세의 역사학(중세 전기 · 중세 중기 · 중세 후기), 근대사학(20세기 초~1945년), 현대사학(1945년 이후)으로 4구분법을 취하였다. 이렇듯 김철준, 한영우, 정구복은 3 · 4구분법의 입장을 취하고 있는데 이것이 제1유형이다.

그런데 이 같은 구분법에 사용되고 있는 고대 · 중세 · 근대 · 현대라는 용어의 개념에 대해서는 각자 설명을 하고는 있지만 여기에는 약간의 문제점이 있다. 용어만 보고도 무엇을 뜻하는지가 짐작이 가야 하는데 전혀 그렇지 못하기 때문이다. 마르크스의 유물사관에서 역사의 발전은 고대 · 중세 · 근대로 내려가는데, 여기에서의 고대 · 중세 · 근대는 명확한 개념이 있다. 고대사회란 노예제 사회를 말하는 것이다. 여기에서는 생산의 중요한 수단인 노동력을 노예로 본다. 그런데 이후에는 노예를 직접 부리지 않고 그들에게 땅을 나누어 주어 농사를 자유롭게 짓게 하고 대신 수확량의 일정량을 땅 주인에게 바치게 하는 형태로 바뀌어갔는데, 이것이 봉건 사회이고 다른 말로 중세 사회라고 한다. 이것은 토지경제가 주가 되므로 농촌의 경우라고 할 수 있다. 한편 도시에서는 상공업이 일어나고 공장이 생기는 등 공업이 주된 생산수단이 되어서 노동자들이 생산수단의 주된 인력으로 등장하였다. 공장 운영은 기업가(자본가)가 하게 되는데 이것이 자본주의 사회, 즉 근대 사회이다. 이렇게 보면 고대 · 중세 · 근대라는 단어에는 노예제 사회, 봉건제 사회, 자본주의 사회라는 구체적인 내용이 들어가므로 그 개념을 잘 알 수 있다.

그런데 유물사관이 실제의 역사와 들어맞는지에 대해서는 의문이 간다. 헤로도토스, 투키디데스 등 고대 그리스 · 로마의 대역사가를 고대 역사가라고는 하지만 노예제 역사가라고는 하지 않는다. 또 예를 들어 봉건 시대의 아우구스티누스는 역사를 이원론적으로 하늘의 나라와 지상의 나라로 구분하여 이해하는 방법(가톨릭적 역사이해방법)을 도입하여 『신국론神國論』을 썼는데, 그를 중세사가라고는 하지만 봉건사가라고는 하지 않는다. 근대사학의 경우도 마찬가지라고 할 수 있다. 그러므로 유물사관의 입장에서 볼 때는 고대 · 중세 · 근대의 내용과 개념이 분명해지지만 역사학 일반에 이러한 3분법을 적용하는 것은 부적절하다고 볼 수 있다. 게다가 나는 우리나라에는 노예제 사회나 봉건제 사회가 없었다고 보기 때문에, 고대 · 중세 · 근대로 시대를 구분하는 것은 곤란하다고 생각한다.

『역대한국사론선』에 실린 「한국사학의 전개」라는 글은 위와는 다른 입장을 취하고 있다. 신이사관神異史觀이란 『삼국유사』에 나오는 말로 신성하고 이상한 것, 즉 초인간적인 것을 기록한 역사를 말한다. 서양사에서 호메로스의 『일리아스Ilias』를 보면 트로이전쟁은 하늘 위에서 그리스 신들이 전쟁하는 것을 대신하는 것으로 보고 있는데 이러한 것이 바로 초인간적인 것이다. 이러한 신이사관이 고려시대 중기에는 유교적 도덕사관으로 넘어가고, 조선시대 후기에는 실학파의 사관, 그리고 19세기 중간신분층의 사론, 개화기에 와서는 개화기의 진보사관과 계몽적 애국사관, 일제시대에 민족주의사관·사회경제적 관심과 유물사관·실증사학, 해방 이후에는 신민족주의사학으로 나타난다고 보고 있다. 이와 비슷한 경우로 박인호는 『한국사학사대요』에서 신이사관의 시대(선사 및 삼국의 역사학과 남북조의 역사학), 불교·유교사관의 시대(고려시대와 조선시대의 역사학), 계몽사관의 시대(개화기의 역사학, 식민주의 역사학, 일제하 한국사 연구에서의 새로운 발전), 현대역사관의 조류라는 4개의 시대로 구분하였다. 이것은 사관 중심의 시대 구분으로서 제2유형이다.

제3유형을 보면 한영우가 『한국의 역사가와 역사학』 상권(창작과비평사, 1994)의 「우리나라 역사학의 흐름」에서 고대의 역사편찬, 고려시대의 역사서술, 조선시대의 역사서술, 한말·일제시대의 역사학, 해방 이후(남한의 역사학, 북한의 역사학)의 왕조 중심으로 나누고 있다.

제4유형은 신형식의 『한국사학사』에서 전통사학과 근대사학으로 크게 둘로 나눈 것을 들 수 있다.

이상에서 보았듯이 시대구분법은 네 가지 유형으로 나뉘는데, 이 책에서는 내가 「한국사학의 전개」라는 글에서 제시한 사관들을 토대로 그러한 사관에 입각해서 이루어진 역사서술이 구체적으로 어떻게 다른지에 초점을 맞추어 시대를 나누고자 한다. 즉 신이적 역사와 그 전통, 도덕적 합리주의 사학, 양반사회 개혁을 위한 사학, 애국적 계몽사학, 민족주의 역사학과 과학적 역사학, 진통하는 현대사학으로 구분하는 것이다.*

---

* 보주 : 이기백은 이렇게 6개의 시대구분을 하였지만, 그의 강의록은 앞의 5개 부분에서 끝나고 마지막 '진통하는 현대사학' 부분은 없다. 따라서 이 『한국사학사』도 마지막 부분을 제외할 수밖에 없음을 밝혀둔다. 참고로 원강의계획서에는 이 마지막 부분을 '신민족주의사관·식민주의사관 비판·민족사학론·분단사학론·시대구분론·고대사 파동·민중사학·북한역사학'이라는 8개 절로 구상하고 있다. 또 결장結章은 '현대한국사학의 진로'라는 제목 아래 '다원적 보편성의 발전사관·보편성과 특수성·역사적 진리와 현실'이라는 3개의 소절小節로 구상하였다.

| 제1장 |

신이적 역사와 그 전통

1. 제왕 중심 귀족들의 신이사

(1) 한국 사학의 기원

역사 편찬과 관련한 『삼국사기』 기록을 보면 고구려의 경우 "나라 초기에 처음으로 문자를 사용할 때 어떤 사람이 있어서 이를 100권으로 기록했는데 이름을 유기留記라고 했다"〔권20, 영양왕 11년(600)〕라고 기록되어 있다. 백제의 경우는 "건국한 이래 문자로 사실을 적은 일이 없었으나 근초고왕 대에 이르러 박사 고흥高興이 있어서 비로소 서기書記가 있었다"〔권24, 근초고왕 30년(375)〕라고 기록되어 있다. 신라의 경우는 "이사부異斯夫가 임금에게 아뢰기를 국사國史라는 것은 임금과 신하의 선하고 악한 것을 기록해서 후대의 칭찬과 평가에 대한 자료로 삼는데 아직 이것이 없으므로 역사를 편찬하자"라고 했다. 그래서 "진흥왕이 거칠부居柒夫 등에게 명하여 문사文士들을 널리 모아 편찬케 했다"〔권4, 진흥왕 6년(545)〕라고 기록에 나온 것이 전부이다.

이처럼 고구려, 백제, 신라의 역사 편찬에 관해서는 그 기록이 간단해서 해결되지 않은 의문이 많으므로 학자에 따라 설이 분분하다. 한편 삼국 이전의 국가인 고조선, 부여, 삼한 등에 역사책이 있었는지에 대해서는 현재로서는 분명치 않지만 다소 부정적으로 생각하고 싶다. 왜냐하면 일정한 역사적인 조건이 성숙해서 국사를 적을 필요가 있다는 인식이 생긴 뒤에야 비로소 역사서가 존재할 수 있는데, 고조선, 부여, 삼한 등에서 일정한 시대적 교훈이 무르익었는지는 다소 의심스럽기 때문이다.

그런데 고조선, 부여, 삼한 등에 역사서가 있지 않았을까 하는 의문을 품게 하는 근거가 몇 가지 있다. 『삼국유사』 기이편紀異篇의 처음이 고조선조인데, 이 중에는 중국의 『위서魏書』에 나오는 기사를 인용하고 우리나라의 『고기古記』라는 책도 인용하고 있다. 또 『삼국유사』 고구려조를 보면 『단군기檀君記』(『단군고기檀君古記』로 추정)가 나온다. 고조선조의 『고기』와 고구려조의 『단군기』를 같은 책으로 보는 데는 대체로 의견이 일치한다. 그렇다면 일연一然이 고려 후기에 본 『단군고기』라는 책을 고조선 때 지은 책으로 보아도 무방할 듯하다. 이를 근거로 고조선 때에도 역사책이 있던 것으로 보는 것이다.

그러나 『삼국유사』의 고구려조(권1, 기이紀異 2)의 '단군기'에서는 단군보다는 고주몽高朱蒙의 이야기가 나오고, 또 동명왕조(권1, 왕력王歷)를 보면 "혹은 주몽은 단군의 아들이라고 되어 있다"라고 적혀 있다. 여기서 '혹은'이라는 말을 '어떤 책에는'이라는 뜻으로 볼 때 그 책을 『단군고기』로 본다면, 결국 『단군고기』는 고주몽 이후에 지어진 책이라는 뜻이 된다. 따라서 이 책은 고조선이 아닌 고구려 이후에 지어진 책으로 보는 것이 좋다.

이와 관련해 흥미로운 것은 『삼한고기三韓古記』라는 책인데, 이것을 삼한 시대의 책으로 보는 의견이 있다. 김정배는 「단군 기사와 관련된 '고기'의 성격」(『한국상고사의 제문제』, 한국정신문화연구원, 1987)이라는 논문에서 『삼한고기』는 신라시대 안홍安弘이라는 승려가 지은 것이 아닌가라고 보고, 그 기록에 고조선이나 고구려, 삼한 등의 기록을 남겼을 것이라고 하였다. 최치원崔致遠(857~?)은 삼한 중 마한을 고구려, 진한을 백제, 변한을 신라로 보았는데(「상태사시중장上太師侍中狀」, 『고운집孤雲集』 권1), 김정배는 이것을 아마 최치원이 안홍의 『삼한고기』를 보고 이야기했을 것이라고 보았다. 그런데 안홍은 선덕여왕 때인 삼국통일 직전의 인물이므로 김정배의 견해가 대체로 맞는 것으로 보인다.

결국 고조선이나 삼한 시대에 자기 나라의 역사를 편찬했다는 것은 현재로서는 의심스럽다. 역사책은 시대적인 조건이 성숙된 뒤에 쓸 수 있다는 것을 기억해야 할 것이다.

이제 삼국의 책 이름에 대해 살펴보도록 하겠다. 고구려의 『유기』는 기록상으로 명시된 것으로 보아 책의 이름이 확실하다. '유기留記'란 '기록을 남긴다'는 뜻이므로 틀림없이 역사책이라고 할 수 있다. 그러나 백제의 경우는 다소 애매하다. 기록에 "처음으로 서기書記가 있었다"라고 되어 있는데, 이에 대해 단지 글을 쓴 것이지 역사책을 쓴 것은 아니라고 해석하여 책 이름이 아니라고 보는 경우가 있다. 그러나 나는 '서기書記'는 책 이름이라고 본다. 왜냐하면 "사건을 기록하는 적이 없었다〔未有以文字記事〕"라는 것을, 모든 일이 아닌 구체적인 역사적 사건들을 기록한 일이 없었다는 뜻으로 해석한다면 『서기』를 역사책으로 보아도 무방하기 때문이다. 또 『일본서기日本書紀』에서의 '서기書紀'도 마찬가지다. 『일본서기』를 쓰는 데 백제인이 도움을 많이 주었는데, 그들이 자기 나라 역사책 이름이 『서기』이므로 일본의 역사책 이름도 『일본서기』로 지었을 것이라고 추측할 수 있다. 이 두 가지

이유를 근거로 해서 『서기』를 백제의 역사책으로 생각해도 좋다고 본다. 신라의 '국사國史'는 반드시 책 이름이라고 말하기는 어렵다. 그러나 편의상 책 이름으로 간주해 둔다.

다음으로 저술된 시대를 살펴보도록 하겠다. 고구려의 경우 『유기』가 국초에 저술되었다고 되어 있는데, 국초는 고주몽 때라고 할 수 있다. 한편 고구려 건국은 기원전 37년으로 되어 있는데, 이것은 신라에서 왜곡한 것이다. 『한서漢書』(권28, 현도군玄菟郡)에 이미 기원전 100년경에 고구려라는 이름이 나오기 때문에 그전부터 고구려는 존재한 것이다. 결국 신라인들이 통일 후 신라가 최고最古, 즉 가장 오래되었다라는 것을 부각하기 위해 연대를 조작한 것이라고 볼 수 있다. 백제의 경우 『서기』가 근초고왕 때 저술된 것으로 되어 있다. 기록은 근초고왕 30년(375)으로 되어 있는데, 이 해는 근초고왕이 죽은 해이다. 한 임금 때에 있었던 사건들 중 연대를 확실히 모르면 그 왕이 죽은 해에 기록하고 사건이 몇 월인지 확실히 모를 때는 12월에 적는 것이 옛날 역사 기록의 원칙인 점을 감안하면, 근초고왕 30년을 정확한 연대로 볼 것이 아니라 근초고왕의 재위기간(346~375)인 4세기 중반에 고흥이 기록한 것으로 보아야 한다. 신라는 진흥왕 6년(545)이라고 명백히 기록되어 있으므로 『국사』의 편찬 연대를 정확히 알 수 있다. 편찬 연대를 보면 신라와 백제는 무려 200여 년의 차이가 나므로, 그만큼 신라가 백제보다 문화적으로 후진 국가였다는 것을 알 수 있다. 근초고왕과 진흥왕에 해당하는 고구려의 임금은 영토 확장이라는 측면에서 광개토왕이라고 생각할 수 있는데, 실제 역사서 편찬 연대는 광개토왕보다는 그 이전의 왕인 소수림왕(371~384) 때쯤으로 보는 것이 좋다. 소수림왕 때에는 율령 반포, 불교 수용, 교육기관 설립 등을 통해 문화적·사상적 통일작업이 이루어지고 또 대외 발전이 이루어지는 시기이므로 이러한 시대적 배경 속에서 역사서가 편찬되었을 것이라고 생각할 수 있기 때문이다.

다음으로 저술한 사람에 대해 살펴보도록 하겠다. 이것은 한마디로 국가에서 주도한 것이라고 볼 수 있다. 신라의 경우에는 이사부가 건의하고 임금이 거칠부 등에게 명령했다는 것으로 보아 왕명으로 썼다는 것을 명백하게 알 수 있다. 백제에서도 일을 기록하는 사람인 고흥은 관리이므로 왕명으로 썼을 것으로 보는 것이 좋다. 고구려의 경우는 '어떤 사람'이 썼다고만 되어 있는데, 신라와 백제의 경우에 비추어 보아 국가의 명으로 썼다고 보아도 좋다. 당시에는 오늘날과 같이 직업적 역사가가 따로 있지 않았으므로 왕명을 받아 국가의 필요에 따라 편찬했을 것이다. 따라서 고흥이나 거칠부 등의 이름은 정확한 것이 아니라 왕명을 받아 역사를 편찬했다고 보는 것이 정확하다. 따라서 편찬자는 궁극적으로는 국가라고 할 수 있다.

저술한 곳은 각 나라의 서울이다. 고구려의 서울은 현재 압록강 북쪽의 만주 땅인 집안集安이다. 백제의 서울은 한성漢城이다. 한성이 어디냐에 대해서는 풍납리 토성을 백제 왕궁이 있었던 자리로 보는 의견도 있지만, 그곳보다는 몽촌토성을 백제의 왕궁이 있던 자리로 보는 것이 옳음 직하다. 경주의 경우에도 언덕에 토성을 쌓고 왕궁이 있었으므로 반드시 그 규모가 커야 하는 것은 아니기 때문이다. 신라의 서울은 당연히 경주이다. 이렇듯 역사서를 저술한 곳이 서울이었다는 것은 국가의 편찬이었다는 사실과 직결되는 것이다. 저술한 곳이 지방이면 지방세력가가 썼을 것이라고 볼 수 있지만, 서울에서 저술했으므로 왕명을 받들어서 저술했다고 볼 수 있는 것이다.

다음으로 가장 중요한 것은 내용이 무엇인가 하는 것이다. 책이 남아 있지 않으므로 책의 내용이 무엇이라고 말하기는 어렵지만, 현재 우리는 『삼국사기』와 『삼국유사』를 다 알고 있다. 김부식이나 일연이 책을 쓸 때 소설을 쓰듯이 창작한 것은 아닐 것이며, 자료가 존재하고 그 자료를 베껴서 쓴 것이라고 할 수 있다. 자료 중에서 필요 없는 내용은 제외하고 저술한 경우가 많은데, 일부 내용을 제외하는 것은 가능해도 소설같이 창작할 수는 없다. 즉 선택은 자유이지만 자료 자체는 예부터 남아 있던 기록이라고 볼 수 있다. 『유기』나 『서기』 또는 『국사』 같은 책에서 적은 기록을 근거로 『구삼국사舊三國史』가 저술되고, 또 이것을 근거로 『삼국사기』를 지었을 것이다. 고구려의 『유기』는 소수림왕 때의 기록이므로 소수림왕 이전의 『삼국사기』 내용을 조사해보고, 『서기』와 『국사』도 같은 방법으로 조사해보면 『유기』·『서기』·『국사』의 내용을 어느 정도 짐작할 수 있는 근거가 된다고 볼 수 있다.

삼국시대 역사서에서 첫째로 중요한 내용은 건국신화이다. 백제의 경우에 신화라고 하기는 어렵다. 온조溫祚가 형인 비류沸流와 함께 고구려에서 남쪽으로 내려와 위례성慰禮城에 나라를 세웠다고 나와 있는데, 신에 대한 이야기는 조금도 나와 있지 않으므로 신화라고 하기에는 표현상 문제가 있고, 대신 설화라고 하면 적당하다.

신라의 경우는 확실하게 신화이다. 그 내용을 보면 여섯 마을 촌장들이 모여서 회의를 하는데 하늘에서 태양빛이 강하게 비추고 그 빛을 받은 흰 말이 울었는데, 그곳을 찾아가 보니 흰 말은 하늘로 올라가고 알이 있었다고 한다. 알을 깨고 혁거세가 나왔는데 태양의 아들이므로 온몸에서 광채가 났다는 것이다. 밝다는 의미에서 '박'을 성으로 해서 박혁거세朴赫居世가 되었다고 기록되어 있는데, 이는 태양의 아들이라는 뜻을 내포한다. 이러한 내용은 다분히 신화적이라고 할 수 있다. 또 혁거세 부인인 알영閼英과 김알지金閼智의 어머니는 닭룡〔계룡雞龍〕과 닭〔계鷄〕이라고 되어 있다. 알영의 경우 닭이 우물가에 나타났는데, 그 닭의 배를 가르니 계집애가 나왔다는 것이다. 닭의 딸이므로 입이 닭처럼 뾰족했는데 그녀를 데리고 가서 샘물에 씻겨주니 닭 주둥이가 떨어지고 사람이 되었다는 것으로, 이러한 이야기가 바로 신화인 것이다. 이런 이야기들이 『유기』·『서기』·『국사』에서 가장 중요한 내용이다. 임금의 권위를 태양의 권위와 동등하게 보아서 그를 인간 세계를 초월하는 위대한 신의 자손으로 여기고, 왕의 권위를 높이기 위해서 그런 신화가 자연스럽게 나온 것이다.

둘째로 삼국시대의 역사서에서는 왕실의 계보를 저술하는 것에 역점을 두었을 것이다. 그럼으로써 왕실의 권위를 높이고자 하는 것이다. 따라서 여기에는 약간의 조작이 개입되었을 것으로 추측할 수 있다. 고구려의 첫째 임금은 고주몽으로 되어 있지만 실제로는 다른 집안의 임금이 첫째 임금인 듯하다. 『유기』를 편찬할 당시, 왕은 자기 집안이 다른 집안보다 뒤늦게 등장해서 조상들이 왕이 되었다고 하면 권위가 실추된다고 여겨서 고주몽의 연대를 위로 끌어올렸을 것이다. 또한 고주몽 뒤를 잇는 왕인 유리왕瑠璃王(기원전 19~기원후 18)의 경우에도 이상하게 여길 만한 부분이 있다. 처음 고주몽이 부여에 있었을 때 거기서 낳은 아들이 유리인데, 그가 도망쳐서 고구려를 세운 뒤에 장가를 가서 비류와 온조를 낳았다고 되어 있다. 이후 유리가 고주몽을 찾아가니까 고주몽이 유리에게 자신의 후계자라고 말했다는 것이다. 이러한 것을 바탕으로 유리왕이 고구려의 첫 임금일지도 모른다는 학자도 있다(김용선, 「고구려 유리왕고」, 『역사학보』 87, 1980).

또 고구려에는 제6대 왕으로 태조왕太祖王(53~146)이라는 임금이 있는데, 일반적으로 '태조'란 나라를 세운 첫째 임금을 가리킨다. 따라서 태조왕이 고구려를 맨 처음으로 세웠다는 생각이 가능하다. 태조왕이 첫 임금이므로 고주몽을 위로 올려서 첫 임금으로 했다고 생각할 수 있는데, 이는 확실하지 않다. 그러나 중국의 역사서인 『삼국지三國志』(권30, 동이전東夷傳)에 고구려는 연노부涓奴部에서 계루부桂婁部로 왕실이 바뀐 것으로 되어 있으므로 왕실이 바뀐 것은 분명하며 바뀐 마지막 왕실이 고씨高氏라는 점도 확실하다. 이렇게 볼 때『유기』를 지을 때는 고씨가 왕이므로 자기 집안의 왕위 계승 관계를 신성화하고 중요하게 다루기 위해 첫째 왕을 조작했을 가능성이 있는 것이다. 백제와 신라도 왕실의 계보가 바뀌었을 것이다. 신라의 경우에는 명백히 기록에 나온다. 신라의 경우 진흥왕 때에도 박씨朴氏의 세력이 강해서 반드시 박씨가 왕비가 되었고 김씨金氏 왕과 박씨 왕비 사이에 낳은 아들이 아니면 왕이 되지 못했다. 따라서 박혁거세가 왕이 되었다는 기록을 감히 지우지 못했다.

셋째로는 역대 왕들과 귀족들의 영웅적인 활동을 많이 적었을 것이다. 당시는 귀족사회이므로 왕뿐 아니라 귀족도 중요하게 생각했기 때문에 귀족들의 영웅적인 활동을 기록했다. 신라의 경우에는 여섯 마을 촌장의 조상들이 하늘에서 내려왔다고 되어 있다. 그러므로 그들의 존재를 무시할 수 없었음을 알 수 있다.『삼국사기』초기 기록을 조사한 것을 보면 고구려 소수림왕小獸林王(371~384) 이전에는 귀족들의 영웅적인 내용이 많이 나오는데, 대표적인 인물로 을파소, 명림답부 등의 이야기를 꼽을 수 있다. 을파소乙巴素(?~203)는 천한 농부였지만 명망 있는 사람으로서 귀족들 사이에 권력다툼이 있자, 고국천왕은 을파소를 시켜 정치를 잘하도록 하기 위해 그를 불렀다고 한다. 처음 을파소는 이를 거절하였으나 이후 왕이 높은 벼슬을 주니까 정치개혁을 했다는 것이다. 그는 독립적인 세력을 가진 부족들을 해체해서 동·서·남·북·중 다섯으로 나누었는데, 이것이 바로 귀족들의 권력을 약화시키는 중앙집권정책이다. 이러한 을파소의 개혁은 고구려 사회에서 중요한 의미를 갖는다.

또한 명림답부明臨荅夫(67~179)의 이야기는, 우리나라에 성城이 많고 중요한 산에는 반드시 성이 있는데, 성이 국방에서 핵심적 역할을 하게 된 것은 명림답부 때부터 시작되었다는 것을 말해준다. 즉, 중국 군대가 쳐들어오자 고구려 군대가 대항해서 싸우는데 명림답부가 시키는 대로 산에 성을 쌓고 가만히 있다가 중국 군대가 식량이 떨어지고 힘이 떨어질 때 성을 나가서 공격하는 방식을 이용해서 승리를 거두었다는 것이다. 그 이후에 고구려뿐 아니라 고려에서도 항상 그러한 전술이 등장하는데, 이 전술을 창안한 인물이 바로 명림답부인 것이다. 『삼국사기』의 초기 고구려 기록에는 이 같은 을파소와 명림답부 외에도 많은 영웅들의 이야기가 등장한다.

그런데 백제의 경우에는 영웅에 대한 기록이 거의 없다. 당시 진씨眞氏가 있어서 왕비 노릇을 했는데, 최초로 진씨의 딸을 왕비로 삼은 임금 때, 진정眞淨에 대하여 그의 인물됨과 관련한 이야기가 조금 나올 뿐이다(『삼국사기』 권24, 근초고왕 2년). 하지만 실제로는 영웅의 이야기가 더 많았을 것으로 생각되는데, 기록에 없는 것은 통일 후 신라에서 백제의 역사를 깎아버리고 조작했기 때문이라고 추측할 수 있다.

신라의 경우에는 박제상朴堤上의 이야기가 있다. 그는 5세기 무렵의 눌지왕訥祇王(417~458) 때 인물인데, 고구려와 일본에 인질로 잡혀간 왕자를 구출하고 왕자 대신 죽는 영웅적인 인물이다. 박제상이 쓴 『부도지符都誌』라는 책이 있다는 주장이 최근에 나왔는데, 『국사』가 쓰인 해보다 100여 년이나 앞서는 시기에 책을 쓸 수는 없었을 것이다. 이렇듯 삼국시대의 역사서에는 임금들뿐 아니라 귀족들과 그들의 조상에 대한 영웅적인 이야기가 많이 나왔을 것이다.

이들 책의 서술 형식은 오늘날의 역사책과는 달랐을 것이다. 물론 연대순으로 적기는 했지만 주된 이야기는 설화와 신화이다. 중국 고대 역사책이나 일본의 『고사기古事記』도 이야기로 이루어져 있듯이 삼국시대의 책들도 그런 서술 형식이었을 것이다.

그렇다면 삼국의 세 나라에서 역사를 저술한 목적은 무엇일까. 첫째는 왕실의 권위를 강화하려는 목적이 있었을 것이다. 당시는 왕권 중심의 국가였으므로 아무리 귀족의 세력이 강했다 해도 핵심은 왕이었다. 그러므로 왕의 권력을 강화하기 위해 역사책을 통해 왕에 관한 위대하고 영웅적인 설화의 내용을 적었을 것이다. 둘째로는 왕실뿐 아니라 귀족들도 중요한 내용을 차지하고 있었으므로, 왕실과 귀족 사이의 협조 체제를 유지하려는 목적으로 책들이 쓰였을 것이다. 셋째로 대외적으로 다른 나라와의 관계에서 자기 나라의 자주적인 입장을 선양하려는 목적이 있었을 것이다. 고구려의 경우 중국에 대해 우리나라의 첫 조상이 하늘에서 내려온 천자天子이고 중국과는 격이 다른 국가라는 점을 강조하고 있다. 백제의 경우 『삼국사기』에는 고구려 첫 임금의 둘째 부인의 아들들이 내려와서 세웠다고 되어 있지만, 일본의 『속일본기續日本紀』〔권40, 환무천황桓武天皇 연력延曆 8년(789)〕에는 백제도 왕이 태양의 자손인 것으로 기록되어 있다.

(2) 사서史書의 개편

『삼국사기』를 보면 고구려의 경우, 영양왕嬰陽王 11년(600)에 "태학太學의 교수인 이문진李文眞에게 왕이 명령해서 옛날 역사를 줄여서 『신집新集』 5권을 만들었다. 건국 초에 처음 문자를 사용했을 때 어떤 사람이 있어서 이를 기록했는데 100권이었고, 이에 이르러서 깎아서 편찬했다" 라고 기록되어 있다. 요컨대 『유기』 100권을 요약해서 5권으로 만들었다는 것이다. 즉 『신집』은 600년에 왕명으로 편찬되었고, 저자는 이문진이라는 것이다. 이문진에 대해서는 고구려 사람 중 이씨 성은 별로 없었으므로 그를 중국인으로 보는 학자들도 있다〔이기백 편, 『우리 역사를 어떻게 볼 것인가』(삼성문화문고 88), 삼성문화재단, 1976, 15쪽, 이우성의 발언〕.

『신집』은 아마도 왕실 이외의 귀족들의 영웅적 활동이나 위대함을 생략하고 왕실의 이야기만을 다루었을 것이다. 이것은 당시의 시대 조건과도 들어맞는다. 이 책이 쓰일 당시 고구려는 외부적으로는 백제와 중국과의 전쟁에서 패하기도 하고, 또 내부에서는 귀족들 간의 세력 다툼이 벌어져서 국력이 많이 약해져 있는 상황이었다. 그러므로 당시에는 왕권을 강화할 시대적 요청이 있었는데, 영양왕은 왕이 되자마자 귀족들의 의견을 왕실에 충성을 다하는 방향으로 바꾸어야겠다고 생각하고 역사책을 편찬함으로써 왕권을 강화하려 했던 것이다.

『유기』가 소수림왕 때 편찬되었다고 볼 때 그때가 370년대이고, 그 후 『신집』이 편찬된 600년대까지는 200여 년의 간격이 있다. 아마도 그 기간 동안에 다른 역사서는 편찬되지 않았으리라는 것이 학자들의 공통적인 의견이다. 그래서 『삼국사기』에는 소수림왕 이전의 이야기가 많고 그 이후의 기록은 별로 없는데, 이러한 사실이야말로 바로 그동안 새로운 역사책을 편찬하지 않았음을 반증한다. 따라서 『신집』 편찬의 중요 목적은, 『유기』를 그대로 두면 귀족들이 그 책을 빌미로 자신들의 세력을 무시하지 말라는 주장을 할 수 있으므로 그것을 봉쇄하기 위해서 그것을 요약해서 왕실 중심으로 편찬하는 데 있었을 것이다. 또 5권이라는 분량은 매우 적은 편이므로 이 책을 여러 사람에게 읽히기 위한 목적도 있었을 것이다. 귀족들에게 이 역사책을 나누어 주어 왕실에 대해 충성을 다하게 하고, 왕실 중심으로 국가의 단결력을 기르자고 회유했을 것이다. 임금에 대한 충성을 강조하였으므로 여기에는 당연히 유교의 영향이 있었을 것이다.

백제의 경우는 '백제삼서百濟三書'를 생각해보도록 하겠다. 일본 최초의 정사인 『일본서기』를 보면 '백제삼서'(『백제기百濟記』, 『백제신찬百濟新撰』, 『백제본기百濟本紀』)가 나와 있다. 『일본서기』는 백제가 망한 뒤 일본으로 건너간 백제계 사람들이 중심이 되어 편찬한 책인데, 이들이 이 책을 편찬할 때 일본과 국교가 깊었던 백제의 역사책에 나온 일본 관계기사들을 이용했을 것이라고 보는 것이 일본 학자들의 일반적인 견해이다.

그런데 일본인 학자가 쓴 「백제삼서와 일본서기」라는 논문에서는 '백제삼서'를 원래 백제가 망하기 전에 쓰인 책이 아니라, 백제가 망한 뒤 일본에 망명한 백제 귀족들이 『일본서기』 편찬에 필요한 자료를 얻기 위해서 백제 사람들에게 저술하게 한 책으로 보고 있다(山尾幸久, 「百濟三書と日本書紀」, 『朝鮮史硏究會論文集』 15, 1978). 즉 백제가 망하기 전에 백제 본국에서 만든 책이 아니라는 것이다. 그 근거 중 가장 중요한 것으로 든 것은 '백제삼서'에 나온 '일본日本'이라는 용어이다. 일본이 국호를 왜倭에서 일본으로 바꿔 쓴 것은 삼국통일 이후이므로 백제가 망하기 전에는 '일본'과 '천황天皇'이라는 말이 존재하지 않았는데, '백제삼서'에는 모두 '일본'과 '천황'이라는 용어가 등장한다. 따라서 '백제삼서'는 국호를 일본이라고 바꾼 후에 쓰인 책으로 볼 수 있다는 것이다. 즉 세 책은 모두 백제가 망한 뒤에 백제인들이 일본에서 지은 책이라는 것이다. 또 다른 근거로는 세 책에서 모두 일본에 대해 귀국貴國이라는 존칭을 쓰고 있다는 점이다. 백제가 망하기 전에 백제 사람들이 백제 본국에서 썼다면 일본을 귀국이라고 할 이유가 없다는 것이다. 이런 점으로 볼 때 이 세 책은 백제 망명인들이 쓰긴 했지만 그들이 백제가 망한 후 일본에 가서 쓴 것이고, 『일본서기』를 편찬하는 데 자료를 구하기 위한 일본의 요구로 쓴 것임을 알 수 있으므로 '백제삼서'와 우리나라 사학과는 실질적인 관계를 갖기 어렵다.

신라의 경우에는 역사서를 재편했다는 기록이 없다. 신라에서는 삼국통일 이전에 역사책을 다시 썼던 일은 없었을 것이라고 보는 것이 통설인 듯하다. 그러나 통일 후에는 역사 편찬을 새로 했을 것이다. 통일국가가 되었으므로 국가의 위상을 높일 필요가 있었을 것이기 때문이다. 신라는 건국이나 문화

등의 면에서 삼국 중 가장 후진적인 국가이므로 삼국을 통일한 뒤에 자기 국가의 열등의식을 없애기 위해 반드시 역사책을 국가에서 새로 편찬했을 것이다. 그것을 나타내주는 가장 중요한 것이 삼국의 건국연대이다. 신라의 건국연대가 갑자년(기원전 57)으로 가장 앞서고, 그 20년 뒤(기원전 37)를 고구려 건국연대로 보고, 19년 뒤(기원전 18)를 백제의 건국연대로 삼았는데, 중국책 『한서漢書』(권28, 현도군玄菟郡)에 이미 100년 전쯤에 고구려라는 이름이 나오고 있는 것으로 보아 건국연대는 신라에 의해 계획적으로 조작된 것으로 보인다. 실학자 안정복安鼎福과 유형원柳馨遠도 그 점을 지적하였다(『동사강목東史綱目』 부록 하권, 「고구려현고高句麗縣考」). 신라에서 역사서의 개편작업은 통일 후였을 것이며 개편작업의 근본 목적은 통일 후 신라의 위상을 높이는 것이었다고 볼 수 있다.

2. 귀족적 · 불교적 신이사 서술

(1) 김대문의 사학

김대문金大問에 대한 최초의 논문으로는 내가 쓴 「김대문과 그의 사학」(『역사학보』 77, 1978 ; 『한국사학의 방향』, 일조각, 1978)이 있는데, 이에 대해 조인성은 「삼국 및 통일 신라의 역사 서술」(『한국사학사의 연구』, 을유문화사, 1985)이라는 논문에서 나의 주장에 대해 비판하였다. 나는 김대문이 유교적이라기보다는 귀족중심적인 역사가였으므로 당시 전제주의에 대한 비판으로 역사를 서술했다고 보고 있는 데 반해, 조인성은 김대문이 진골귀족이므로 전제주의 정치를 지지하는 입장이라는 의견을 제시하였다. 이에 대해 다시 나는 그에 반대하는 입장에서 「김대문과 김장청」(『한국사 시민강좌』 1, 일조각, 1987 ; 『한국사상의 재구성』, 일조각, 1991)이라는 논문을 썼고, 다시 조인성이 이에 반대하는 입장에서 「김대문의 역사서술」(『한국고대사연구』 13, 1998)이라는 논문을 썼다. 이러한 논쟁은 김대문이 전제주의에 대해 비판적인가 아니면 지지하였는가에 대해 서로 반대되는 입장이었기 때문에 일어난 것이다.

『삼국사기』에는 "김대문은 본래 신라의 귀한 가문의 자제이다. 성덕왕 3년(704)에 한산주도독漢山州都督을 지냈으며 몇 권의 전기를 지었는데 『고승전高僧傳』, 『화랑세기花郎世記』, 『악본樂本』, 『한산기漢山記』가 아직도 있다" 라고 기록되어 있다. 즉 김대문은 『계림잡전鷄林雜傳』을 포함해서 적어도 5권의 저서를 편찬했음을 알 수 있다. 『삼국사기』(권4, 법흥왕 15년)에서는 불교 공인과 관련한 이야기를 적으면서 그 기사에 주를 달아서 그 기록은 김대문의 『계림잡전』에 기록된 바에 근거하였다고 쓰고 있다. 즉 이차돈의 순교에 관한 내용이 적혀 있는 김용행金用行이 지은 「아도화상비我道和尙碑」에 쓰인 기록을 취하지 않고, 김대문의 글을 따라서 신라의 불교 공인에 관한 기록을 적었다는 것이다.

『삼국사기』에 기록된 내용을 바탕으로 김대문에 대해 살펴보면, 첫째로 김대문은 귀한 가문의 자제라는 점에서 그가 진골眞骨이었음을 알 수 있다. 그가 진골이라는 것은 한산주도독이었다는 점에서도 알 수 있다. 한산주도독이 되는 것은 진골만이 가능했기 때문이다. 진골이므로 그는 또한 왕족이었을 것이다. 둘째, 김대문의 경력을 살펴볼 때 가장 명확한 것은 '한산주도독'이다. 이것은 김대문 최후의 관직이었던 것으로 보인다. 대체로 전기에 관직이 하나만 나올 때에는 그 사람의 최고 관직을 적기 때문이다. 또 하나 생각할 수 있는 것은 자신이 한산주에 있었기 때문에 한산주에 대한 지리지인 『한산기』를 쓴 것과 마찬가지로, 『화랑세기』를 지은 것은 자신이 화랑이었기 때문이라고 볼 수 있다. 셋째로 한산주도독은 지방 관직인데 김대문은 그 이상의 관직을 했다는 기록이 없다. 진골 귀족이었음에도 당시 사회에서는 소외되는 직위에 있었다는 것을 알 수 있다. 김대문이 살았던 성덕왕聖德王(702~737) 시대는 전제정치시대로서 왕이 모든 정치의 최후 결정권을 가졌다. 즉 화백회의和白會議는 무력해지고 왕이 막강한 권한을 행사하던 시대였던 것이다. 이런 시대에 김대문은 출세를 하지 못한 처지에 대해 시대적인 불만을 가졌을 것이다.

김대문의 저서를 보면 우선 『계림잡전鷄林雜傳』이 있다. 이름으로 보아 이 책은 신라에 관해서 어느 하나에 치우치지 않는 여러 가지 이야기들을 포괄적으로 적어 놓았을 것이다. 『삼국사기』에는 '차차웅次次雄'은 무당을 말하는 방언으로, 세상 사람들이 무당을 존경했는데 왕도 존경한다는 의미에서 그 칭호를 차차웅이라고 했다고 하였다. 이것은 재미있는 이야기이지만 정확하지는 않다. 그런데 『삼국사기』에는 이것이 김대문이 한 말이라고 기록되어 있다. 출처에 대한 언급은 없지만 분명히 『계림잡전』에서 나왔을 것이다. 또 김대문이 '이사금尼師今'은 신라 방언으로 "이〔齒〕로 다스린다는 뜻"이라고 했다는 기록도 있다. 옛날 남해왕南解王(4~24)이 죽을 때 자신이 죽은 뒤에 나이 많은 사람에게 왕위를 계승하도록 했는데, 실제로는 떡을 씹어서 이빨 자국이 많은 사람이 왕이 되었다는 이야기가 있다. 그런 까닭에 왕을 이사금이라고 했다는 것이다. 그러나 이와 같은 이사금 이야기가 의미하는 것은 나이가 많은 사람이 왕이 되는 형제상속 시대를 말하는 것으로 볼 수 있다. 이러한 이야기 또한 『계림잡전』에 기록되어 있었을 것이다. 또 김대문은 마립간이라는 왕의 칭호에서 마립麻立을 '궐橛'이라는 방언으로 보았다. 궐은 말뚝을 뜻하며, 왕과 신하가 모이는 장소에 지위에 따라서 말뚝을 늘어놓는데 왕의 말뚝이 주主가 되므로 마립간은 '제일 높은 사람'임을 의미한다는 것이다. 이것은 결국 왕과 신하를 계층적으로 구분해서 이해하는 것이다. 이것도 『계림잡전』에 기록된 내용일 것이다.

이와 같은 내용으로 미루어보아 『계림잡전』의 내용은, 첫째로 신라사에 관한 것이고, 둘째는 왕실 중심의 기록이었을 것이다. 즉, 왕과 왕 중심의 귀족들에 관한 이야기가 주로 적혀 있었을 것이다. 이렇게 볼 때 김대문이 왕을 높이고 있는 것이 아니냐고 보는 사람도 있지만, 기술한 내용이 왕 중심이라고 해서 왕실을 옹호했다고 볼 수는 없으며, 어떤 방식으로 적느냐가 중요하다고 생각한다. 예컨대 불교 공인과 관련한 이야기에서 중요한 것은 핵심이 법흥왕이냐 이차돈이냐인데, 초점이 이차돈에 맞추어져 있으므로 왕실을 옹호했다고 볼 수는 없는 것이다.

다음으로 『화랑세기花郎世記』라는 저서가 있는데 이것은 현재 남아 있지 않다. 최근 발견된 『화랑세기』 필사본의 진위여부에 대한 논쟁이 있어서, 이종욱은 「화랑세기 연구서설」(『역사학보』 146, 1995)이라는 논문에서 이 필사본 『화랑세기』가 진짜라고 하였고, 노태돈은 「필사본 화랑세기의 사료적 가치」(『역사학보』 147, 1995)라는 논문에서 이에 반대하였다. 이에 대해 나는 그 필사본은 가짜라고 본다. 왜냐하면 『화랑세기』를 필사한 박창화朴昌華(1889~1962)라는 사람의 행적에 대해 의문이 가기 때문이다. 또 『화랑세기』와 함께 발견된 박창화 소장의 많은 필사본 고서들이 모두 가짜라고 할 수 있고, 필사본 『화랑세기』의 내용이 역사적 사실과 부합하는 것도 있지만 『삼국유사』의 잘못된 기록을 그대로 베끼고 있는 부분도 있기 때문에, 이것을 김대문이 쓴 진본을 필사한 것이라고 보기는 어렵다.

『화랑세기』는 화랑의 전기인데, 화랑은 상징적으로 귀족의 대표자라고 할 수 있다. 김대문이 『화랑세기』를 지은 것은 왕을 위해서가 아니라 화랑의 미사美事를 기록하기 위한 것이었다. 즉 화랑이 왕에게 충성하고 봉사하는 내용을 적음으로써 하락한 귀족의 지위를 높이고 귀족의 권리 보호를 주장하기 위한 것이었다.

셋째로 『고승전高僧傳』은 신라 승려들의 전기로서 승려들의 국가에 대한 봉사, 불교의 공헌 강조, 호국불교 강조 등의 내용이 있다. 넷째로 『한산기漢山記』는 한산 지방의 역사 지리지(인문 지리지)이며, 다섯째로 『악본樂本』이 있는데, 이것을 음악 이론이라고 추정하는 견해도 있으나(조인성, 「삼국 및 통일신라시대의 역사서술」, 『한국사학사의 연구』, 을유문화사, 1985), 정확한 것은 알 수 없다.

김대문의 역사서술 이유를 살펴보면, 첫째로는 신라 진골 귀족의 전통을 계승하자는 것을 강조하기 위함이었음을 알 수 있다. 예를 들어 진골의 상징적 대표자인 화랑에 대한 역사를 서술한 것과 불교의 대표자인 고승高僧들의 전기를 적고 있는 것을 보면, 그러한 저술 의도를 발견할 수 있다. 즉 이것은 김대문이 반전제주의적反專制主義的 입장을 취하고 있음을 말해주는 것이다. 둘째로 진골 귀족의 사회적 지위나 권리를 향상하고 부활시키자는 주장을 하고 있다는 것을 알 수 있다. 예를 들어 귀족의 국가에 대한 충성과 공동체적 입장을 강조하고 있는데, 이것 또한 김대문이 반전제주의적 입장을 취했음을 말해주는 것이다.

(2) 여러 전기물

김대문 외에도 당시 여러 사람들이 김대문과 비슷한 역사학의 저서를 남겼으므로, 이것들도 아울러 생각해야 한다. 우선 김유신의 5대손인 김장청金長淸이 쓴 『김유신행록金庾信行錄』을 들 수 있다. 혜공왕惠恭王 6년(770)에 일어난 김융金融의 난을 계기로 김유신 가문은 몰락했는데, 그다음 세대가 김장청이다. 후에 김장청은 김유신의 공헌을 강조하면서 자손인 자신들의 권리를 주장하는 복권復權 운동을 펼치게 되는데, 복권된 뒤에 『김유신행록』이

나오게 된 것이다. 여기서 김장청이 김유신의 공헌을 강조한 것은 전제주의를 옹호했다기보다는 자신들의 권리를 찾기 위한 것이었다고 말할 수 있다.

당시 전기류는 그 외에도 많이 있다. 최치원崔致遠(857~?)의 난랑비鸞郎碑 서문에 "나라(신라)에는 현묘玄妙한 도가 있어서 이것을 풍류風流(화랑정신·화랑도)라고 하였다. 풍류도를 베푼 근원은 『선사仙史』라는 책에 자세하게 갖추어져 있다" 라고 되어 있다. 풍류도라는 것은 실은 유교·불교·도교의 3교를 다 포함하는 것인데, 여기서 우리가 주목해야 할 것은 바로 『선사』라는 책이다. 선仙은 화랑을 가리키는 말이다. 즉 『선사』는 화랑의 역사에 관한 책이라는 것이다. 그 내용에 대해서 이병도는 『화랑세기』와 같은 내용일 것이라고 추측하고 있지만(『국역 삼국사기』, 을유문화사, 1977, 63쪽), 확실히는 알 수 없다.

그러나 짐작건대 『선사』는 보통 역사책이 아니고 화랑도의 전기였을 것이다. 그러므로 통일신라의 화랑도에 관한 전기가 『화랑세기』 외에 더 있었다고 추측할 수 있다. 『선사』는 최치원이 인용하고 있는 만큼 최치원 이전에 쓰였을 것이다. 최치원은 통일신라 말기의 인물이므로, 통일신라시대에 화랑과 관계있는 어떤 인물이 화랑의 역사를 담은 『선사』라는 책을 지었을 것이라고 추측할 수 있고, 그 책에는 주로 화랑들의 훌륭한 언행이 서술되었을 것이다.

『수이전殊異傳』이라는 전기도 있다. 『삼국유사』(권4, 원광서학圓光西學)에 "동경東京(경주)의 안일호장安逸戶長(호장을 하다가 은퇴한 호장)인 정효貞孝의 집에 고본古本 『수이전』이 있었는데 이 책에는 원광법사의 전기가 실려 있다" 라고 되어 있으므로 『수이전』이라는 책이 있었음을 알 수 있다. 고본 『수이전』이 지어진 연대는 추측건대 신라시대라고 본다. 거기에 실린 「원광법사전圓光法師傳」을 보면 상식으로는 이해할 수 없는 내용이 주로 적혀 있는데, 그와 비슷한 내용들이 개인전기 형식으로 되어 있었을 것이다.

『수이전』은 고려시대에 박인량朴寅亮(?~1096)이 지은 것도 있는데(『해동고승전』 권1, 법공法空), 일연이 『삼국유사』를 쓰면서 박인량의 『수이전』도 봤지만, 그와 구분되는 고본 『수이전』이 따로 있다고 하였다. 그런데 박인량의 『수이전』에는 최치원의 전기가 실려 있다. 이에 대해 어떤 이는 이 『수이전』을 최치원이 지은 것이라고 하지만, 최치원이 자신의 전기를 쓰지는 않았을 것이므로 잘못된 것이다. 『수이전』은 개인의 전기 형식을 빌려서 상식적으로는 생각할 수 없는 이야기들을 모아놓은 것이므로 일종의 전기傳奇 문학으로 볼 수 있다.

다음으로 전기들 중에는 승려들의 전기가 매우 많다. 주로 『삼국유사』에 이들 전기의 내용이 실려 있거나 그 이름이 적혀 있는데, 이에 대해서는 곽승훈의 「통일신라시대의 승전의 저술과 그 의의」(『한국학보』 69, 1992 ; 『신라고문헌연구』, 한국사학, 2006)라는 논문이 있다.

승려의 전기 중에서 우선 「양지법사전良志法師傳」을 꼽을 수 있다. 양지는 신라의 승려이면서 예술가이자 조각가였다. 양지에 관해서는 『삼국유사』(권4, 양지사석良志賜錫)에 한 항목이 나오는데, 이것은 틀림없이 「양지법사전」에서 베낀 것이라고 추측된다. 거기에는 이러한 내용이 있다. 양지법사는 절에서 시주를 받아서 생활을 영위해 나가는데, 먹을 게 떨어지면 지팡이를 땅에 꽂고 주머니를 걸어 놓았다. 그러면 지팡이가 날아가서 시주받을 집에 가서 걸리고 그 집에서 주머니에 식량을 넣게 되는데, 주머니가 다 차면 날아 돌아왔다는 것이다. 이러한 내용도 틀림없이 「양지법사전」에서 베낀 것으로 보인다.

또 「자장전慈藏傳」과 관련해서도 『삼국유사』(권4, 자장정률慈藏定律)를 보면 이상한 이야기가 많다. 자장(590~658)이 중국에 가서 도道를 깨닫고 우리나라에 와서 오대산五臺山에 문수보살文殊菩薩을 만나러 가는데, 오대산에서는 보지 못하고 태백산太白山에서 만난다는 이야기가 나온다. 자장의 꿈에 구렁이가 웅크리고 있는 자리에서 문수보살을 기다리라는 계시가 있어서 가보니, 칡뿌리가 얽혀 있는 장소(갈반지葛蟠地)가 있어서 거기서 기다리고 있었다. 그런데 웬 늙은 노인이 죽은 강아지가 담긴 삼태기를 등에 지고 와서는 자장을 만나러 왔다고 하였다. 자장의 제자가 보기에 그가 미친 늙은이로 보이므로 상대를 하지 않았다. 그러자 그 거사居士는 들어가서 자장에게 자기가 왔다는 말만 전하라고 하였다. 자장은 제자의 말을 듣고 미친 늙은이라고 생각하고 나가지 않았다. 그런데 제자가 다시 나가서 보니까 어느새 죽은 강아지가 사자보좌獅子寶座가 되고, 그 위에 거사가 앉아서 하늘로 날아가는 것이었다. 놀란 제자가 자장 법사에게 말하자 이를 듣고 자장이 뛰어나와서 문수보살임을 알고 따라갔다고 하는데, 이 이야기는 「자장전」에서 나온 것으로 추측된다.

다음에 「효사행장曉師行狀」이라는 것이 있는데, 효사曉師는 원효元曉(617~686)를 말한다. 『삼국유사』(권4, 의상전교義湘傳敎)에는 원효가 당나라로 들어가는 도중에 요동遼東에서 수라군戍邏軍에 붙잡혀서 감옥에 갇혔다가 풀려나오는 이야기가 「효사행장」에 나와 있다고 기록되어 있다. 일연은 「효사행장」에는 그 외에 여러 가지 이야기도 많지만 다 쓸 수가 없어서 적지 않는다고 『삼국유사』(권4, 원효불기元曉不羈)에서 밝히고 있다. 이렇게 보면 「효사행장」에는 원효의 갖가지 기행奇行들이 기록되어 있었을 것으로 추측할 수 있다.

다음에 「왕화상전王和尙傳」이 있는데, 왕화상王和尙은 혜통惠通을 말한다(『삼국유사』 권5, 혜통항룡惠通降龍). 혜통이 중국에 가서 유명한 승려에게 가르침을 받으려고 했지만 중국의 승려는 그를 신라에서 온 이름 없는 사람이라는 이유로 받아들이지 않았다. 3년 동안을 간청했는데도 소용이 없자 혜통은 나중에는 화로를 머리에 이었다. 머리가 깨지는 소리가 우레와 같았다고 한다. 그러자 중국의 승려가 나와서 놀라며 정성이 지극하다고 하며 화롯불을 내려놓고 보니까, 머리 위에 왕王자 비슷하게 금이 갔다. 그래서 그것을 손으로 만져서 낫게 하고 자기 제자로 맞아들였다. 그 뒤에 당나라 공주가 병에 걸려서 위독해지자 중국 승려더러 고치게 했는데 그 승려가 자기 대신에 혜통을 시켜서 고치라고 하였다. 혜통이 하얀 콩 한 말을 가지고 주문을 외웠더니 콩의 수만큼 하얀 갑옷을 입은 병정이 생겼고, 까만 콩도 마찬가지로 주문을 외웠더니 그만큼의 까만 갑옷을 입은 병정이 생겼다. 그들을 시켜 공주를 병들게 한 악귀惡鬼를 공격하게 하니 악귀가 놀라서 도망쳤고 이로 인해 공주의 병이 나았다.

그런데 그 악귀는 다시 신라로 왔고, 신라에서는 혜통을 불렀다. 악귀는 복수할 길이 없자 혜통과 친한 신하〔정공鄭恭(?~692)〕의 집 앞에 느티나무가 되었는데, 주인인 정공은 그 느티나무를 매우 사랑하였다. 신문왕(681~692)이 죽자 왕의 무덤을 쓰려고 시신을 운반하는 길을 닦으려고 하는데, 그 길 중간에 그 나무가 있었다. 정공에게 나무를 자르라고 하니까 그는 자신의 목을 자르면 잘랐지 나무를 자를 수 없다고 하였다. 이에 화가 난 나라에서는 정공을 죽였다. 그런데 나라에서는 정공과 혜통이 친한 것을 알고 군대를 동원해 혜통을 죽이려 하였다. 이에 그가 항아리(사병砂甁)를 가지고 지붕 위로 올라가서 붓으로 항아리 목에 빨간 줄을 그었더니 군사들의 목에 전부 빨간 줄이 그어졌다. 혜통이 항아리 목을 자르면 너희들의 목도 잘릴 것이라고 하자, 군사들이 모두 혼비백산하여 달아났다. 결국 그를 죽이지 못했고, 왕도 어쩔 수 없이 화해하였다. 혜통이 그 후대 왕에게 가서 정공이 악한 마음을 가져서 그런 것이 아니라 악귀 때문에 그런 것인데, 옛날에 신문왕이 전세前世에서 신충信忠을 잘못 재판해서 죽인 일이 있으므로 신충을 위해서 절을 세우라고 했고 왕은 그의 말에 따라 절을 세웠다. 이로써 만사가 해결되고 왕과 혜통은 화해하였다.

이러한 이야기는 틀림없이 「왕화상전」에 나와 있는 이야기일 것이다.

다음으로 「낭지전朗智傳」은 낭지라는 스님이 매일 아침에 일어나서 중국에 가서 중국 승려에게 강의를 듣고 저녁에 왔다는 이야기이다(『삼국유사』 권 5, 낭지승운 보현수朗智乘雲 普賢樹).

이렇게 보면 승려들의 전기에는 대체로 우리의 상식으로는 이해가 가지 않는 허황된 이야기들이 주로 적혀 있다. 결국 승려들의 전기에는 승려들의 위대한 이야기, 승려들이 국가와의 관계에서 독자적인 위치를 차지해야 한다는 이야기, 또 승려들이 결국은 국가와 화합해서 국가와 종교가 타협한다는 이야기로 이루어져 있다는 것을 알 수 있다.

지금까지 통일신라시대의 전기를 『김유신행록』, 『선사』, 『(고본) 수이전』, 승려들의 전기의 넷으로 나누어 설명하였다.

이 전기 전체를 전반적으로 정리해보면, 첫째로 전기의 주인공은 모두 왕이 아닌 귀족이나 승려이다. 귀족들의 위대함을 드러내고 초인간적 힘을 가진 위대한 인물이라는 것을 적고 있다. 둘째로는 귀족이나 승려들이 결국은 국가에 대해 충성을 다하는 내용으로 되어 있다. 물론 처음에는 국가와 대립하지만 결국에는 국가의 뜻을 받들어서 국가를 위해 충성을 다한다는 것을 강조하는 것이다. 셋째로는 귀족이나 승려들 상호 간에 긴밀한 유대(공동체적 정신)가 잘 나타나 있다. 예를 들어 김유신과 김춘추金春秋, 사다함斯多含과 무관랑武官郞의 경우를 보면 그들 간의 긴밀한 유대감을 발견할 수 있다. 이러한 전통적인 정신이 바로 공동체 의식이다. 승려들 사이에도 공동체 의식이 강하게 나타나고 있다. 넷째로 이러한 전기물들은 전제주의를 반대하고 귀족들의 권리를 신장·복권해야 한다는 주장을 내세우는 내용이다. 즉 반전제주의적 입장이다. 그러나 직접적으로 반전제주의적 입장을 표명하기보다는 귀족들이 나라에 충성을 많이 했으므로 그들의 자손들도 잘 돌봐주어야 한다는 이야기를 함으로써 간접적으로 그러한 입장을 표명했을 것이다. 결국 통일신라의 전기들은 모두 반전제주의 입장에서 저술되었던 것이다.

이러한 전통적인 신이사관은 고려시대까지 계승되어 후기인 『삼국유사』에까지 이어지게 된다.

3. 고려시대 신이사 서술의 전통

(1) 『구삼국사』와 여러 사서

『구삼국사舊三國史』는 고려 초기에 저술된 것인데 현재 남아 있지 않지만 후대의 역사책을 통해서 『구삼국사』가 있었다는 것을 알 수 있다. 그 증거가 되는 기록 중 하나는 이규보李奎報(1168~1241)의 「동명왕편東明王篇」인데, 일부 내용을 보면 다음과 같다.

> 세상에서 동명왕의 신이神異한 사적을 많이 이야기하고 있는데, 비록 배운 것 없는 미천한 남녀들일지라도 제법 그에 관한 일들을 이야기할 수 있을 정도이다. 내가 일찍이 이 이야기를 듣고는 웃으며 "선사先師 공자孔子 님은 괴력난신怪力亂神을 말씀하지 아니하였는데, 이 동명왕 설화는 실로 황당하고 기괴하니 우리들의 논의할 바가 아니다"라고 말한 일이 있었다.
>
> 그 후 『위서魏書』·『통전通典』을 읽어보니 또한 그 사실이 기록되어 있었다. 그러하나 간략하고 상세치 않았으니, 이는 자국내自國內의 일은 소상케 하고, 외국의 것은 줄인 뜻이 아니겠는가. 계축년(명종 23, 1193) 4월에 이르러 『구삼국사』를 얻어서 「동명왕본기東明王本紀」를 보니, 그 신이한 사적이 세상에서 이야기되고 있던 바보다 더하였다. 그러나 역시 처음에는 그를 믿지 못하였으니, 귀환鬼幻스럽다고 생각하였기 때문이다. 세 차례 거듭 탐독耽讀·미독味讀하여 차차로 그

근원을 찾아가니, 이는 환幻이 아니요 성聖이며, 귀鬼가 아니고 신神이었다. 하물며 국사國史는 직필直筆하는 책이니 어찌 그 사실을 망령되이 전하리오.

김공 부식金公 富軾이 국사를 다시 편찬할 때 동명왕의 사적을 매우 간략하게 다루었다. 공은 국사란 세상을 바로잡는 책이니, 크게 신이한 일로써 후세에 보여줌은 옳지 않다고 생각하여 그를 간략하게 했을 것이 아니겠는가〔「동명왕편」 서序, 『동국이상국집東國李相國集』 권3 ; 이기백 편, 『역대한국사론선』, 새문사, 1993(이하 『논선』), 14쪽〕.

이 글을 보면 '구삼국사'라는 말이 나온다. 이 밖에 『구삼국사』가 있었다는 증거는 또 있다. 전주 고대산孤大山의 경복사景福寺라는 절에 보덕普德이라는 승려가 있었다. 보덕은 본래 고구려의 승려인데 고구려에서 불교를 배척하고 도교를 숭상하자 자신의 방에 앉아 그대로 떠서 고대산으로 날아왔다는 것이다. 고대산에는 보덕의 화상畵像이 모셔져 있었는데 고려의 대각국사大覺國師(1055~1101)가 그것을 보고 지은 시가 있다. 그 시에서 보덕이 백제땅에 올 당시에 고구려에 이상한 신이 나타나서 고구려가 곧 망할 것이라고 했다고 했는데, 대각국사는 그런 이야기가 모두 『해동삼국사海東三國史』에 적혀 있는 것이라고 하였다(『대각국사문집大覺國師文集』 권17, 고대산경복사비래방장예보덕성사영孤大山景福寺飛來方丈禮普德聖師影). 대각국사는 김부식(1075~1151)보다 먼저 태어난 사람이므로 『해동삼국사』는 김부식의 『삼국사기』라고 볼 수 없고 『구삼국사』로 볼 수 있다. 따라서 『삼국사기』가 저술되기 이전인 고려 초기에 『구삼국사』가 먼저 저술되었다는 것을 알 수 있다.

『구삼국사』는 '국사國史'이므로 국가에서 편찬한 것이다. 신라에서 거칠부가 왕명으로 편찬한 것이 국사인 것과 마찬가지이다. 편찬된 시기는 대각국사 이전이라고 볼 수 있는데, 대체로 고려 초기에 현종顯宗(1009~1031)이나 목종穆宗(997~1009) 때인 건국 초에 어느 정도 국가가 안정된 시기에 편찬됐을 것이다. 중국에서는 한 나라가 망하면 그 후속 국가가 앞선 국가의 역사를 편찬하는 관습이 있었는데, 고려에서도 그 관습을 따라서 전 왕조인 삼국의 역사를 편찬했던 것으로 보이므로 건국 초였을 것이다.

그렇다면 『구삼국사』는 어떤 역사책이었을까? 이규보는 『구삼국사』를 얻어서 「동명왕본기」를 읽었다고 하였다. 기전체에서 '본기'라는 것은 왕의 역사를 말하는 것이다. 그러므로 필시 기전체의 역사책이었을 것이다. 『구삼국사』는 첫째로 신이한 일들에 관한 내용이었을 것이다. 이것은 「동명왕편」 서문에 나와 있는 것으로도 알 수 있다. 동명왕의 초인간적인 행적들을 많이 적었을 것이다. 물론 『삼국사기』에도 고주몽의 이야기가 나오지만 「동명왕편」에는 『구삼국사』에서 인용된 부분이 두 배가량 많다. 둘째로는 고구려 중심적인 내용으로 이루어졌을 것이다. 『삼국사기』는 신라 중심적인 내용으로 되어 있는 데 반해 『구삼국사』에는 고려가 고구려의 계승국가임을 강조한 것으로 생각되는 내용들이 적혀 있었을 것이다.

『구삼국사』의 중요한 특징을 두 자료를 통해 살펴보았는데, 이와 계통을 같이하는 비슷한 성격의 사서가 여럿 있다. 그중에서 대략의 것만 보고자 한다.

『(고본) 수이전』이 통일신라시대에 있었고, 고려 초에 와서 유학자인 박인량이 쓴 『수이전』이 다시 나타난다. 그런데 『고려사』에 실린 그의 전기(『고려사』 권95, 박인량전)에 그가 쓴 책의 제목이 『고금록古今錄』으로 되어 있어서 이 두 책(『고금록』, 『수이전』)이 같은 책이냐 아니냐는 논란이 있는데, 같은 책으로 보아야 할 것 같다. 『고금록』의 '옛날과 지금의 기록'이라는 뜻과 『수이전』의 '특별한 이상한 이야기의 기록'이라는 뜻은 같은 의미로 볼 수 있기 때문이다. 이것을 최치원의 책이라고 보는 견해는 잘못된 것이라는 점은 앞에서 이미 언급한 바 있다.

박인량의 『수이전』 자체는 남아 있지 않지만, 그 내용의 일부가 『대동운부

군옥大東韻府群玉』이라는 백과사전에 실려 있다. 조선시대 후기에 만들어진 이 책에서는 『수이전』이 최치원이 쓴 것이라고 하면서 그 책에 들어 있는 몇 가지 설화를 적어놓았다. 여기에 「최치원전」도 들어 있다. 『수이전』이라 하는 것은 역사책이라고 하기보다는 —과거에 관한 이야기를 적어놓았으니 큰 의미에서는 역사라고 할 수 있지만— 설화적인 이야기들을 적어놓은 것으로 보아야 할 것이다. 『구삼국사』는 국가에서 편찬한 것이지만, 『수이전』은 개인의 저서이다.

가야의 역사서로 『삼국유사』(권2)에 수록된 『가락국기駕洛國記』가 있다. 12쪽가량 있는데, 일연이 베껴놓은 것이다. 고려시대 저서라 되어 있다. 문종 때 금관金官, 즉 김해(가야의 서울) 지방의 장관, 지금의 김해시장에 해당하는 관료가 적어놓은 것이다. 이름을 적어놓지는 않았다.

내용을 보면 여섯 개의 알이 있어서 그 알에서 사내아이가 나와서 여섯 가야의 왕이 되었고, 구간九干들이 나와서 '거북아, 거북아, 머리를 내어라 그렇지 않으면 구워 먹으리'라며 부르는 노래가 나온다. 김수로왕의 부인 허왕후에 대해서도 나오는데, 그녀는 떠내려왔다고 전해진다. 어느 시인이 허왕후가 인도에서 왔을 것이다 하여, 인도까지 가서 허 왕후의 자취를 찾는 이도 있었다. 허 왕후가 어디서 왔는지 정확히는 알 수 없지만, 우리나라에는 인도와 관련한 기록이 많이 있다. 신라 황룡사장륙존상皇龍寺丈六尊像도 원래는 인도에서 온 것이라고 한다. 본래 인도의 아육왕(아소카왕)阿育王이 자기 나라에서 부처를 만들고자 했는데, 아무리 해도 만들어지지 않자 금을 배에 실어서 인연이 있는 곳에 가서 부처가 되라 하여, 모형과 함께 띄웠다. 그것이 신라에 와서 신라 사람들이 금과 그 모형을 보고 만든 것이 삼존불三尊佛로 신라의 삼보三寶 중 하나가 되었다(『삼국유사』 권3, 황룡사장륙皇龍寺丈六). 이 이야기는 인도와 관계되어 있다. 사실 나는 허 왕후가 인도에서 왔다는 것을 믿지 않는다.

한편 김해 사람들이 자기의 전통을 존중한 것으로, 김해 지역이 가야 부흥운동(가야 독립운동)을 일으키면서 『가락국기』를 지었을 것이라고 보는 견해도 있다(김상돈, 「신라말 구가야권의 김해 호족세력」, 『진단학보』 82, 1996). 『가락국기』도 이러한 정신적 배경 아래 저술되었을 것이다.

김해, 가야와 관련한 비슷한 이야기로 『동도성립기東都成立記』가 있다. 동도東都는 동쪽의 서울을 의미한다. 이 책은 안홍安弘이 지었다고 하는데, 『삼국유사』에는 저자의 이름과 함께 이 책의 내용을 일부 소개하고 있다. 즉 이웃나라의 침략을 막기 위해 황룡사 9층탑을 지었는데, 1층은 고구려, 2층은 백제, 3층은 중국, 4층은 말갈 등으로 9개 층은 각각의 나라를 상징한다는 것이다. 안홍이라는 중이 신라시대에 있었기 때문에 그를 『동도성립기』의 저자로 생각하여 신라시대 저서로 보는 견해가 있는데(신종원, 「안홍과 신라불국토설」, 『신라초기불교사연구』, 민족사, 1992), 이는 잘못이다. 왜냐하면 신라 때는 경주를 동도라고 부르지 않았기 때문이다. 그냥 큰 서울, 대경大京이라 하였다. 고려시대에 개경을 중경中京, 평양을 서경西京, 경주를 동경東京이라 하였다. 제목을 고려해볼 때, 이 책은 분명히 고려시대의 저서이다.

또 『편년통재編年通載』라는 책이 있는데, 이는 남아 있지 않다. 그 책을 본 예종이 어떤 이유에서인지 홍관洪灌(?~1126)이라는 학자에게 보충하라고 하여 속편이라고 할 수 있는 책을 지었다는 기록이 있다(『고려사』 권121, 홍관전洪灌傳). 그리고 『편년통록編年通錄』이라는 책이 있다. 김관의金寬毅가 지었는데(『고려사』 권1, 고려세계高麗世系), 『삼국사기』보다 연대가 뒤다. 의종毅宗(1146~1170) 때인데, 의종 말년에 무신의 난이 일어났다. 『편년통록』에는 왕들의 조상들에 관한 이야기가 많다. 『편년통재』와 『편년통록』은 대체로 성격이 같은 것이 아닐까 한다.

이와 같이 『구삼국사』가 저술된 이후에 상당히 많은 개인저서가 있었는데, 신이神異한 이야기를 적어놓은 역사책이 많았다는 것을 알 수 있었다. 지은이들은 승려 이외에 과거시험에 합격하여 관리를 지낸 유학자들이었는데, 이들은 사상적으로는 탈유학자들로서 이러한 신이한 이야기를 주로 썼다. 고려시대라는 시대 자체가 오늘날 우리가 생각하는 순수한 유학자는 상당히 적지 않았나 싶다. 정신적으로 불교라든가 도교라든가 상당히 혼합된 그러한 사상이 일반적으로 고려시대 학자들에게 물들어 있었다.

(2) 「동명왕편」과 『제왕운기』

「동명왕편東明王篇」은 이규보가 지었다. 이규보는 유학자로 높은 관직을 지냈고, 무인정권 시기에 사랑을 상당히 많이 받은 학자이다.

『제왕운기』와 마찬가지로 「동명왕편」은 시로 되어 있어서 그 양이 많지 않다. 시의 내용을 설명하기 위해서 이규보는 시 구절마다 『구삼국사』를 인용하였는데, 이 덕분에 일부나마 『구삼국사』의 내용을 알 수 있게 된 것이다. 『제왕운기』 역시 시 구절 뒤에 구체적인 사실들의 설명을 적어놓았다. 이규보가 「동명왕편」을 저술한 이유는 그 서문을 통해 알 수 있다. 앞서 인용하였으나 그중 일부를 다시 살펴보면 다음과 같다.

> 그 후 『위서魏書』·『통전通典』을 읽어보니 또한 그 사실이 기록되어 있었다. 그러하나 간략하고 상세치 않았으니, 이는 자국내自國內(중국)의 일은 소상케 하고, 외국의 것은 줄인 뜻이 아니겠는가. 계축년(명종 23, 1193) 4월에 이르러 『구삼국사』를 얻어서 「동명왕본기」를 보니, 그 신이한 사적이 세상에서 이야기되고 있던 바보다 더하였다. 그러나 역시 처음에는 그를 믿지 못하였으니, 귀환鬼幻스럽다고 생각하였기 때문이다. 세 차례 거듭 탐독耽讀·미독味讀하여 차차로 그 근원을 찾아가니, 이는 환幻이 아니요 성聖이며, 귀鬼가 아니고 신神이었다. 하물며 국사

國史는 직필直筆하는 책이니 어찌 그 사실을 망령되이 전하리오.

김공 부식金公 富軾이 국사를 다시 편찬할 때 동명왕의 사적을 매우 간략하게 다루었다. 공은 국사란 세상을 바로잡는 책이니, 크게 신이한 일로써 후세에 보여줌은 옳지 않다고 생각하여 그를 간략하게 했을 것이 아니겠는가(「동명왕편」 서, 『동국이상국집』 권3 ; 『논선』, 14쪽).

그 뒤를 보면 중국 당대의 시인인 백낙천白樂天(백거이白居易)도 「장한가長恨歌」에서 양귀비楊貴妃가 하늘로 올라가고 땅에 들어갔다는 믿을 수 없는 이야기를 썼는데, 내가 적지 못할 이유가 없어 이 시를 써서 후세에 전한다는 이야기가 이어진다. 앞서 언급한 것처럼 동명왕의 이야기는 『구삼국사』와 『삼국사기』를 비교하면 그 양이 『구삼국사』가 두 배나 많다. 후세 사가들은 이와 같은 신이한 이야기를 싫어하여 그런 내용을 실은 김부식이 유교사가儒敎史家로서 충실하지 못하다고 비판하였다. 그런데 김부식조차도 그것을 비판했기 때문에 그 양을 절반으로 줄인 것이다. 어쨌든 이규보는 그 같은 태도를 못마땅해하며 동명왕에 대한 이야기를 시로 적었다.

그런데 이 시가 참 간단하여 네 장이 전부이다. 현재 남아 있는 목판본을 보면, 큰 글자로 되어 있는 것은 「동명왕편」 시이고, 두 줄로 작게 쓰여 있는 것은 『구삼국사』에서 인용한 내용이다. 이우성은 「고려 중기의 민족서사시 : 동명왕편과 제왕운기의 연구」(『성균관대학교 논문집』 7, 1962 ; 『한국의 역사인식』 상, 창작과 비평사, 1976 ; 『한국중세사회연구』, 일조각, 1991)라는 논문에서 「동명왕편」과 『제왕운기』가 시로 되어 있고, 이들은 구체적인 고주몽에 관한 이야기, 구체적인 우리 역사에 대한 이야기를 썼기 때문에 서정시가 아니라 서사시라고 하였다. 이 논문이 나온 뒤에 「동명왕편」과 『제왕운기』에 대한 관심이 높아져서 이에 관한 논문이 많이 나왔다. 대부분 학자들은 「동명왕편」을 서사시敍事詩라고 하는데, 이학수李鶴洙(Peter. H. Lee)라는 국문학자는 서사시라는 표현은 어폐가 있다고 지적하였다. 즉, 서사시라면 운韻이 없어야 하는데 「동명왕편」은 운이 있는 시이기 때문에 내용상으로는 서사시이지만 서사시라 말하기는 곤란하다는 것이다(Peter H. Lee, "A Lay of King Tongmyŏng", *Korea Journal* 13-7, 1973).

어떻든 문제는 「동명왕편」이 어떠한 책이며, 왜 이러한 책을 지었느냐 하는 점이 중요하다. 앞에서 본 서문에서 알 수 있듯이 「동명왕편」은 동명왕의 초인간적이고 신이한 행적에 대한 이야기를 다루고 있다. 그러면 왜 무인정권 시기에 이 글을 지었는가, 즉 시대상황을 살펴보아야 한다. 무인정권 시기는 왕권이 추락한 시기였다. 무인 최씨崔氏가 자신의 맘대로 왕을 폐립하였다. 왕권이 지극히 허약해진 시기였다. 또 하나는 대외적으로 북방의 이민족異民族들이 고려를 공격하였다. 그러나 아직 몽고군이 쳐들어온 시기가 아니기 때문에 그것이 저술의 원인이 되지 않는다고 이의를 제기하는 학자도 있다. 박창희의 경우가 그러하다(「무인정권시대의 문인」, 『한국사』 7, 국사편찬위원회, 1973). 그러나 몽고의 침입은 없었어도 이민족의 위협은 계속적으로 받고 있었다. 그러므로 국가적 위기의식이 왕과 귀족 사이에 팽배해 있던 시기이다. 이러한 두 가지 시기적 조건 속에서 이규보는 고려의 전신이라고 여겨지는 고구려의 건국에 관한 이야기를 시로 써서 널리 국민들에게 읽게 하였던 것이다.

이에 「동명왕편」을 이규보가 쓰게 된 이유를 다음과 같이 정리해보고자 한다. 첫째는 신이한 이야기에 대해 매력을 느껴서이다. 이규보는 유학자이면서도 좀더 광범위한 종교적 입장을 가졌고, 전통사상에 대해서도 관심이 많았다. 둘째는 『삼국사기』에 대한 불만이다. 특히 이규보는 김부식에 대해 비판하였다. 원래 『구삼국사』가 있었는데, 김부식이 그 내용을 줄여버렸기 때문에 아쉽게 생각하고, 복원해야겠다는 의지를 가지게 되었던 것이다. 셋째는 대외적으로 국가의 권위를 나타내고자 하였다. 고려라는 국가의 권위를 대외적으로 선양하고자 한 것이다.

> 이런 까닭에 노래를 지어 이를 기록하고, 무릇 천하로 하여금 우리나라가 본래 성인聖人의 나라임을 알게끔 하려 할 따름인 것이다(「동명왕편」 서 ; 『논선』, 15쪽).

즉 고려라는 국가와 역사를 얕보지 말라는 의미를 가지고 있었다. 고려 사람인 그가 고려의 첫 임금을 동명왕(고주몽)으로 보고 있는 것이다. 여기서 우리는 고구려 계승의식을 엿볼 수 있다. 고구려의 후계국이 고려이므로 고구려의 첫 임금인 고주몽에 대한 이야기를 씀으로써 국가적 권위를 높인다는 의미가 있었다.

넷째는, 잘 지적되지 않고 있지만 이 글이 시로 되어 있다는 점에 주목할 필요가 있다. 시는 외우기가 쉬운 반면, 산문은 외우려고 하지 않는다. 구체적인 내용은 『구삼국사』에 있지만 간단하게 읽으려면 이 「동명왕편」을 읽고 외워서 잘 알라는 의도가 담겨 있는 것이다.

『제왕운기帝王韻紀』는 『삼국유사』보다 시기는 뒤지지만, 「동명왕편」과 『제왕운기』의 성격이 비슷해서 함께 설명하는 것이 더 좋을 듯하므로 여기서 언급하기로 한다. 이 책은 유학자인 이승휴李承休(1224~1300)가 지었다. 이승휴는 유학자이지만 거사였다. 거사居士란, 승려는 아니지만 부처를 따르는 재가신자를 의미한다. 이규보의 경우 최고관직까지 오르고 왕의 사랑도 많이 받았다. 그러나 이승휴는 하급관리로, 대간직臺諫職에 있다가, 뒤에 왕에게 간언諫言을 올리다가 쫓겨났다. 그래서 시골에 가서 『제왕운기』를 지었다고 한다.

『제왕운기』는 충렬왕 13년(1287)에 지어졌다. 제목에서 보듯이 시의 형식을 빌려 우리나라 역사와 중국의 역사를 적은 책인데, 분량도 꽤 많다. 제帝

는 중국의 임금을 말하고, 왕王은 우리나라 임금을 말한다. 상·하 두 권인데, 상권은 신화시대부터 중국의 역사를 적었고, 하권은 우리나라 역사를 단군에서부터 적었다.

『제왕운기』는 우리나라 역사를 국가 순서의 체계를 세워서 왕조 중심으로 적었다. 이에 따르면 우리나라의 모든 나라는 단군조선의 후계국가로 되어 있다. 우리나라 역사를 왕조 중심으로 국가의 체계를 세워놓은 것이다. 그러면 『제왕운기』는 왜 지었을까.

> 만약 지금까지 드러나지 아니한 방책方策 같은 것들이 진실로 환하게 이목耳目에 익혀지도록 풍영諷詠으로써 세상에 퍼지게만 된다면, 그 선善한 일은 법(모범)이 되겠고, 악惡한 일은 경계가 될 것이니, 문득 그 일에 따라서는 『춘추春秋』와 같은 역할도 할 수 있을 것이다(「병서幷序」, 『재왕운기』 상권).
>
> 허튼 말을 버리고 이치에 맞는 것을 취하여, 그 사적을 펴 이를 읊음으로써 홍망한 연대를 밝히니, 대체로 1460언言이다(「동국군왕개국연대 병서東國君王開國年代幷序」, 『제왕운기』 하권 ; 『논선』, 17쪽).

이 서문에서도 밝혔듯이 저자는 우선 이 글을 풍영諷詠, 즉 시로써 세상에 퍼지게 하고자 하였다. 이로써 알 수 있는 첫째 의도는 우리나라 역사를 요령 있게 이해시키는 방편으로서 시를 지었다는 것이다. 일종의 '대중화' 작업이라 할 수 있다. 둘째로는, 유교적 목적을 가지고 있다. 선악에 대한 사실을 적음으로써 후대에 경계를 삼겠다는 의도이다. 『제왕운기』에서는 국가의 질서를 중요시하는 도덕적 교훈을 주었다. 셋째, 그러면서도 신화·설화를 중요하게 다루었다. 신화·설화의 대상은 국왕과 건국의 첫 임금으로서 그들이 초인간적인 능력을 가진 신성한 이라는 것을 보여주었다. 왕권을 강화하고 왕권을 중심으로 하는 국가의 질서를 꾀했음을 알 수 있다.

(3) 『삼국유사』

고려 후기에 와서 가장 대표적 저술은 『삼국유사三國遺事』라고 할 수 있다. 다만 이 책은 너무나 잘 알려져 있으므로 간단하게 정리하고자 한다. 『삼국유사』의 중요성을 처음으로 강조한 학자는 육당六堂 최남선崔南善으로, 그는 1927년 『계명啓明』이라는 잡지에 해제를 실었다(「삼국유사 해제」, 『계명』 18, 1927 ; 『신정 삼국유사』, 삼중당, 1943). 69쪽에 걸친 긴 해제에서 삼국시대의 귀중한 사료로 『삼국사기』와 『삼국유사』가 있는데, 둘 중 하나를 선택하라 하면 자신은 『삼국유사』를 선택하겠다고 할 정도로 최남선은 『삼국유사』의 중요성을 강조하였다. 『삼국유사』에 관해서는 지금까지 상당히 많은 논문이 발표되어서 학계에서 『삼국유사』에 대한 연구가 매우 활발함을 알 수 있다.

저술 연대는 충렬왕忠烈王(1274~1308) 때이다. 『제왕운기』보다 조금 앞서는데, 1281년(충렬왕 7)을 상한연대로 잡을 수 있다. 그 이유는 『삼국유사』 기록 중 일연一然(1206~1289)이 황룡사皇龍寺에 가서 가섭불이 앉아 있던 돌을 보았다는 기록이 1281년으로 되어 있기 때문이다(권3, 가섭불연좌석迦葉佛宴坐石). 그때 일연의 나이가 78세였으므로, 이 책은 상당한 노년에 완성된 것이라고 할 수 있다. 일연은 그 전에 몽고가 쳐들어왔을 때 산속에 숨어 있다가 나온 경험이 있던 사람이다. 그래서 몽고, 원의 간섭에 대한 반감이 컸다. 그는 이러한 시대적 배경 속에서 『삼국유사』를 지었다.

『삼국유사』를 왜 지었는지에 대한 본인 스스로의 이야기는 충분하지 않다. 『삼국유사』에는 전체 서문이 없고, 9개의 편 가운데 기이편에만 서문이 있다. 그 서문은 다음과 같은데, 나는 이것을 『삼국유사』 전체에 대한 서문으로 보고 싶다.

서序하여 이른다. 대체로 성인이 예악禮樂으로 나라를 일으키고 인의仁義로 교敎를 베푸는 데 있어서 괴력난신怪力亂神은 말하지 않는 바였다. 그러나 제왕帝王이 장차 일어나려 함에 있어서는 부명符命과 도록圖錄을 받아 반드시 남과 다른 것이 있었다. 그런 뒤에야 능히 대변大變을 타고 대기大器를 쥐어 대업大業을 이룰 수 있었다.

그러므로 황하黃河에서 도圖가 나오고, 낙수洛水에서 서書가 나와서 성인이 일어났다. 무지개가 신모神母를 둘러서 복희伏羲를 낳고, 용龍이 여등女登과 관계하여 염제炎帝를 낳고, 황아皇娥가 궁상窮桑에서 놀았는데 신동神童이 스스로 백제白帝의 아들이라 칭하고 관계하여 소호少昊를 낳고, 간적簡狄이 알을 삼키고 설契을 낳고, 강원姜嫄이 발자국을 밟고 기弃를 낳고, 잉태한 지 14개월 만에 요堯를 낳고, 용이 큰 못에서 교접하여 패공沛公을 낳았다. 이로부터 이후를 어찌 다 기록할 수 있겠는가.

그런즉 삼국의 시조가 모두 신이神異한 데서 나왔다는 것이 무엇이 괴이하다 하겠는가. 이것이 신이를 기록함이 제편諸篇에 번지어 있는 까닭인바(기이紀異편이 무엇보다 앞선 것은), 그 의도가 여기에 있는 것이다(『삼국유사』 기이편 서 ; 『논선』, 16쪽).

『삼국유사』를 보면 맨 처음에 왕력편이 있고 그다음에 기이편이 나오는데, 이곳에 서문이 있으므로 기이편의 서문이라고 썼다. 그런데 왕력편은 연표이니까 서문을 쓰지 못했고, 문장으로 쓰기는 기이편이 처음이니까 기이편에 서문을 써 놓은 것으로 생각할 수 있다. 혹은 이와 달리 이 서문의 내용은 중국에서 나라를 세운 것에 대한 기록이 대부분으로, 종교적인 내용은 없고 대부분 역사적인 것이기 때문에 그 자체로 굳이 기이편 서문이라 해도 좋을 것이다. 여하간 『삼국유사』는 신이神異한 일을 적는 것을 제일의 목표로 삼고 있다. 단군 이야기, 진평왕眞平王(579~632)이 구슬로 장식된 띠를 하늘로부터 받았다는 천사옥대天賜玉帶 이야기 등의 이야기가 수없이 많다. 앞에서도 언급한 바 있지만, 명랑明朗이란 중이 당나라 해군을 바다에서 모두 빠뜨렸다는 이야기 등 불교와 관련한 많은 초인간적인 이야기도 마찬가지다.

역사책으로서 『삼국유사』는 어떤 성격을 가지고 있는가. 첫째로 체재가 자유롭게 되어 있다. 『삼국사기』는 기전체紀傳體이므로 일정한 서술 원칙이 있었다. 그러나 『삼국유사』는 자유롭게 썼다. 쓰고 싶은 이야기가 있으면 필요한 내용을 모아서 독립된 편을 만들면 되었다. 중국의 승전僧傳을 모방했다고 하는데, 모방한 부분도 있지만 효선孝善 · 왕력王曆 · 탑상塔像 등 승전에서 볼 수 없는 부분도 많이 다루었다. 자유로운 체재로 자유롭게 내용을 선택했으므로 일연선사는 왕, 귀족, 민중에 관한 이야기 등 자신이 이야기하고 싶은 부분이 나오면 자기 마음대로 쓴 것이다.

『삼국유사』에는 『삼국사기』에는 나오지 않는 다양한 이야기들이 많이 나온다. 한 예로 계집종에 관한 이야기가 있다(권5, 욱면비염불서승郁面婢念佛西昇). 욱면郁面이라는 여종이 있었는데, 주인이 절에 가서 매일같이 만일萬日(30년) 동안 염불을 외는데, 욱면도 매일같이 그 주인을 쫓아갔다. 주인은 이러한 욱면이 미워서 밤마다 쌀 두 섬을 찧게 했다. 그러면 그녀는 다 찧고는 또 따라갔다. 졸음이 오니까 마당에 막대기를 꽂고, 손을 새끼로 붙들어 매고 염불하였다. 하루는 집주인이 법당 안에서 아미타불을 염불하고 있었는데, 여종을 법당에 들여 염불하게 하라는 소리가 하늘에서 들려왔다. 그래서 절의 중들이 여종을 법당 안에 들여 예에 따라 정진하게 하니, 오래지 않아 그녀는 지붕을 뚫고 서쪽으로 날아갔다. 일연선사가 그 법당에 가봤더니 여전히 구멍이 나 있는데, 비가 와도 새지 않고 눈이 와도 새지 않았다는 것이다. 이를 통해 일연이 얼마나 자유롭게 내용을 선택했는지 알 수 있다.

둘째는 일연이 다양한 고문서를 찾아내어서 이용하였다는 점이다. 왕건이 견훤에게 상부尙父(존경하는 아버지)라고 칭하고(권2, 후백제 견훤後百濟 甄萱),

또 경종 때 경순왕敬順王(927~935) 김부金傅를 상부로 책봉하는 고誥를 찾아내었다(권2, 김부대왕金傅大王). 이는『고려사』,『삼국사기』어느 곳에서도 볼 수 없는 기록으로 일연만이 이렇게 고문서를 열심히 찾아서 이용하였다. 그가 전거典據를 찾는 데 매우 열심이었음을 알 수 있다.

셋째로, 기이편을 보면 고조선·위만조선·부여·고구려·백제·삼한 등은 국가 중심으로 기록하다가, 신라에 이르러서는 혁거세·석탈해 등 국왕을 중심으로 기록되어 있다. 국가·국왕 중심의 역사관을 가지고 서술한 것이다. 이는 원나라의 간섭하에서 국가의 위신, 왕의 권위가 상당히 약화되어 있는 것과 관련지을 수 있다. 철저하게 국가와 국왕 중심으로 기록했지만 김유신金庾信 관련 기록만은 유일한 예외로, 김유신 항목이 따로 있다(권2, 김유신). 김유신이 나중에 왕으로 봉封함을 받았던 까닭에 그렇게 기록한 것이 아닌가 한다. 이렇듯『삼국유사』는 국가와 국가, 국왕 특히 건국의 시조들을 하늘과 연결시켰다. 단군도 하늘에서 내려왔고, 고주몽도 천제天帝의 아들, 혁거세도 그러하다. 백제의 온조가 예외이기는 하다(일본의 기록에는 온조가 하늘의 자손이라고 되어 있기도 하다). 여하간 대체로 하늘과 연결시키는 그러한 생각을 가지고 있었다는 것은 우리나라의 민족적 독자성을 강조하는 것으로 이해할 수 있다.

넷째로, 불교의 호국신앙을 강조하였다. 당나라 군대를 물리친 이야기나 황룡사 구층탑 이야기도 모두 호국신앙과 연결되는 것이다. 흥미로운 점은 불교신앙·불교를 국왕보다도 더 높이는 뜻을 가지는 기록을 채택하고 있다는 점이다. 기독교의『구약성서』를 보면 예언자들을 국왕보다 높게 보는 데 반해, 우리나라의 경우에는 승려들이 국가에 대한 비판적인 태도를 거의 보이지 않았다. 그러나 일연은『삼국유사』에 석가나 불교의 진리를 국왕보다 더 높게 여기는 의미가 담긴 기록을 싣기도 하였다. 신라 효소왕孝昭王(692~

702) 때(643) 망덕사望德寺라는 절을 짓고 낙성식을 하는데, 왕이 직접 가서 재齋를 올렸다. 그때 웬 허름한 중이 와서 그 재에 같이 참여하고 싶어하였다. 차림새는 매우 허름했지만, 왕은 허락하여 그를 참석을 시켰다. 끝나고 나와 왕이 웃으면서 그 중에게 "밖에 나가서 왕이 친히 올리는 재에 참석했다는 이야기를 하지 마라" 라고 하였다. 그러자 중이 말하기를 "당신도 진신석가眞身釋迦(불상이 아닌 진짜 석가)와 같이 재를 올렸다는 소리를 하지 마라" 라고 하고는 하늘로 날아갔다(권5, 진신수공眞身受供).

또한 사회적 구호활동에 대해서도 많이 기록하고 있다. 정수正秀라는 황룡사 중이 있었다. 어느 날 밤에 다른 절에 갔다가 황룡사로 돌아오는 길에 길거리에 한 여자가 어린아이를 안고 추운 겨울에 거의 얼어 죽어가고 있었다. 정수가 그 여자를 끌어안아 몸을 녹여주고 자기 옷을 벗어 주었다. 그리고 자기는 알몸으로 황룡사로 뛰어갔다. 그날 밤 궁성에 황룡사의 정수를 왕사王師로 삼으라는 하늘의 소리가 들렸다. 그래서 왕이 이상히 여겨 조사해보니 그러한 이야기가 있었고, 정수를 국사國師로 임명하였다(권5, 정수사구빙녀正秀師救氷女).

또 다른 이야기로, 신라 말 경순왕의 아버지(효종랑孝宗郎) 이야기가 있다. 그는 화랑이었는데, 하루는 여럿이 놀러 나갔다. 그런데 웬일인지 낭도 둘이 뒤처져 늦게 돌아왔다. 이에 그 늦은 이유를 물었다. 낭도들이 말하기를 오다가 늙은 어머니가 딸을 안고 울고 있는 것을 보고 동네 사람들에게 까닭을 물었다. 어머니가 소경이어서 딸이 밖에 가서 빌어다가 어머니를 공양했는데, 그해는 흉년이 들어서 밥을 빌어먹기가 힘들었다. 그래서 고용살이를 해서 그 대가로 가져온 쌀로 어머니를 봉양하였다. 쌀도 좋고 음식도 맛있었다. 그렇지만 어머니가 말하기를, "그전에는 찬밥을 먹어도 마음이 편안했는데, 지금은 맛있는 밥을 먹어도 마음이 편하지 않다" 라고 하자, 딸이 이 말을 듣고 사실을 고백하였다는 것이다. 이 이야기를 듣고 효종랑과 낭도들이 돈을 모아 그 모녀를 도와주었다. 이에 진성여왕은 곡식과 집을 내려주고, 도둑이 들까 염려하여 군대를 보내 지켜주었다. 그 뒤 딸은 자신이 살던 집을 절로 삼았다(권5, 빈녀양모貧女養母).

『삼국유사』에서는 이런 통일신라시대의 민중에 관한 사료를 적지 않게 찾아볼 수 있다. 그런데 불교신앙을 기반으로 하는 이와 같은 입장에서 선택한 주제들은 현실적 논리로는 설명하기 어렵고 신앙의 논리로서만 설명이 가능하므로, 이와 같은 주제나 설명방식을 강조했던 것이다.

이상에서 『삼국유사』의 특징을 네 가지로 설명하였다. 그러면 이런 특징을 가진 『삼국유사』는 사학사적으로 어떤 의미를 가지는가. 그것을 두 가지 측면으로 설명하고자 한다. 하나는 시대적 의의로서 일연이 살았던 그 시대에 『삼국유사』가 어떤 의미를 가졌는가 하는 점이고, 또 다른 하나는 현재의 우리 입장에서 볼 때 어떤 의미를 지니는가 하는 점이다.

시대적 의의를 먼저 살펴보자. 『삼국유사』는 유교도덕적인 합리적인 역사서술, 즉 『삼국사기』를 비판하고 있다. 사학사적 입장에서는 『삼국사기』를 유교도덕적 합리주의 역사서술로 일보 전진한 것으로 보는데, 그것을 비판하고 옛날의 신이사神異史를 더 많이 다루어야 한다는 『삼국유사』의 입장은 시대적으로 역행逆行하는 것으로 볼 수 있다. 옛날로 다시 돌아가는 색채가 강한 책이다. 그런 점에서 시대적으로는 전진하지 못하고 오히려 복고적復古的인 성격이 강하다.

그러나 당시의 시대적 상황은 원元나라의 '간섭'을 받는 자유롭지 못한 상태였고, 왕권도 그러하였다. 왕의 명칭도 '종宗'으로 표기하던 것을 '왕王'으로 표기함으로써 격이 떨어졌고, 게다가 충忠을 붙여야 했다. 그런데 『삼국유사』에서는 이처럼 왕권이 약화되어 있는 상황에서 우리나라의 자주성,

독자성을 강조하였다. 우리나라의 왕은 하늘에서 내려온 것이지 원나라나 중국과 관계가 있는 것이 아니라는 점을 강조한 것은 자주성과 독립성을 강조한 것이다. 따라서 『삼국유사』가 가지는 의미는 역사학이라는 측면에서는 반시대적이며, 자주적 · 독립적인 면에서는 긍정적인 의미를 가지고 있다고 할 수 있다. 『삼국사기』의 경우는 이와 정반대이다.

현대의 입장에서 『삼국유사』가 지니는 의미를 살펴보면 어떠한가. 한마디로 매우 귀중한 역사자료라고 할 수 있다. 왜냐하면 『삼국사기』에서 빼버린 옛날 기록들까지 모두 적어서 우리에게 남겨주고 있기 때문이다. 만일 『삼국유사』가 없었다면 우리는 신라시대 불교사를 알 수 없었을 것이다. 단군에 대한 기록도 『삼국유사』에서 가장 원초적인 모습으로 볼 수 있다. 후대의 역사가들이 『삼국유사』가 불교적인 것이라 비판하면서도 단군에 대한 것은 『삼국유사』의 기록을 꼭 그대로 적는 까닭이 여기에 있다. 현대의 우리 역사학의 입장에서 볼 때나 고대사를 연구하는 데 있어서도 이 책은 그야말로 보물이라고 할 수 있다. 그러므로 현대적인 관점에서 『삼국유사』가 지니는 의미는 매우 크다. 이렇게 『삼국유사』의 사학사적인 의의는 시대적인 것과 현대적인 것을 나누어 볼 때 더 큰 의미를 부여할 수 있다.

| 제2장 |

도덕적 합리주의 역사학

1. 도덕적 합리주의 역사관의 발생

(1) 최치원의 사학

도덕적 합리주의 역사학이 어떻게 발생하였는가. 그 기원을 보는 것은 쉽지 않다. 『삼국사기』에 따르면 신라에서 『국사』를 편찬할 때, 역사란 과거의 것을 교훈 삼아 군신에게 도덕적인 옳은 교훈을 주는 것인데, 신라에는 없으니까 만들었다고 되어 있다〔권4, 진흥왕 6년(545)〕. 김부식이 이 기록을 조작해서 넣었다고 단언할 수는 없지만, 후대에 그렇게 넣은 것이 아닐까 하는 의심이 들게 하는 부분이다. 김부식이 살던 시대는 유교적 색채가 있었다 하더라도 기본적으로는 신이적인 역사서술이 주를 이루었기 때문이다.

언제부터 도덕적 입장에서 합리적인 서술을 하게 되었는가. 그 기준을 신라 말엽의 최치원崔致遠(857~?)으로 보고자 한다. 사실, 최치원으로 기준을 삼는 것도 문제가 많다. 그의 형은 해인사의 승려였고, 자신도 해인사에 가 있다가 죽었다고 한다. 어느 날 수풀 사이에 관冠과 신을 남기고 행방을 감추었다고 해서 최치원이 신선이 되었다고도 한다. 여하간 절에서 수학했다거나 승려들과 가까워서 승려들의 전기도 많이 쓴 것을 보면, 중국에서 유교를 많이 배워 왔지만 불교나 도교에도 관심이 컸다고 할 수 있다. 최치원은 사상적으로 매우 복잡하다. 그것은 시대적인 조건과 일치한다고 본다. 최치원이 활동하던 당시는 신라가 기울어갈 즈음이었다. 그가 아무리 개혁—유교적 입장에서의 개혁일 것이다—을 하자고 해도 받아들여지지 않으니까 세상을 뒤로 하고 지내다 해인사에서 최후를 마친 것이다. 그러나 그는 항상 자신을 유학자라 하였는데, 성주사 낭혜화상 백월보광탑비에 자신을 "썩은 유학자〔腐儒〕"라고 표현한 것을 보면, 최후까지 자신을 유학자라고 생각한 듯하다.

최치원은 책을 여러 권 지었는데, 그중에서 그의 역사학을 알 수 있는 책으로는 『제왕연대력帝王年代曆』이 있다. 이 책은 현재 남아 전하지는 않지만, 제목을 보아 연대순으로 적어놓은 연표라는 것을 알 수 있다. 『제왕운기帝王韻紀』에서 '제'는 중국의 황제이고 '왕'은 우리나라의 임금을 말하는데, 상·하권으로 나누어 우리나라 역사와 중국의 역사를 나눈 것처럼, 『제왕연대력』 역시 그러한 내용이 아닐까 한다. 그 내용에 대해서는 의견이 엇갈리는데, 신라는 물론 고구려·백제를 모두 포함했을 것이라는 사람도 있고, 신라만 대상으로 했을 것이라는 의견도 있다. 실물이 남아 있지 않기 때문인데 그것은 여기에서 중요하지 않다. 그 책의 내용 중 알 수 있는 것이 있다. 『삼국사기』를 편찬하면서, 김부식은 "신라에 거서간·차차웅·이사금·마립간 이렇게 고유한 왕의 칭호가 있었는데, 최치원이 『제왕연대력』에서 이것을 모두 왕이라 표현하였다"라고 지적하였다(『삼국사기』 권4, 지증왕 즉위 사론史論). 그래서 『제왕연대력』에서는 고유한 칭호 대신 그냥 왕으로 썼다는 것을 알 수 있다. 김부식은 이에 대해 비판하고 『삼국사기』에 고유 명칭을 복원해 두었다고 하므로, 알 수 있는 내용은 이것뿐이다. 그러나 이것은 상당히 중요한 의미를 가진다고 본다. 중국적인 개념, 당시의 보편적인 개념으로 우리나라 역사를 해석하려고 하였던 최초의 역사가가 최치원이라고 볼 수 있기 때문이다.

내가 생각하기에 가장 바람직한 것은 고유한 용어들은 우선 그대로 써야 한다는 것이다. 고유한 용어는 그대로 쓰되, 성격을 규정할 때에는 보편적인 개념을 이용하는 것이다. 최치원은 '차차웅'이 왕을 뜻하는 용어 중의 하나이므로 그 개념에 따라 그냥 왕으로 쓰자고 생각했을 것이다. 그러나 고유한 용어를 쓰고 중국에서는 그것을 왕으로 쓴다고 설명을 해야 하는데, 그는 그냥 지워버렸다. 중국적인 개념을 빌려다 왕이라 바꿔 쓴 것을 보아서 다른 용어들도 그렇게 하지 않았을까 한다. 왕의 업적을 말할 때도 중국에서 배운 유교적인 개념을 써서 서술했을 가능성이 있다. 도덕적인 것이 그의 책에 나타나는지 모르지만, 그런 식으로 했을 것이라 미루어 짐작할 수 있다. 최치원은 전기도 썼는데, 조인성은 최치원의 역사학을 다룬 논문에서 그가 쓴 전기를 분석하면서 "비록 그 대상은 승려이지만 그들을 평가하는 방법은 유교적이다" 라고 설명하였다(조인성, 「최치원의 역사서술」, 『역사학보』 94·95합집, 1982).

그렇다면 최치원은 이 같은 칭호·인물뿐만이 아니라 다른 것들에 대해서도 그렇게 서술했을 것이라 짐작할 수 있다. 이에 따라 역사가로서 유교적인 도덕적 합리주의에 입각해서 의식적으로 실천한 인물을 최치원으로 여기는 것이 가능하다고 본다.

(2) 최승로의 사관

다음은 최승로崔承老(927~989)이다. 최승로는 고려 성종 때 인물인데, 성종에게 올린 상서문에서 그의 사관을 엿볼 수 있다. 상서문은 두 부분으로 나뉜다. 먼저 다섯 명의 선왕先王에 대해 하나하나 평가하고, 이어서 정치를 이렇게 하라는 제안을 하였다. 총 28개조의 건의문인데, 현재는 22개만 남아 있다. 사학사의 입장에서는 그 앞의 다섯 왕에 대해서 평가한 부분을 살피면 된다. 이것은 현대사이다. 최승로는 그런 의미에서 현대사가이다. 그러면 그가 이 상서문을 어떤 입장에서 썼는지를 살펴보기로 한다.

최승로의 상서문은 전반적인 개설서는 아니고 자신이 살던 시대의 정치가 이렇게 되었으면 좋겠다는 생각으로, 자기보다 앞선 고려시대 임금들을 평가해 놓은 것이다. 이 평가 자체가 하나의 역사관인데, 그가 평가한 입장은 이러하다. 가령 고려 태조에 대해서는 이렇게 칭찬하였다.

> 통일을 이룬 이래로 정치에 부지런한 지 8년 동안 사대를 예禮로써 하고 교린을 도道로써 하며, 평안히 거처하면서도 방일함이 없고, 아랫사람을 대함에 공손함을 생각하며, 도덕을 귀하게 여기고 절검을 숭상하며, 궁실을 낮게 하여 겨우 비바람 가리기를 기약하고, 의복을 검소하게 하여 다만 추위와 더위 막기를 취하고, 어짊을 좋아하고 (중략) 상벌이 그 시기를 잃지 않고 사정邪正이 그 길을 같이하지 않으니, 권선징악의 길을 알고 제왕의 체통을 얻음이 또한 이와 같았습니다(이기백 · 노용필 · 박정주 · 오영섭, 『최승로상서문연구』, 일조각, 1993, 30~31쪽).

이렇듯 태조에 대해서는 칭찬만 있다. 이와 달리 다른 왕에 대해서는 비판도 하고 칭찬도 하였다. 광종의 예를 살펴보자.

> 광종은 영특한 풍모와 뛰어나게 영리한 자질로 치우치게 태조의 귀여움을 받고,

친히 정종(형)의 유명을 받아 왕위를 형제간에 승습承襲하고 왕좌의 화미華美함을 전하였습니다. (중략) 소원하고 미천한 사람을 버리지 않고 홀아비나 과부(와 같이 의탁할 데 없는 자)에게 혜택이 빛나니, 즉위한 지 8년에 이르기까지 정치와 교화가 맑고 공평하며 (하략) (『최승로상서문연구』, 51쪽).

이렇게 칭찬하였지만, 이후의 치적에 대해서는 다음과 같이 비판을 많이 하였다.

더구나 불사佛事를 지나치게 믿고 법문法門을 과중히 여겨 항상 행하는 재설齋設이 이미 많은데 별도로 기원하여 향불을 피워 닦음이 적지 않으며, 오로지 오래 살고 복을 얻겠다고 기도만을 하니 한정 있는 돈을 다 써서 무한한 인연을 지으려 하고, 스스로 지존하심을 가벼이 하여 (하략) (『최승로상서문연구』, 58～59쪽).

너무 지나치게 불교를 믿고 오래 살겠다고 기원하니, 나라가 망하는 길이라고 비판하였다. 철저한 유교중심 도덕사관이다. 최승로는 지극히 짧은 현대사를 썼지만, 입장은 유교적인 것이었다.

(3) 『삼국사기』

가장 대표적인 것은 『삼국사기三國史記』이다. 김부식이 편찬한 것으로 되어 있으나, 김부식은 총책임자이고 여러 사람이 같이 만든 것이다. 사찬史贊을 쓴 사람은 김부식이지만, 개인이 한 것이 아니고 나라에서 지시해서 한 것이다. 인종仁宗 23년(1145)에 완성되었는데, 이 시기는 전통사상과 유교사상이 공존해 있어서 서로 마찰을 일으키는 시기였다. 이러한 시기에 김부식이 인종의 명을 받아 『삼국사기』를 편찬한 것이다.

편찬 동기는 기왕의 『구삼국사』에 대해 불만이 있었다는 것과 역사를 도덕적인 교훈에서 바라보아야 한다는 생각이 있었다는 데서 찾을 수 있다. 이것은 김부식이 완성된 『삼국사기』를 임금에게 바치면서 올린 「『삼국사기』를 올리는 글」에 잘 나와 있다.

다음에 인용하는 이 글의 일부는 형식상으로는 인종의 말로 되어 있지만, 실제로는 김부식의 뜻이나 마찬가지이다.

> 삼가 생각건대 성상 폐하께서는 당요唐堯의 문사文思를 바탕으로 하고 하우夏禹의 근검을 본받아 바쁘신 여가에 예전의 역사책을 널리 보고 말씀하시기를 "① 지금의 학사대부가 5경五經·제자諸子의 책이라든가 진나라·한나라 역대의 역사책에 대해서는 혹 널리 통하여 자세히 말하는 사람이 있으나, 우리나라의 사실에 이르러서는 도리어 망연하여 그 처음과 끝을 알지 못하니 유감스런 일이다. ② 하물며 신라·고구려·백제는 나라를 세우고 세 나라가 정립하여 능히 예로써 중국과 교통한 때문에 범엽范曄의 『한서漢書』라든지 송기宋祁의 『당서唐書』에 다 열전이 있지만, 그 사서는 자기 국내에 관한 것을 상세히 하고 외국의 것은 간략히 하여 자세히 실리지 아니하였고, 또 그 고기古記로 말하면 글이 거칠고 졸렬하여 사적의 빠진 것이 많다. ③ 이런 까닭에 임금의 선하고 악한 것이라든지 신하의 충성스럽고 사악한 것, 나라의 편안하고 위험한 것, 인민을 잘 다스리고 어지러운 것들을 다 드러냄으로써 후세에 권계를 드리울 수 없으니, 마땅히 삼장三長의 재才를 얻어 권위 있는 역사를 완성하여 이를 만세에 끼쳐 해와 별과 같이 환하게 하고 싶다"라고 하셨습니다(「『삼국사기』를 올리는 글」, 『동문선』 권44 ; 『논선』, 8쪽).

이 글에서는 『삼국사기』를 완성하게 한 기본적인 목적으로 세 가지를 들고 있다. 하나는, 우리 학자들이 중국 것만 알고 우리나라 것은 잘 모른다는 것이다. 둘째는, 우리나라 역사를 알고 싶어도 좋은 역사책이 없다는 것이다. 중국의 역사서는 자기 나라의 역사를 기준으로 했기 때문에 우리나라의 역사가 거기에 조금 들어 있기는 하지만 부족하고, 우리나라의 옛 기록이라는 것은 소홀하고 황당해서 믿을 수 없다는 것이다. 마지막 셋째는, 이런 까닭에 임금의 선하고 악한 것, 신하의 충성되고 사악한 것, 나라의 편안하고 위험한 것, 인민을 잘 다스리고 어지러운 것, 이것들을 다 드러내서 후세에 좋은 것은 권고를 하고 악한 것은 징계를 해야 하는데 이런 것이 잘 안 된다는 것이다.

이러한 세 가지 점이 『삼국사기』를 편찬하게 된 이유라고 이야기를 했는데, 사실은 모두 세 번째 것에 귀결한다. 왜냐하면 후세에 권고하고 충고하고 싶은 이야기가 있어도 우리나라 사람들이 우리나라 것을 모르고, 우리나라 것을 모르니까 우리나라 역사를 근거로 해서 선한 것은 권하고 악한 것은 경계하는 일이 안 되지 않는가, 중국의 역사책이나 우리나라 역사책이나 다 선한 것을 권하고 악한 것을 경계할 자료가 불충분하다는 것이다. 요컨대 결론은 하나이다. 유교적인 도덕주의의 입장에 근거하여 후세 사람들에게 경계를 삼는 일이 현재로서는 불가능하므로 역사서를 새로 편찬하라고 인종이 김부식에게 이야기했다는 것이다. 그래서 김부식은 "나는 부족한 점이 많습니다. 그렇지만 열심히 하겠습니다"라고 하면서 편찬했는데, "여기에 잘못된 것이 있다 할지라도 장독 뚜껑같이 허튼 것으로 삼지는 말아주십시오. 내가 열심히 했다는 것은 하늘의 해가 알 것입니다"(「『삼국사기』를 올리는 글」, 『논선』, 8~9쪽)라고 하여, 성의를 다했음을 강조하였다. 이처럼 유교적인 입장에서 도덕주의에 의한 역사적 사실의 판단, 그리고 이것을 통해서 후대 사람들에게 권고하고 경계할 만한 자료가 없으니까, 그것을 만들고 제공하도록 해야겠다는 것이 『삼국사기』를 편찬한 기본 의도이다.

그리고 또 하나, 『삼국사기』에 들어 있는 김부식의 의견—논찬論贊 혹은 사론史論이라고 한다— 중에 신라, 고구려, 백제가 망한 뒤의 본기 마지막에 쓴 것이 있다. 신라, 고구려, 백제가 어떤 때 흥하고 어떤 때 망했는가 하는 것이 주 내용으로 이것이 전부 다 도덕이다. 김부식은 신라본기 맨 마지막에서 신라의 역사 전반에 대한 자신의 의견을 적었다.

이제 다만 그 시초를 살펴보면, 위에 있던 이는 자기를 위해서는 검소했고 남에게 너그러웠으며, 관직의 설치는 간략했고 행사는 간소했다. 성심껏 중국을 섬겨 육로·해로로 조빙하는 사신이 서로 이어져 끊어지지 않았다. 늘 자제들을 보내어 중국에 가서 숙위하게 했고, 국학에 들여보내 강습시켰다. 이로써 성현의 풍습과 교화를 입어 미개한 풍속을 변화시켜 예의의 나라로 만들었다(「삼국흥망사론三國興亡史論」, 『삼국사기』 권28 ; 『논선』, 10쪽).

유교도덕적인 입장에서 이와 같은 부분은 긍정적으로 평가하였다. 한편 신라가 망한 것에 대해서는 다음과 같이 평하였다.

그러나 불법佛法을 숭상하여 그 폐해를 알지 못하고서 마을마다 탑과 절이 빽빽이 늘어섰고, 평민들은 중이 되어서 병졸과 농민이 점점 줄어들어 국가가 날로 쇠퇴해졌으니, 어찌 문란해지지 않으며 멸망하지 않겠는가. 이때 경애왕은 더구나 함부로 음란한 짓을 하고 놀기에만 바빠 궁녀들과 가까운 신하들을 데리고 포석정에 나가 놀며 술자리를 베풀고 즐기다가 견훤이 오는 것도 알지 못했으니, (진陳나라 후주後主가) 저 문밖에 쳐들어온 한금호韓擒虎를 모르고 다락 위에서 장려화張麗華를 데리고 놀던 것과 다름이 없었던 것이다(「삼국흥망사론」 ; 『논선』, 10~11쪽).

나라가 망한 원인을 유교적인 입장의 도덕에서 찾은 것이다. 이것은 고구려와 백제에 대해서도 마찬가지이다. 다음은 고구려의 경우이다.

그러나 그 처음과 종말을 보건대, 그 윗사람과 아랫사람이 화합하고 많은 백성이 화목할 때에는 비록 대국이라도 이를 빼앗지 못했지만, 위정자가 나라에 불의한 짓을 하고 백성들에게 어질지 못한 행동을 하여 여러 사람의 원망을 사게 된 데에 이르러서는, 무너져서 스스로 떨치지 못했던 것이다(「삼국흥망사론」; 『논선』, 12쪽).

그래서 고구려가 망했다고 하였다. 백제에 대해서도 다음과 같이 말하였다.

백제의 말년에 와서는 행하는 일이 도리에 어긋나는 일이 많았고, 또 대체로 신라와 원수가 되어 고구려와 연합해서 신라를 침범하였다. 이익에 따라 기회를 타서 신라의 큰 성과 큰 진을 뺏기를 그치지 않았으니, 이는 이른바 어진 사람과 친하고 이웃나라와 잘 지냄으로써 나라의 보배로 삼는 일은 아니었다(「삼국흥망사론」; 『논선』, 13쪽).

유교도덕적인 입장에서 이웃나라와 친한 것이 옳은데 그렇지 않았기 때문에 망할 수밖에 없었다고 본 것이다.

이와 관련해 한 가지를 덧붙이자면, 중국에 대한 사대事大의 문제가 있는데, 이는 지금까지도 많은 논란이 되고 있다. 단재 신채호는 김부식이 사대주의라고 해서 그를 굉장히 부정적으로 평가하였다. 그의 「조선역사상 일천년래 제일대사건朝鮮歷史上 一千年來 第一大事件」이 대표적이다(『논선』, 115~130쪽). 이 글은 일제시대 초기에 쓰인 것이니까 그때를 기준으로 하면 제일대사건이란 고려 건국 이후 1,000년 동안의 제일 큰 사건을 말하는데, 단재는 이것을 묘청의 난이라고 하였다. 그는 반란이라는 이름을 거부하여 묘청의 난을 '서경전쟁(서경전역西京戰役)'이라고 하였다. 바로 그 서경전쟁을 김부식이 평정하였고, 이후에 『삼국사기』를 편찬한 것이다. 단재는 김부식이 『삼국사기』를 편찬한 것에 대해서 매우 부정적으로 평가하였다. 이런 단재의 역사인식이 오늘날까지도 계속 영향을 주어 김부식은 사대주의자이고 『삼국사기』도 그런 성격이므로 이것을 옳지 않은 것으로 생각하는 사람들이 많이 있다.

이처럼 사대에 대해 논란이 있기는 하지만, 어쨌든 김부식이 중국에 사대를 제대로 하지 않았기 때문에 고구려와 백제가 망했다라고 한 것은 사실 유교적인 입장과 통한다. 중국이 유교의 본 고향이므로 숭상하자는 것과 통한다고 생각되기 때문이다. 그러므로 『삼국사기』의 특징은 유교적 도덕주의가 첫째이다.

둘째는 합리적인 사료의 선택과 서술이라고 말할 수 있는데, 기본은 합리주의이다. 합리주의란 것은 이성적인 것, 이치에 합당한 것을 존중하는 것이다. 그러나 김부식의 합리주의는 도덕적인 합리주의라는 점에서 오늘날의 근대적인 합리주의와는 조금 차이가 있다. 김부식은 도덕적으로 선하면 나라가 흥하고 도덕적으로 악하면 나라가 망한다고 보았다. 그러나 오늘날 우리는 그렇게 생각하지 않는다. 르네상스시대의 유명한 정치가 마키아벨리는 정치에 대해 초도덕적인 입장을 취하였다. 오늘날 정치라는 것은 바로 그런 입장에서 보는 것인데, 실제로 도덕적으로 선하다고 해서 반드시 잘된다는 보장은 없다.

예컨대 중국 사람들이 욕하는 사람 중의 하나로 춘추전국시대의 송나라 양공襄公이 있다. 적이 강을 건너와 전열을 가다듬기 전에 공격해서 섬멸해야 한다고 신하가 건의하였는데, 양공은 그것은 비겁하니까 적이 강을 건너와 진용을 갖춘 뒤 정정당당하게 싸워야 한다고 주장하였다. 그러나 결국은 평야에서의 맞대결에서 졌다. 이러한 송나라 양공의 고사(송양지인宋襄之仁)는 도덕 때문에 망한 예이다. 반드시 합리주의가 도덕 하나만을 가지고 다 되는 것은 아니다. 무언가 도덕을 넘어선 일상의 법칙이 있다. 혈압이 높으면 안정을 취해야 하는데 위급한 사람이 있다고 도와야 한다며 뛰어가다 결국은 자신이 죽었다고 치자. 이러한 행동은 도덕적으로는 선하지만 인체의 합리적인 면은 무시해서 결국 죽은 것이다. 이처럼 합리주의는 반드시 도덕 하나만을 가지고 설명되지는 않는다.

그런데 『삼국사기』에서의 합리주의라는 것은 유교적인 도덕적 합리주의여서 한계성이 있다. 그러나 그렇다고 하더라도 신이한 것을 당연하게 여기던 과거의 신이사관과는 다르다. 환웅이 하늘에서 내려왔다든가, 고주몽이 죽어서 땅에 묻히지 않고 다섯 마리의 용이 끄는 수레를 타고 하늘로 올라갔다든가 하는 것은 비합리적인 것이 아닌가. 김부식은 이런 것을 비판하는 입장에 있었다. 분명히 한계는 있지만 현대적인 합리주의에 한 발짝 다가선 것이다. 이러한 면은 좀더 전진적인 것이라고 판단해야 하지 않을까 한다. 김부식은 이러한 합리적인 입장에서 사료를 선택하였다. 김부식이나 다른 편찬자들은 기왕에 있던 사료들을 모아서 『삼국사기』를 만들었다. 이것은 편찬이지 저술이 아니다. 편찬을 하자면 사료선택의 기준이 있어야 하는데, 그 기준을 합리주의에 두었다. 이 기준에 따라 고주몽에 관한 이야기와 같은 것은 거의 절반으로 줄였다. 그럼에도 후대 조선시대의 역사가들, 가령 안정복 같은 사람은 쓸데없는 그런 글들을 많이 넣었다고 김부식을 욕하였다. 사실 김부식의 입장에서는 줄이려고 노력하였다. 고치지 않고 줄인 것이다.

다음으로 개필改筆의 문제인데, 이 때문에 김부식을 비판하는 경우가 있다. 신라 왕 중에 진평왕이 있다. 하늘에서 천사가 내려와서 구슬을 박아 넣은 허리띠를 주었다고 기록되어 있다. 이것이 천사옥대天賜玉帶인데 신라 삼보三寶 중의 하나로 존중을 받았다. 그런데 이것은 인간이 만든 것이 아니고 하늘이 준 것으로 되어 있다. 바로 그 진평왕의 키가 11자라고 한다. 키가 6자면 6척 장신이라고들 하는데, 180센티미터 정도이다. 11자는 이것의 2배가까이 된다. 이렇게 키가 큰 사람은 존재할 수 없다. 그러나 옛날 기록에는 그렇게 되어 있다. 키가 크니까 몸집도 물론 클 것이다. 진평왕이 섬돌을 밟으니 돌 3개가 한꺼번에 부서졌다. 그래서 신하들이 다른 것으로 갈아야겠다고 했더니, 왕이 그냥 두어 뒷사람에게 보이라고 했다는 것이다(『삼국유사』 권2, 천사옥대天賜玉帶). 그러나 이 이야기를 사실로 믿을 사람은 없다. 김부식도 도저히 믿을 수 없는 이야기라 판단하여 이를 "신체적으로 장대하다"라고 문장을 바꾸었다.

이것을 어떻게 해석해야 하는 것인가? 원사료는 그렇지 않다. 일연은 그대로 썼다. 그러니까 사실은 옛날 기록 그대로 베껴놓고, 그 뒤에다가 옛날 기록은 이러하지만 아마 진평왕은 굉장히 키가 크고 몸집이 큰 인물이었나 보다고 기록하는 것이 제일 올바른 태도인데, 『삼국사기』는 그렇지 않다. 논문을 쓰는 것이 아니고 그냥 옛날 사실을 적어 놓는 것이니까, '11자'라는 구체적 수치는 빼버리고 대신에 '장대하다'라고 바꿔놓았다. 바로 이런 점들 때문에 사료를 왜곡하였다고 김부식을 비판하는 것이다. 그러나 나는 그가 잘못했다고 비판할 수 없다고 본다. 물론 가장 이상적인 것은 아니지만, 김부식의 이러한 서술은 사실의 왜곡이 아니라 현대적인 합리주의 역사서술에 한 발자국 더 다가선 것이므로, 이것을 진보한 것으로 보는 것이 옳다고 생각한다. 그러니까 전진적인 것이다. 이것이 『삼국사기』의 둘째 특징이다. 합리주의 입장에서 어떤 것은 합리주의적이지 않으므로 취급하지 않고, 아니면 취급하지 않을 수 없으니까 개필한 것이다. 그 기준이 합리주의라는 것이다.

마지막 셋째는 기전체紀傳體다. 기는 본기本紀, 전은 열전列傳을 말한다. 또 이밖에 표表, 지志가 있다. 이렇게 『삼국사기』는 네 부분으로 구성되어 있는데, 이것은 중국의 기전체 역사서들도 마찬가지이다. 정사正史라는 말도 기억해 두는 것이 좋다. 정사라고 하면 이것만 올바른 역사책이고 다른 것은 잘못된 역사책이라고 오해를 할까봐 걱정이다. 그러나 여기서 말하는 정사는 두 가지 뜻을 포함한다. 하나는 기전체로 썼다는 것이고, 다른 하나는 전 왕조에 대한 역사서라는 것이다. 정사일 때는 반드시 기전체로 쓴다. 정사는 대체로 나라에서 편찬하지만, 꼭 나라에서만 편찬하는 것은 아니다. 사마천의 『사기』는 중국에서 편찬된 첫 번째 정사인데, 사마천 개인의 작업이지 나라에서 지시한 것은 아니다.

우리나라에서는 2개의 정사가 편찬되었다. 중국에는 24개가 있는데, 그중 겹치는 것도 있어서 24사 혹은 25사라고 하기도 한다. 중국은 나라가 자주 망했고, 또 몇십 년 지속되다가 망한 작은 나라들도 모두 정사를 가지고 있기 때문이다. 그러나 우리나라는 한 왕조가 500년 정도로 길고, 더구나 신라는 1,000년의 역사이다. 고구려도 768년 정도 존속하였다. 이처럼 우리나라의 왕조들은 긴 역사를 가지고 있어서 정사라는 것이 2개밖에 없다. 조선은 일본에 의해 망했기 때문에 정사를 만들지 않았고, 일본인들이 만들었다고 해도 곤란하다. 그 대신 일본 사람들은 한국 전체에 걸친 역사책을 만들었다.

일단 우리나라의 정사는 2개밖에 없는데, 대체로 이전 왕조의 것을 나라에서 기전체로 편찬한 것을 정사라고 한다. 물론 그전에 『구삼국사』를 나라에서 편찬했다고 하지만, 지금은 남아 있지 않고 또 그것은 기전체가 아니라는 말도 있어서 그것을 정사로 생각하기에는 애매하다. 『삼국사기』는 명백하게 국가의 명을 받들어서 임명된 편찬위원들이 편찬하였다. 기전체로 만들었는데, 전체 50권이다. 그중에 본기가 28권, 연표가 3권, 지가 9권, 열전이 10권으로, 이것을 전부 합쳐 50권이다. 이렇게 네 분야의 권수를 이야기한 것은 이미 강조한 것이기는 하지만, 본기의 비중이 굉장히 크다는 사실을 말하기 위함이다(신형식, 『삼국사기연구』, 일조각, 1981). 『삼국사기』의 절반 이상이 본기이다. 본기라는 것은 왕을 중심으로 해서 일어난 역사적 사실들을 적은 것이다. 따라서 본기의 비중이 크다는 것은 왕에 대한 서술의 비중이 크다는 것을 의미한다. 이 시대는 사상적으로도 혼란스럽고, 또 이자겸의 난〔인종 4년(1126)〕, 묘청의 난〔인종 13년(1135)〕 등이 연이어 일어났다. 이자겸은 십팔자十八子(즉 이씨李氏)가 왕이 된다는 참설讖說을 믿고 자기가 왕이 되려 했다고 한다. 임금의 권위가 떨어지는 것은 당연하다. 이런 상황 속에서 『삼국사기』를 편찬하면서 본기를 중요하게 다루었다는 사실은 임금의 지위를 높여서 이를 존중해야 한다는 뜻을 나타낸 것이 아닌가 하는 생각이 든다.

중국의 경우에 본기는 사서 전체 중에서 아주 적은 부분으로, 가령 사마천의 『사기』는 전체가 130권인데 그중 본기는 12권이다. 130권 중의 12권이니까 10분의 1도 안 되는 것이다. 이 정도로 비중이 작다. 반면에 열전은 70권으로 굉장히 많은데, 세가까지 합하면 무려 100권이다. 즉 130권 중에 100권이 신하에 관한 것이고, 왕에 관한 것은 12권이다. 이는 비단 『사기』뿐만 아니라 역대의 사서들이 다 그렇다.

그런데 사서 편찬자들이 중국의 역사책에 대해 잘 알고 있었다는 점을 생각해볼 때, 그들이 중국의 사서를 본뜨지 않고 절반 이상을 본기에 배정했다는 점은 결국 국왕의 권위를 존중하는 생각이 그만큼 간절했다는 것을 의미한다.

다음으로 지志가 있는데, 이것은 분류사로서 일종의 문화사라고도 할 수 있다. 물론 전부가 문화에 관한 것은 아니다. 천문을 비롯하여 제사라든가 의복 등 인간사회의 각종 문화적인 현상들을 유형별로 분류해서 편찬한 것이 지인데, 이것을 통해 역사에 대한 인식의 안목을 넓힐 수 있다. 그러므로 왕권을 중심으로 해서 넓은 역사적 안목을 가질 수 있도록 편찬된 것이 『삼국사기』라고 할 수 있다.

그다음에 『해동고승전』이 있는데, 이에 대해서는 생략하기로 한다.

(4) 고려 후기의 역사서

고려 말기에는 여러 가지 역사책들이 편찬된다. 고려 충렬왕(1274~1308) 이후는 완전히 원나라의 간섭을 받게 되는 시기로 들어가게 된다. 임금의 명칭(묘호廟號)도 앞에 충忠 자를 붙이고, 끝에는 종宗이 아닌 왕王 자를 붙이게 된다. 이런 시기에 나라에서 역사책을 상당히 많이 편찬했다는 것은 어떻게 생각하면 기현상인데, 우선 그 대강을 표로 제시하면 다음과 같다.

〈표 1〉 고려 후기의 사서

책명	편찬자	시기
『고금록古今錄』	원부元傅, 허공許珙, 한강韓康	충렬왕 10(1284)
『천추금경록千秋金鏡錄』	정가신鄭可臣	충렬왕대
『세대편년절요世代編年節要』 7권	민지閔漬, 권부權溥	충렬왕대
『본조편년강목本朝編年綱目』 42권	민지	충숙왕 4(1317)
『증수본조편년강목增修本朝編年綱目』	이제현李齊賢, 안축安軸, 이곡李穀	충목왕 2(1346)
『고금록古今錄』	이인복李仁復	공민왕 6(1357)
『사략史略』(『국사國史』)	이제현, 백문보白文寶, 이달충李達衷	공민왕 6(1357)
『충헌왕세가忠憲王世家』	이제현	
『증수본조금경록增修本朝金鏡錄』	이인복, 이색李穡	공민왕 20(1371)

제일 처음 편찬한 것으로는 『고금록古今錄』이 있다. '고'는 옛날, '금'은 오늘을 뜻하는데, 이것은 옛날과 오늘에 관한 기록이라는 의미이다. 즉 옛날 기록을 통해서 오늘의 모범, 경계를 주는 그런 기록이라는 뜻이다. 이 책은 나라에서 편찬한 관찬사서官撰史書로서 원부元傅(?~1287), 허공許珙(1233~1291), 한강韓康(?~1303) 등이 나라의 명을 받고 충렬왕 10년(1284)에 편찬하였다.

그다음으로는 『천추금경록千秋金鏡錄』이 있는데, 천년을 유지하는 금과 같은 거울, 변하지 않는 거울, 아주 귀한 거울이라는 뜻이다. 정가신鄭可臣(?~1298)이라는 인물이 지은 역사책으로서, 역시 충렬왕 때 편찬되었다. 나라에서 편찬했다는 말은 없으나, 짐작건대 나라의 명을 받아 지은 것으로 보인다. 왜냐하면 이후 공민왕 대에 "『본조금경록本朝金鏡錄』을 증수했다"는 기록이 있기 때문이다〔공민왕 20(1371)〕. 이 『증수본조금경록』은 이인복李仁復(1308~1374)과 이색李穡(1328~1396)이 봉명찬奉命撰, 즉 왕명을 받들어서 편찬한 것이다. 그런데 책 제목 중에서 '금경록'이라는 이름이 정가신이 만든 『천추금경록』과 같고, 또 증수로 되어 있다. 그렇다면 그에 앞서 『금경록』이 있었는데, 왕명을 받들어서 이것을 더 보충해 늘린 것이 된다. 따라서 그전에 있었던 『금경록』은 충렬왕 때 정가신이 편찬했던 『금경록』이 아닐까 한다. 그리고 증수한 것이 조정의 명에 따른 것이었다면, 정가신의 『천추금경록』 역시 나라의 명을 받들어서 지은 것이 아닌지 추측할 수 있다.

『세대편년절요世代編年節要』는 충렬왕의 명을 받들어 민지閔漬(1248~1326)와 권부權溥(1262~1346)가 편찬하였다. 7권으로 이루어진 이 책은 연대순으로 편찬한 편년체 역사서이다. 동양에서는 기전체와 편년체가 제일 중요한 역사 기록방법인데, 기전체 역사서 중에서도 본기만은 편년체로 되어 있다. 즉 본기만은 연도순으로 되어 있는 것이다. 편년체 역사서인 경우에는 열전도 없고 지도 없고 연표도 없는데, 『세대편년절요』도 마찬가지이다. 절요란 간단하게 줄여서 만들었다는 뜻이다. 따라서 『세대편년』이라는 책도 이전에 있었으리라 짐작할 수 있다.

『본조편년강목本朝編年綱目』(권42)도 민지가 왕명을 받들어 편찬하였다. 이 책이 만들어진 것은 충숙왕 4년(1317)이지만, 충숙왕의 명을 받은 것이 아니라 그 부왕인 충선왕의 명을 받들어 편찬하였다. 충숙왕은 왕을 두 번 한다. 이것은 충선왕과 충렬왕도 마찬가지인데, 변칙적인 시대여서 자주성을 잃은 것이라 할 수 있다. 충선왕은 대단한 왕으로 공부를 많이 해서 식견도 높고 특히 역사에 대해 관심이 많았다. 이 『본조편년강목』은 충목왕 2년(1346)에 증수된다. 이제현李齊賢(1287~1367)과 안축安軸(1282~1348) 그리고 이곡李穀(1298~1351) 등이 왕명을 받들어서 『증수본조편년강목』을 편찬하였다.

그다음으로 공민왕 6년(1357)에 왕명으로 이인복이 편찬한 『고금록』이 있으며, 또한 같은 해에 이제현을 중심으로 백문보白文寶(1303~1374)와 이달충李達衷(?~1385) 세 사람이 편찬한 『사략史略』(또는 『국사國史』)이 있다. 『사략』은 왕명을 받들어 편찬했다는 말이 없지만, 이것도 짐작하건대 틀림없는 봉명찬이다. 좀 애매하지만 하여간 두 역사서는 같은 해에 편찬되었다. 그러나 체재는 다른데, 『사략』은 기전체이고 『고금록』은 편년체이다. 공민왕 또한 위대한 임금으로 충선왕 못지않게 아주 영리하고 생각이 많은 임금이었다. 공민왕은 재위 5년(1356)에 대대적인 개혁을 단행하는데, 이때 원나라 간섭 아래에서 격하되었던 관제를 모두 고쳐 옛날 고려 초기의 관제로 전부 바꾸고, 친원파도 숙청하였다. 그리고 그다음에 2개씩이나 역사 편찬을 하였다. 마지막으로 『증수본조금경록』은 공민왕 20년(1371)에 이색, 이인복 등이 왕명을 받들어 만들었다.

그러니까 1284년에서 1371년까지 약 90년 동안 나라에서 역사책을 9종이나 편찬했는데 이것은 아주 주목할 만한 현상이다. 이런 현상이 나타난 이유는 이 9종의 역사책이 지닌 특색을 살펴보면 알 수 있다. 첫째로, 이것은 관찬, 즉 나라에서 주도하여 편찬한 역사책들이 대부분을 차지한다. 이처럼 대부분 나라에서 편찬한 이유는 결국 국왕의 권위, 왕권을 확보하기 위함이 아닐까 한다. 『사략』 중 「태조에 대한 찬贊」이라는 글이 남아 있다. 이것은 비평, 평가를 말하는 것으로서 물론 '찬'이니까 칭찬하는 내용이 대부분이다. 요즘으로 말하면 태조에 대한 긍정적인 평가다. 이것은 이제현이 썼는데, 본인의 의견이 아니고 충선왕의 말을 인용하였다. 그러나 요컨대 이제현은 충선왕의 의견에 뜻을 같이하는 것이라고 봐도 좋다.

내가 충선왕을 섬길 때 왕이 일찍이 다음과 같이 말씀하시었다. "우리 태조의 규모와 덕량으로 중국에 나셨더라면 송 태조보다 못하지 않았을 것이다."(「태조에 대한 찬太祖贊」, 『익재난고益齋亂藁』 권9하 ; 『논선』, 18쪽).

이것이 화두의 맨 처음으로, 그다음부터 조목을 들어서 내치에서부터 대외적인 문제를 통해 오히려 송 태조 조광윤趙匡胤(960~976)보다 고려 태조 왕건王建이 더 적극적이었고, 더 나았다는 뜻의 이야기가 전개된다. 그러고 나서 맨 마지막에는,

이것으로 보면 비록 형세의 대大·소小 차이는 있지만 송 태조와 우리 태조의 규모와 덕량은 이른바 '처지를 바꾸면 다 그렇게 할 것이다'라는 것이다(「태조에 대한 찬」; 『논선』, 19쪽).

라고 기록하고 있다. 이렇게 충선왕이 이야기했다는 것으로, 여기에는 자신도 동의한다는 뜻이 담겨져 있다. 이제현의 이 글은 중국의 송 태조 조광윤과 비교해서 고려 임금들의 지위를 높여주는 역할을 했다. 다른 책들은 남아 있지 않아서 어떤 내용이었는지 알 수 없으나, 왕권 중심의 국가질서를 옹호하는 내용이 이 책들의 기본적인 첫째 특징이었다고 봐도 틀림이 없는 것 같다.

둘째로는 편찬자들이 전부 유학자들이라는 점이다. 유학자들도 성리학, 주자학을 받아들여서 반드는 학자들이 대부분이었다. 주자학은 유교적 도덕주의에 더 철저한 학문으로서 왕에 대한 충성이나 부모에 대한 효도를 절대적으로 생각한다. 그러므로 이전보다 유교적인 도덕주의가 한층 더 철저했을 것으로 본다. 그런데도 때로는 전통적인 신이사관을 가진 사람도 더러 있었다. 민지 같은 사람이 그러한데, 그는 상당히 신이적인 것을 좋아했다. 그런데 여기서의 신이적인 것은 '왕 중심의 신이'로, 귀족들은 대상에서 제외

되었다. 삼국시대에는 그렇지 않았다. 삼국시대에 편찬된 책들에는 건국 시조의 초인간적인 행적도 있지만, 동시에 왕을 보좌한 귀족들의 영웅적인 행위도 기록되어 있다. 실제로 『삼국사기』에도 기록되어 있는데, 이것은 『서기』라든가 혹은 『국사』라든가 하는 데에 남아 있던 기록을 김부식이 베껴놓은 것으로 보인다. 그러나 여기서는 그렇지 않고 국왕 중심의 신이적인 것들이 더 우세하다. 요컨대 이것은 왕권강화와 관련되는 것이다. 그러니까 유교적인 도덕사관에 따라서라든가, 때로는 신이적인 사관의 요소가 끼어 있다 하더라도 그것은 왕권강화와 연결된 것으로 볼 수 있다. 유교적인 도덕사관에 따라 편찬되었다는 점에 대해 이제현이 다음과 같이 언급한 적이 있다.

> 역사를 저술하는 것이 『춘추春秋』를 본받지 않으면 나는 그것이 옳다는 것을 알지 못하겠다(『역옹패설櫟翁稗說』 후집 1, 지치계해至治癸亥).

즉, 역사를 저술하면서 공자의 『춘추』를 본받지 않으면 옳지 않다는 것이다. 공자는 도덕사관에 따라 시비를 엄격하게 가려서 도덕적으로 벗어나는 것은 아예 빼버리고, 도덕적으로 칭찬할 수 있는 것만을 『춘추』에 기록하였다. 그러니까 철저한 도덕주의사관이다.

마지막 셋째는 대부분 편년체 사서라는 점이다. 예외는 『사략』 하나로, 이 책만이 기전체로 되어 있다. 그러니까 기전체는 예외적인 것이고 대부분이 편년체이다. 그러면 편년체로 편찬한 책은 기전체와 어떻게 효과가 다른가? 편년체는 읽기가 쉽다. 말하자면 좀더 대중적이다. 독자를 더 많이 예상하는, 독자를 위해서 편익을 제공하는 그런 것이 편년체이다. 그러니까 많은 사람들이 읽어주기를 원해서 이런 책들이 만들어진 것이다. 즉 독자층을 넓힌 것이라 할 수 있다. 이것은 이 시대에 우리나라의 전반적인 학문 수준이

향상된 것을 의미한다. 물론 그 대상은 귀족층으로 이들의 학문적인 수준이 상당히 향상되었고, 그래서 많은 사람들이 읽어서 왕에 대한 충성심을 더욱 드높이라고 하는, 역사책을 보고 깨달으라 하는 그런 의미가 여기에 있다고 생각한다. 기전체보다는 쉬워서 사람들이 쉽게 읽을 수 있도록, 많은 독자들을 염두에 두고 지어진 책들이라고 이야기할 수 있다.

일반적으로 정치가 혼란하면 문화적인 것도 줄어들 것으로 생각하지만 반드시 그렇지는 않다. 정치적으로 혼란한 시대에 문화는 오히려 더 융성할 수 있다. 가령 불국사나 석굴암은 신라 경덕왕(742~765) 때 지어졌는데, 경덕왕 때는 정치적으로 혼란한 시대였다. 많은 사람들이 경덕왕 시기를 정치적으로 안정된 시대로 이해하는데 그렇지 않다. 불안정한 시대니까 경덕왕이 왕권을 강화하려는 목적으로 불국사도 짓고 석굴암도 지은 것이다. 이 시기의 역사책 편찬의도도 그런 데 있지 않을까 생각한다. 이것으로 고려 말까지의 사학사에 대한 설명이 다 끝난 셈이다.

2. 도덕적 합리주의 역사관의 발달

이 절節은 시기상으로는 조선 초기에 해당한다. 고려 말기 공민왕 이후 나라에서 만든 여러 역사책들은 유학자들에 의해서 편찬되었다. 이들은 성리학자들인데, 이들이 중심이 되어서 역사책을 편찬했으므로 모두 유교적인 도덕을 중심으로 과거의 신화적인 신이사관을 비판하고 합리적으로 역사를 이해하는 풍조가 지배적이었다. 물론 그중 일부는 그렇지 않은 것도 있지만, 대체로 그런 풍조였다. 그런데 그 제자들에 속하는 사람들이 조선을 건설하였다. 그중 대표적인 인물이 정도전鄭道傳(1342~1398)으로, 그는 조선 건국의 최대공신으로서 사실 정도전이 없으면 이성계가 왕이 될 수 없었다. 그만큼 그는 대정치가일 뿐 아니라 대학자였다.

이런 정도전을 위시한 조준趙浚, 권근權近 등의 성리학자들이 이성계를 받들고 조선왕조를 건국하였다. 그리고 역사책을 많이 편찬했는데, 이는 새로운 왕조 성립과정에서 아주 절실히 필요한 일이었다. 이들은 성리학의 정신으로 무장된, 과거에 볼 수 없는 철저한 성리학자들이다. 따라서 유교적 도덕주의를 강조하는 입장에서 역사책을 많이 편찬하였다. 그런 중에 첫째가 『고려사高麗史』 편찬이다. 즉 이전 왕조의 역사책을 편찬한 것인데, 여러 차례 고친 끝에 완성되었다. 둘째, 통사通史 편찬이다. 통사라는 것은 우리나라 전체의 역사로 일종의 한국사 개설서와 같은 것이다. 즉 단군 고조선에서 고려 말까지의 통사를 편찬한 것이다. 셋째가 실록 편찬이다. 사실 이 부분은 설명의 순서를 두고 상당히 고민하다가 일단은 통사를 먼저 설명하고 실록은 뒤로 돌렸는데, 실록을 앞으로 올려도 좋을 것 같다는 생각도 있다. 실록이라는 것은 다음 임금이 자기보다 앞에 있었던 임금의 일을 기록하는 것이다. 그러니까 왕조 중심으로 역사를 편찬하는 것과 임금 중심으로 역사를 편찬하는 것의 차이가 『고려사』와 실록의 차이라고 할 수 있다. 그다음은 지리지이다. 이것은 지리책이기 때문에 사학사에서 다룰 필요가 없지 않을까 생각할 수도 있겠지만 사실은 그렇지 않다. 처음의 것은 아니겠지만, 뒤에 편찬된 책들은 상당히 중요한 역사책으로 보아야 한다. 지방을 중심으로, 또 전국을 중심으로 한 역사지리책, 지방문화사 같은 특징을 가지고 있기 때문이다. 우선 이렇게 조선 초기의 역사책을 넷으로 구분하고 순서대로 설명하기로 한다.

(1) 『고려사』

태조 이성계는 왕이 되자마자 정도전에게 전 왕조인 고려시대의 역사를 편찬하라고 하였다. 이에 정도전과 정총鄭摠(1358~1397)이 중심이 되어 『고려국사高麗國史』를 편찬하였다. 이 책의 편찬작업은 이성계가 왕이 된 직후부터 시작해서 즉위 4년인 1395년에 완성된다. 그런데 문제가 발생하였다. 책이 나오기 전에 태종 이방원이 여기에 이의를 제기했던 것이다. 이방원은 정도전과 대립관계에 있었다. 태조가 막내아들을 내세워 정도전에게 보필을 부탁하면서 자신이 죽으면 왕으로 옹립하라고 했는데, 태종은 자신이 왕이 되고자 하였다. 그래서 결국 태조가 살아 있을 때 정도전을 죽이면서, 정도전이 반란을 일으켜서 할 수 없이 죽였으며, 상황이 아주 급박하여 이성계의 승낙을 받지 못하고 죽였다고 하였다. 그러나 사실 당시 정도전은 친구 집에서 바둑을 두고 있었다. 이성계도 이 사실을 잘 알았고, 이에 반발하여 함흥으로 갔던 것이다. 실제로 역사 기록에 정도전은 반역자로 되어 있다. 뒤에 일제시대 말기부터 해방 직후에 활약한 이상백李相佰이 정도전의 인물 연구를 통해서 정도전은 집에서 바둑을 두고 있었는데, 이방원이 군대를 이끌고 와서 한 칼에 죽였다고 기술해 그의 억울한 죽음을 밝히고 한을 풀어주었다(이상백, 「삼봉인물고」, 『진단학보』 2 · 3, 1935 ; 『조선문화사연구론고』, 을유문화사, 1947).

어쨌든 태종은 정도전이 편찬한 『고려국사』를 대신할 고려시대의 역사를 다시 편찬하고자 하였고, 이에 따라 다시 쓰기 시작해서 그것이 세종 3년(1421)에 완성되었다. 유관柳觀(1346~1433)과 변계량卞季良(1369~1430) 두 사람이 중심이 되어 편찬이 이루어졌는데, 이 『고려국사』도 간행이 되기 전에 여러 가지 다른 문제들이 생기고, 또 인물에 대한 평가에 차이가 있기도 해서 유관, 윤회尹淮(1380~1436) 이 두 사람에게 다시 교정하게 하였다. 이렇게 해서 『수교고려사讎校高麗史』를 만들었는데, 세종 6년(1424)에 완성되었다. ‘수교’라는 것은 다른 기록들과 비교해서 교정본다는 뜻이다.

그러나 이 책도 간행이 되지 못하고, 세종은 신개申槩(1374~1446), 권제權踶(1387~1445), 안지安止(1377~1464) 등에게 명령해서 다시 편찬토록 하였다. 이렇게 해서 세종 24년(1442)에 『고려사전문高麗史全文』이 나오는데, 이것은 완성되었을 뿐 아니라 인쇄까지 되었다. 그러나 이것 역시 문제가 생겨 반포되지 못하였다. 여러 가지 문제가 있었지만, 그중에서도 크게 문제가 된 것은 권제라는 사람이 자기 조상의 이야기를 좋게 꾸민 데 있었다. 그래서 세종이 다시 김종서金宗瑞(1383~1453), 정인지鄭麟趾(1396~1478) 두 사람에게 명령해서 『고려사』를 편찬하게 하였다. 이것은 다음 임금인 문종 원년(1451)에 완성되었는데, 문종 사후 단종 때 출판되었다. 그리고 『고려사절요高麗史節要』가 문종 2년(1452)에 완성되었다. 출판은 『고려사절요』가 먼저 되고, 『고려사』가 그다음에 출판되었다. 이렇게 이전 왕조의 역사 편찬이 1392년에 시작해서 1452년에 완성될 때까지 꼭 60년이 걸렸으니, 그만큼 문제가 많았다는 것을 짐작할 수 있다. 그러면 완성되기까지 왜 이렇게 힘이 들었을까?

첫째는, 조선왕조를 건국하는 데 활약한 주역들인 정도전, 권근, 조준, 뒤에 태조가 되는 이방원 등의 행동을 정당화하는 문제를 둘러싼 의견대립 때문이었다. 정도전이 처음 『고려국사』를 편찬할 때는 틀림없이 정도전을 중심으로 한 사대부 계층에 역점을 둔 것으로 보인다. 즉 이방원을 포함한 주역들에 대한 평가 작업을 둘러싸고 의견대립이 있었는데, 맨 처음 정도전은 거의 분명히 자신들을 중심으로 한 사대부들의 공로를 높게 평가하고 그 대신 태종 이방원이나 심지어는 태조 이성계까지도 그 역할이나 중요성을 그렇게 높이 평가하지 않았을 것이다. 물론 책이 없으니까 자세히 알 수는 없지만, 태종이나 세종이나 모두 거기에 대해서 노골적으로 불만을 표시하였다. 태종은 말할 것이 없고, 세종도 정도전이 사초史草를 중심으로 하지 않고 자기가 들은 것을 중심으로 엮었기 때문에 불만스럽고 편파적이라고 노골적으로 말할 정도였다. 그러니까 고려시대 역사 전체의 문제가 아니라, 조선을 건국하는 과정에 대한 기록에서 건국 주역들의 역할을 두고 그 평가에 의견이 엇갈려서 상당한 논란이 일었다. 그것 때문에 『고려사』의 편찬이 늦어진 것이다.

그다음 둘째로는, 귀족들 개인의 문제가 있다. 이것은 건국의 문제와 달라서 건국에서의 역할이 아니라 자기 조상의 업적이라든가 이런 것들을 될수록 높게 평가해서 기록으로 남기려고 한 것이다. 그러한 인물 중에 앞에서 잠깐 언급한 권제가 있다. 권제는 권근權近(1352~1409)의 아들인데, 권근은 대학자로서 책도 많이 쓰고 나중에 『동국사략東國史略』을 편찬하기도 하였다. 권제는 『고려사전문』 편찬에 참여하여 자기 조상의 근원을 고려 건국 때의 개국공신인 권행權幸이라고 하였다. 권행은 안동 권씨의 조상이다. 고려 초기에 왕건이 견훤과 후삼국의 패권을 다투는 과정에서 '안동전투'가 결정적이었다. 이 전투에서 안동지방에 있는 권행이 왕건을 도와서 전쟁을 승리로 이끌었고, 이후 공신이 되었다. 그런데 권제는 자신의 조상을 아무런 증거도 없이 바로 이 권행에 결부한 것이었다. 권제, 권근을 거슬러 올라가서 계보상의 이름으로 확실한 것은 권수평權守平(?~1250)인데, 바로 이 권수평의 전기를 쓰면서 그렇게 적었다. 권수평은 관직이 높은 사람은 아니었지만 아주 청렴결백한 사람이었다. 복장한卜章漢이란 사람이 벼슬을 하다가 벼슬에서 떨어지자, 권수평이 그 과전科田을 물려받아 전조田租를 받아먹었다. 그런데 그 뒤 복장한이 사면을 받아 돌아오니까 권수평이 이것을 다시 돌려줘야겠다고 생각하고 그의 집을 찾아갔다. 그러나 복장한은 자신은 관직에서 떨어졌고 당신은 관직을 가지고 있어서 받은 것이라고 하며 이를 거부하였다. 이에 권수평은 나오다가 돌멩이에 문서(조부租簿)를 실로 묶어 담 밖에서 담 안으로 던져버리고 집으로 왔다. 이처럼 권수평의 행적을 적어 놓고 그 권수평의 첫 조상이 권행이라고 했는데, 이것은 기록에 없는 것이었다. 결국에는 삭제되어 현재 『고려사』에는 권수평이 권행의 자손으로 되어 있지 않다(『고려사』 권102, 권수평전權守平傳).

이런 것뿐 아니라 또 하나는 개인에 대한 평가인데, 이것은 조선 건국과도 약간 관계가 있다. 정몽주鄭夢周(1337~1392)는 반이성계파로 고려에는 충신이지만, 조선에서는 아니었다. 그래서 이방원에 의해 죽임을 당했는데, 이 정몽주를 어떻게 평가할지가 문제였다. 결국 『고려사』에는 정몽주를 비롯하여 최영崔瑩(1316~1388) 장군을 충신이라고 기록하였다. 이렇게 귀족들 개인의 행적에 대한 평가문제를 둘러싸고 논란이 일어나서 이것을 어떻게 정리해야 하는가 하는 문제가 고려사를 편찬하는 데 굉장한 걸림돌이 되었다.

셋째, 사대명분론事大名分論과 이실직서론以實直書論의 문제이다. 『고려국사』라는 책은 남아 있지 않은데, 우리나라의 유명한 문장이나 글을 모아서 쓴 『동문선東文選』에 정총이 쓴 『고려국사』의 서문이 나온다. 거기에 보면 이렇게 되어 있다.

> 삼가 살피건대 원종元宗 이상은 분수에 어긋난 기록이 많으니, 지금 그 전에 종宗이라 했던 것을 왕王으로 하고, 절일節日이라 했던 것을 생일生日로 하며, 조詔를 교敎로 하고, 짐朕을 여予로 한 것은 명분을 바르게 하려 한 때문이다(『고려국사』 서, 『동문선』 권92 ; 『논선』, 20쪽).

이 글에서 알 수 있듯이 『고려국사』를 편찬하면서 우리나라 역사의 격을 전부 낮췄는데, 바로 이것이 문제가 되었다. 논란이 아주 여러 차례 거듭되었으나, 세종대왕이 '이실직서'를 명령하면서 종결되었다. 사실로써 직서하라, 즉 옛날에 쓰던 사실을 그대로 적으라는 뜻이다. 충렬왕대 이후는 물론 그렇지 않지만, 그 이전은 전부 왕의 시호를 조祖·종宗으로 하고 왕이 자신을 부를 때의 명칭도 짐으로 모두 고쳤다.

실제로는 그래도 잘 알지 못해서 정확하게 제대로 고치지 않은 부분도 있다. 광종은 자신을 황제라고 했던 것 같다. 충청북도 청주시에 가면 용두사지龍頭寺址 당간이 있는데 거기에 보면 준풍峻豊이라는 고려 광종 때의 연호가 나온다. 『고려사』에 '광종 몇 년'이라고 적혀 있으나 실제로는 광종 때에 여러 차례 독자적인 연호를 쓰곤 했던 것이다. 어쨌든 그렇게 해서 세종 6년에 세 번째로 나온 『수교고려사』는 세종의 주장대로 이실직서하게 되고 이후 줄곧 이 원칙에 따랐다. 『수교고려사』로 다시 고쳐 만들게 된 원인이 여기에 있었다.

마지막 넷째로, 사체史體의 문제가 있다. 그러니까 역사의 체재문제이다. 『고려국사』에서 『고려사전문』까지는 모두 편년체였다. 정인지가 쓴 「『고려사』를 올리는 글」을 보면,

> 하물며 편년체는 기전체와 달리 사실을 서술함에 있어 그 본本과 말末, 처음과 끝을 잘 갖출 수 없습니다. 이에 다시 용렬하고 어리석은 신들에게 명하여 찬술을 맡게 하셨습니다(「『고려사』를 올리는 글」; 『논선』, 25쪽).

라는 글이 있다. 여기에서 지금까지는 편년체였는데, 마지막으로 『고려사』를 편찬하면서 기전체로 바뀌었다는 것을 알 수 있다. 편년체에서 기전체로 바꾼 이유에 대해서는, 편년체로는 사실을 기록함에 있어 그 근원과 말단, 처음과 끝을 잘 갖출 수 없어서 기전체로 하였다고 밝히고 있다.

> 범례는 사마천의 『사기』를 본받았으며, 대의大義는 모두 성상께서 재결裁決하

신 대로입니다. 본기를 피하여 세가로 한 것은 명분의 무거움을 보이려 한 까닭이며, 위신僞辛을 열전에 떨어뜨린 것은 외람되이 찬탈한 죄를 엄히 주벌하려 한 까닭입니다. 충성스럽거나 아첨하며, 정직하거나 사악함을 유類대로 무리지어 가르고, 제도문물을 분류하여 모았으므로, 계통의 실마리가 어지럽지 않고, 연대를 가히 상고할 수 있습니다(「『고려사』를 올리는 글」; 『논선』, 25쪽).

그런데 기전체로 만들되, 우왕과 창왕은 세가에 넣지 않고 열전에 넣었다는 것이다. 이성계 일파가 우왕, 창왕을 신씨辛氏라고 해서 내쫓았는데, 사실이 왕들이 신씨라는 근거는 없다. 오히려 이 당시부터 대부분의 양식 있는 학자들은 우왕이 공민왕의 아들이라는 것을 굳게 믿고 있었다. 이상백 역시 이런 자료들을 모아서 '우왕, 창왕이 신돈의 아들이다, 손주다'라고 해서 내쫓은 것은 이성계의 모략이었다는 것을 증명하고 있다(이상백, 「이조건국의 연구」, 『진단학보』 4·5·7, 1936·1937; 『이조건국의 연구』, 을유문화사, 1949). 어쨌든 『고려사』에는 우왕, 창왕이 세가가 아닌 열전, 게다가 반역전에 실려 있다.

『고려사』 편찬자들은 충신, 아첨하는 사람, 정직한 사람, 사악한 사람을 갈라서 열전을 만들고, 제도 문물을 정비해 정치(백관지·선거지), 경제(식화지), 군사(병지) 등으로 나누어 지를 만들었다. 그들은 『고려사』를 제대로 만들려면 기전체를 선택해야 한다고 주장했다. 결국 그들의 선택은 탁월했다고 생각한다. 이 책이 기전체로 되었기 때문에 예를 들어 고려시대의 경제사를 연구하려 할 때 식화지를 보면 경제적으로 중요한 것은 다 들어 있고, 군제사를 연구할 때도 병지를 보면 되는 식으로 연구하기가 편해졌다. 어쨌든 이런 식으로 해서 양도 많아졌는데, 양이 많아졌다는 것은 사료를 풍부하게 남겨줬다는 말이 된다.

다섯 번째로, 『고려사』가 편찬되기 전까지 고려의 역사를 서술한 사서는 전부 편년체였는데, 그것도 그 나름대로 정리해서 출판하였다. 이것이 『고려사절요』이다. 그러니까 고려의 역사에 대한 정리가 하나는 기전체의 『고려사』, 하나는 편년체의 『고려사절요』로 이렇게 2개가 된 것이다. 분량은 『고려사』가 『고려사절요』의 약 3배가량인데, 기준이 되는 것은 역시 『고려사』이다. 그러나 출판은 『고려사절요』가 먼저 됐는데, 이때는 아직 김종서가 죄에 몰려서 죽기 전이므로 『고려사절요』에는 편찬자 중에서 김종서가 제일 첫 번째 대표자로 나온다. 그리고 그 직후에 김종서가 죽임을 당하기 때문에, 그다음에 나온 『고려사』는 사실은 김종서가 첫 번째 대표자이고 정인지가 두 번째 대표자임에도 정인지가 첫 번째 대표자로 나온다. 이러한 이유로 『고려사』의 편찬자는 정인지라고 기억하는 게 보통인데 사실은 그렇지 않다.

이러한 여러 가지 사정 때문에 『고려사』 편찬이 늦어졌는데, 그러면 『고려사』를 편찬하는 데 기준이 된 사관은 무엇인가, 즉 『고려사』에 나타난 역사관은 무엇인지 살펴보기로 한다.

첫째로 도덕사관, 그것도 철저한 도덕사관이다. 정인지가 쓴 「『고려사』를 올리는 글」을 보면,

> 듣자오니 새 도끼자루를 마련하려면 옛 도끼자루를 살펴 본을 삼으며, 뒤 수레는 앞 수레를 거울삼아 앞일을 경계한다 하니, 대개 기왕의 흥망은 실로 장래의 권계勸戒가 된다 하겠습니다. 이에 사적史籍을 엮어 감히 상감님께 올리려 합니다(「『고려사』를 올리는 글」; 『논선』, 24쪽).

라고 하였다. 이러한 사관은 첫 부분에서뿐만 아니라 다음에서 보듯이 이 글의 마지막 부분에서도 다시 강조되고 있다.

전대前代로부터 남은 흔적을 상고하여 모쪼록 필법이 공정하도록 하였고 뒷사람에게 밝은 거울을 내비춰 선악善惡의 진실이 묻혀버리지 않도록 하였습니다(「『고려사』를 올리는 글」; 『논선』, 26쪽).

이처럼 『고려사』에서는 철저하게 도덕사관을 강조하고 있는데, 그러한 입장에서 한 왕이 사망하면 반드시 비평을 한다. 가령 광종은 이러이러한 것을 잘하고 못하고 성종은 이러이러한 것을 잘하고 못하고 하는 식으로 모든 왕의 잘잘못을 가려 비평을 하고, 또 어진 신하들을 따로 모아서 비평하고, 반역한 신하들도 모아서 반역자 열전을 만드는 식으로 분류해서 인물에 대해 평가하였다. 기록 자체를 고쳤다기보다도 철저하게 그것에 대해 도덕적으로 평가를 한 것으로 보아야 한다.

둘째, 고려가 흥하고 망한 이유에 대한 견해를 아주 명백하게 제시하고 있다. 태조 왕건 때 고려가 잘되고, 성종 때 완성해서 문종 때 번성했는데, 의종·명종 때 무신의 난이 일어나 신하가 정치의 실권을 쥔 순간부터 나라가 망하는 길로 들어서게 되었다고 보고 있다. 즉 흥하던 고려가 망하게 된 아주 직접적인 계기를 무인정권에 둔 것이다. 요즘에도 무인정권에 대해서 여러 가지 의견이 엇갈리고 있기는 하지만, 『고려사』는 철저하게 무인정권을 폄하하고 비판하고 또 고려가 망하게 되는 직접적인 계기로 보고 있다.

마지막 셋째로는, 조선왕조 건국에 대한 정당화이다. 우왕과 창왕이 신씨로서 왕이 되어 나라를 빼앗았는데, 이를 내쫓고 공양왕을 세운 것은 정당하며 공양왕은 이성계에게 자진해서 양위했으므로 결국 이성계가 왕이 된 것은 정당한 것이라는 논법이다. 게다가 기본적으로 고려는 정치·경제·군사적으로 이미 문란해져 망하지 않을 수 없는 막다른 골목에 있었다고 하였다. 경제적으로는 토지제도가 문란해졌고, 군사적으로는 왜구의 침입과 북방민족의 침입에 동원할 군인이 없었다. 이런 것이 겹쳐서 결국은 나라가 망하지 않을 수 없는 지경에 이르렀으며, 그래서 구제할 수 없는 고려왕조를 대신해서 새로운 조선왕조를 세운 것은 정당하다고 하고 있다. 결국 『고려사』 편찬을 통해 조선 건국을 정당화하는 작업을 한 것이다.

(2) 통사의 편찬

둘째는 통사通史이다. 개설서인 통사가 편찬된 것은 우리나라에서 이때가 처음이었다. 『삼국유사』가 단군조선에서부터 시작되므로 통사적인 성향이 있기는 하지만, 나라가 주도하여 역사를 편찬하면서 고조선에서 고려 말까지 내려오는 전체 역사를 개설서로 쓴 것은 그전까지 없었다. 그러나 이때에 들어오면 이러한 작업이 여러 차례 이루어지는데, 우선 권근, 하륜河崙(1347~1416), 이첨李詹(1345~1405)이 『동국사략東國史略』을 만들었다. 이것은 일명 『삼국사략三國史略』이라고도 하는데, 완전하게 남아 있지는 않고 현재 3권과 4권, 「편찬하면서 올린 글」 등이 남아 있다. 그리고 그 뒤에 『삼국사절요三國史節要』를 편찬한다. 『고려사절요』가 문종 2년(1452)에 편찬되었고, 『삼국사절요』는 성종 7년(1476)에 편찬되었으므로, 『삼국사절요』가 대략 25년 뒤에 만들어진 것이다. 아마도 『고려사절요』에 맞추어 이 책의 제목을 짓고, 이 두 책을 합쳐서 전체 통사로 할 예정이 아니었나 생각한다. 그러나 이것은 완전한 것이 아니라서, 성종 때 다시 서거정徐居正(1420~1488)과 이극돈李克墩(1435~1503)으로 하여금 『동국통감東國通鑑』을 편찬하게 하였다. 이 책은 성종 16년(1485)에 완성되었는데, 이로써 개설이 완성되었다.

그다음 네 번째로 편찬한 것이 『동국병감東國兵鑑』인데, 이것은 고려 말까지 외국 침략에 대한 항쟁을 다룬 우리나라 전쟁사이다. 이 책은 사학사에서 잘 다루지 않는 터라 어디에 분류해 두어야 할지 마땅하지 않다.

우선 『동국통감』을 보면, 이 책은 우리나라 최초의 개설서이다. 그러면 왜 이때 조선왕조에서 고조선 이래의 개설서를 편찬하려고 노력했을까? 이것은 조선왕조가 단지 고려의 뒤를 이은 후계국가 이상으로 우리나라의 정통성을 이어가는 국가라는 점을 강조하기 위해서였다. 즉 고조선에서부터 쭉 이어 내려와서 삼국, 통일신라, 고려로 (발해는 빠졌다) 이어 내려온 국가가 바로 조선이라는 것을 말하기 위함이었다고 볼 수 있는 것이다. 여기서 한 가지 짚고 넘어갈 것은 사실은 고조선과 조선을 구별하기 위해서 '조선'에 '고古'자를 붙인 것은 아니라는 점이다. 이 '고' 자는 『삼국유사』를 쓰면서 일연一然이 붙인 것으로, 원래는 '조선'이다. 조선에는 '단군조선, 기자조선, 위만조선'의 세 조선이 있었기 때문에 이 중에서 가장 오래된 '단군조선'을 '고조선'이라고 지칭했던 것이다. 즉 고조선은 단군조선을 뜻한다. 이처럼 그 같은 고조선 이래 정통을 이어 내려온 국가라는 점을 강조하기 위해서 개설서를 편찬했는데, 이로써 우리의 정통성을 중국을 위시한 각 나라들에 알린다는 것은 아주 중요한 일이었다.

『동국통감』의 특징은 첫째 편년체의 통사라는 데 있다. 『동국사략』이나 『삼국사절요』와 같은 책들이 문자 그대로 간단한 약사略史인 데 비해, 『동국통감』은 간략한 책이 아니다. 『동국통감』을 편찬한 본인들의 이야기에 따르면, 이것은 장편長編에 속하는 본격적인 역사서이다. 이극돈은 『동국통감』 서문에서,

> 선정先正 사마공司馬公(사마광司馬光)은 역대사歷代史를 수집하고 널리 뭇 서적을 가려서 그중의 중요한 것을 추려 모아, 위로는 쇠약해진 주周나라 때부터 시작하여 아래로는 5대五代에 이르기까지 장편長編을 지어 『자치통감資治通鑑』이라 하였으니, 이는 실로 사가史家의 표준이라 하겠습니다(『동국통감』 서 ; 『논선』, 29쪽).

라고 언급하고 있다. 장편이라 함은 그것에 관계되는 사료를 전부 모았다는 뜻이다. 『동국통감』은 줄여서 간략하게 만든 『동국사략』이 아닌 것이다.

> 세조世祖 혜장대왕惠莊大王은 하늘에서 낸 성학聖學이온데, 경經·사史에 유의하시어 일찍이 좌우의 신하에게 이르기를, "우리 동방에는 비록 여러 사서史書가 있지만, 다스림에 도움을 줄 만한 장편長編의 『자치통감』 같은 것은 없다" 고 하시고는, 사신詞臣(문사文詞를 담당하던 신하)에게 명령하여 바로잡으려 하였지만 끝내 시행되지 못하였습니다(『동국통감』 서 ; 『논선』, 30쪽).

그러니까 세조가 장편의 역사책을 지으라고 해서 편찬된 것이 『동국통감』이라는 뜻이다. 실록 기사에는 이 책의 편찬과 관련된 더 분명한 기록이 나오는데, 간략한 개요가 아니라 아주 본격적인 사료가 있으면 전부 모아서 장편의 역사서를 만든다는 생각으로 『동국통감』을 만들었다고 한다. 따라서 『동국통감』은 양이 많고, 내용이 자세하다. 어떤 때는 『삼국사기』나 『고려사』보다도 더 자세할 정도이다.

둘째는 체계 문제이다. 그러면 체계는 어떻게 세우는가. 당연히 왕조 중심이었다. 그래서 고조선에서부터 넷으로 나누었다. 『동국통감』 서문에 자세한 내용이 나온다.

> 삼국이 서로 대치한 때는 삼국기三國紀라 칭하고, 신라가 통합한 시대는 신라기新羅紀, 그리고 고려시대는 고려기高麗紀라 이름하였으며, 삼한三韓 이전은 외기外紀라 칭하였습니다(『동국통감』 서 ; 『논선』, 30쪽).

구분하는 기준은 나라 중심, 왕조 중심이다. 문제는 외기에 있는데, 삼한 이전에 대한 기록이 없기 때문에 외기라고 하고, 이 부분은 『삼국유사』에 실린 기록을 그대로 옮겨 적었으므로 『삼국유사』와 다른 내용은 없다. 어쨌든 『동국통감』은 역사를 왕조 중심으로 체계화하였다.

셋째로, 사론史論을 중요하게 여겼다. 사론이라는 것은 역사적 사건에 대한 저자들의 의견, 비평이다. 우리나라 역사책 중에서 사론이 가장 많은 책이 『동국통감』일 것이다. 『동국통감』을 편찬할 때 『삼국사기』에 있는 사론을 전부 다 그대로 베껴놓고, 『고려사』에 있는 사론도 다 넣어서 성종에게 바쳤는데, 성종은 사론이 모자라니까 더 넣으라고 하였다. 이렇게 해서 편찬자들이 자신의 사론을 써서 204항목에 이르는 많은 사론을 넣었다. 『동국통감』에 사론이 많다는 것은 결국 유교의 도덕적인 입장에서 역사적 사실을 비판하고 평가하는 작업을 열심히 했다는 의미이다. 성종은 『동국통감』만 읽어도 우리나라 역사에 대한 올바른 인식을 가질 수 있도록 만들고 싶었던 듯하다. 사론의 핵심은 유교적 · 주자학적 · 성리학적인 것에 있었다. 최승로의 상소문에 대해서 너무 이익 중심, 공리 중심이라고 비판하면서 이것보다는 신의를 중심으로 해야 한다든가, 부국강병을 하려고 했던 태조 왕건에 대해서는 어진 정치를 하는 것이 중요하다고 비판하고 있다. 왕건의 '10훈요' 중에서는 풍수지리설, 도참설에 대해 비판하고 있다. 그러니까 아주 철저한 유교적 · 성리학적인 입장에서 사론을 쓰고 비판하였다는 특징을 가지고 있는 것이다.

(3) 실록

성리학에 입각하여 도덕적인 합리주의 역사학이 확립되었고, 그것의 구체적인 표현인 『고려사』 편찬과 통사 편찬에 대해서 이야기하였다. 이제 세 번째인 실록實錄 차례이다. 앞에서 통사와 실록 중 어느 쪽을 먼저 설명해야 할지 그 순서를 두고 좀 망설였다고 잠깐 이야기한 적이 있는데, 실록을 셋째

번에 하기로 한다.

『조선왕조실록』은 모두 알다시피 조선시대의 역사이다. 『고려사』가 조선보다 앞에 있던 국가의 역사라고 하면, 실록은 앞에 있던 임금의 역사이다. 따라서 실록은 모든 왕마다 다 편찬되었다. 『태조실록』은 태종 13년(1413)에 당시 최고위 재상이었던 하륜과 그 밖의 편찬위원들에 의해 완성되었다. 그런데 문제는 완성 시기이다. 태조 이성계가 죽어서 왕위를 물려준 것이 아니고 살아 있으면서 왕위를 물려주었기 때문이다. 따라서 『태조실록』을 언제 편찬하느냐가 문제가 되었던 것이다. 태조가 죽고 바로 하느냐 아니면 태종도 죽은 뒤에 하는가가 문제가 되었는데, 태종과 하륜은 당장 편찬하자고 주장하였다. 태종의 이러한 주장은 태종 자신이 아버지 시대에 활동했기 때문에 『태조실록』에 자신에 관한 기록이 나올 것인데, 자신이 죽은 후에 실록이 편찬된다면 여기에 자신에게 불리한 기록이 나올 것을 염려했기 때문이다. 결국 이 뜻이 관철되어서 『태조실록』이 태종 13년에 편찬되었다. 그다음 정종이 죽은 뒤에 『정종실록』이 세종 때 편찬되었고, 『태종실록』 역시 같은 세종 시대에 편찬되는 등 이런 식으로 쭉 내려왔다.

조선시대의 왕은 27명인데, 이 중 25왕의 실록만 있고 고종 · 순종의 실록은 존재하지 않는다. 고종은 3 · 1운동이 일어나던 1919년에 사망했고, 순종은 더 오래 살아서 1926년에 세상을 떠났다. 이 시기는 일제시대였다. 그러므로 『고종실록』과 『순종실록』은 현재 그런 이름이 붙은 책이 있기는 하지만, 그것은 일제시대에 편찬된 것으로 우리나라에서는 인정하지 않는다. 물론 일본 학자들이 이 책을 편찬하면서 내용을 사실과 전혀 다르게 뜯어 고쳤다고는 생각하지 않지만, 자신들의 통치에 불편한 내용은 다 깎아버리고 유리한 내용만으로 엮어 간행했기 때문이다. 따라서 『고종실록』과 『순종실록』은 『조선왕조실록』에 들어가지 않는다. 또 실록 중에는 연산군이나 광해군

같이 쫓겨난 왕의 것도 있는데, 이들에 대한 것은 실록이라고 하지 않고 일기日記라고 한다. 실록은 연대순으로, 날짜순으로 써서 양이 아주 방대하다. 내용도 아주 자세해서 정치 · 경제 · 사회 · 문화 각 방면에 모두 걸쳐 있고, 자연에 관한 것, 예를 들어 하늘의 일식과 월식이나 별의 떨어짐 등에 관한 기록도 매우 상세하게 적어 놓았다. 그러므로 이러한 기록들은 단지 우리나라 역사를 이해하는 것뿐 아니라 세계사를 이해하는 데에도 매우 중요한 자료가 된다.

유네스코에서는 세계의 문화재를 세계문화유산으로 지정하고 보존하는데, 우리나라의 것도 최근 몇 개가 지정되었다. 불국사, 석굴암, 해인사 장경각, 종묘, 창덕궁 같은 것들뿐만 아니라, 서적 · 인쇄물도 유네스코에서 문화유산으로 지정하는데, 여기에 『조선왕조실록』이 들어가 있다. 『조선왕조실록』은 세계에서 하나의 제목을 가지고 편찬된 책 중에서 가장 방대하고 가장 정확하고 가장 자세하다. 이태진은 이를 이용하여 17 · 18세기의 천변天變, 즉 하늘에 이상이 생기고 기온이 떨어져서 농사가 안 되는 현상에 대해 조사했다〔이태진, 「소빙기(1500~1750년)의 천체 현상적 원인—『조선왕조실록』의 관련 기록 분석」, 『국사관논총』 72, 1996 ; 이태진, 「소빙기(1500~1750) 천변재이 연구와 『조선왕조실록』—global history의 한 장」, 『역사학보』 149, 1996〕. 이때는 소빙기小氷期라고도 하여 전세계적으로 추웠다. 추워지면 농업이 되지 않고, 식량이 모자라면 인심이 흉흉해지고 반란사건이 많이 일어나게 되어서 기록이 상당히 중요하게 다루어지는데, 유럽에는 이와 같은 정확한 기록이 없다. 그가 조사한 결과에 따르면 외국의 기록은 『조선왕조실록』에 기록되어 있는 것에 비하면 아무것도 아니라고 한다. 『조선왕조실록』을 바탕으로 천변에 관한 연구자료를 만들어서 대조해 보았더니 서양의 개인의 기록과도 일치하여 이것을 서양사를 연구하는 데에도 이용할 수 있겠다고 발표를 했더니, 서양 사람들이 놀랐다고 한다. 『조선왕조실록』은 그만큼 중요한 자료이다.

나라에는 춘추관春秋館이 있었는데, 『춘추』라는 것은 공자가 쓴 최초의 역사책이다. 따라서 춘추관이라고 하면 역사를 편찬하는 곳으로, 실록을 편찬할 때에는 따로 실록청實錄廳이 만들어진다. 역사를 편찬하는 관리인 사관史官을 임용해 평소에 자신이 섬기던 왕이 죽으면 그때의 역사를 편찬하기 위해서 사료들을 모아놓는데, 이를 사초史草라고 한다. '초'라는 것은 풀 초 자로 사초란 초고草稿라는 뜻이다. 즉 완성된 원고가 아니라 그것을 편찬하기 위한 자료이다. 수집해 놓은 사초는 누구도 볼 수 없게 하고, 그 왕이 죽으면 실록청에서 공개한 다음 취사선택해서 실록을 편찬하였다.

실록은 후대에 거울을 삼아 정치에 도움이 되도록 한다는 기본 취지에서 편찬되었는데, 그렇다고 많은 부수를 출판하는 것은 아니었다. 처음에는 춘추관에 1부, 지방에 2부를 두었는데, 임진왜란 때 서울의 것과 지방의 것 1부가 없어졌으므로 그 나머지 1부를 가져다가 다시 4부를 찍었다. 그중 하나는 일제시대 때 반출되어 일본의 동경대학에 있다가 관동대지진 때 대부분 사라지고 남은 일부가 반환되었으며, 또 하나는 북한에, 그리고 나머지 둘은 국가기록원 부산기록정보센터와 서울대 규장각에 현재 보관 중이다. 실록 이외에도 서울대학교 규장각에는 우리나라 역사책 중 1부밖에 남아 있지 않은 책들이 많이 있다. 이것을 지하에 두었다고 하는데, 종이로 만든 것을 지하에 두었다는 것은 아무리 제습기가 있다고 하더라도 상식에 어긋나는 일이다. 이런 자료들이 불이 나거나 폭격을 받거나 해서 없어지기 전에 모두 빨리 마이크로필름으로 만들거나 시디롬(CD-ROM) 작업을 해야 할 것이다.

어쨌든 『조선왕조실록』은 단순히 우리가 우리나라의 역사를 연구하는 데 있어서만 중요한 것은 아니며, 세계적으로도 중요한 자료이다. 실록은 기록을 뒤에 남기는 것이니까 역시 제일 신경 쓰는 사람은 왕이다. 그 때문에 사람이 죽기도 했는데, 무오사화戊午史禍(1498)가 대표적이다. 사화士禍는 보통 선비 '사士' 자를 쓰는데, 무오사화만이 역사 '사史' 자를 쓴다. 무오사화는 바로 사초 때문에 일어난 사화이기 때문이다. 김종직金宗直의 제자인 김일손金馹孫이 사관이 되어서 돌아간 그의 스승 김종직의 '조의제문弔義帝文'을 사초에 올렸다. '조弔'는 죽은 사람을 조상하는 글이다. 즉 의제義帝를 조상하는 글인데, 의제는 항우項羽에게 살해당한 초楚나라의 왕이다. 김종직은 바로 이 항우에 의해 의제가 죽은 것을 조상하는 글을 썼는데, 이것은 단종을 의제에 비유한 것이다. 즉 단종이 죄 없이 억울하게 죽었다고 직설적으로 쓰면 당장 문제가 되니까 이를 비유해서 적었던 것인데, 제자인 김일손은 자신의 스승이 그러한 뜻을 가지고 있었다는 것을 알고 있었으므로 이 글을 사초에 넣었다. 그러나 성종이 죽고 연산군이 즉위하자 이것이 문제가 되었다. 김종직의 반대파에서 들고 일어나서 의도가 불손하다며 김일손을 죽이고, 김종직은 무덤을 파서 시체를 토막 냈다. 이는 사관들이 실록을 편찬할 때 목숨을 내걸고 했음을 보여주는 사건이기도 하다.

『조선왕조실록』은 그 양이 방대하고 모든 것이 다 들어가 있어서 읽기도 복잡하다. 따라서 그중에서 왕들이 가장 잘한 것, 가장 모범이 되는 것만 추려 가지고 다시 실록을 만들었다. 원래 도덕적인 사관에서는 좋은 것은 본뜨고 나쁜 것은 경계한다고 해서, 일단 모든 사실을 다 적고 사론을 써서 좋은 것과 나쁜 것을 가리는 것이 역사가의 의무였다. 그러나 재미있게도 왕이 잘한 일, 후대의 왕들이 모범으로 삼을 만한 것들만을 실록 중에서 뽑아서 다시 실록을 만들었는데, 이것이 『국조보감國朝寶鑑』이다. 이것은 쫓겨난 왕인 연산군과 광해군을 제외하고는 역대 왕대로 다 만들었는데, 제일 마지막 것은 순종 때인 1908년에 만들어졌다. 전체가 90권으로, 이 책은 실록과는 달리 많이 찍었다. 『조선왕조실록』은 활자본으로 4본을 찍고 나서 활판을 다

헐곤 했지만, 이것은 목판본으로 많이 찍어서 나눠 가졌다. 일반적으로 사학사에서 『국조보감』에 대해서는 이야기하고 있지 않은데, 이는 매우 중요한 역사서라고 생각한다. 역사라는 것은 좋은 것을 모범으로 삼는 것을 위주로 하는 게 아닌가. 그렇다면 『국조보감』을 편찬했다는 것은 그 당시로는 역사적인 의미가 있다고 본다.

(4) 지리지

그다음에는 지리지地理志이다. 현재 다섯 개가 전하는데 이를 다시 둘로 나눌 수 있다. 맨 처음이 『경상도지리지慶尙道地理志』로서 경상도 관찰사 하연河演(1376~1453)이 지은 것이다. 사실 지리지는 전국적으로 다 만들었기 때문에 경상도뿐만 아니라 전국적으로 다 편찬하였으나, 다른 지방의 것은 남아 있지 않고 현재 경상도 것만 남아 전하는 것이다. 이것은 세종 7년(1425)에 만들어졌는데, 세종 14년(1432)에 전국 지리지를 편찬해서 후에 『세종실록』을 편찬할 때 넣었다. 『세종실록』은 연대순으로 되어 있을 뿐 아니라 지리지라는 항목이 별도로 들어가 있다. 이것은 『세종실록』에만 있다.

성종 8년(1477)에 가서 또 한번 『팔도지리지八道地理志』를 편찬하는데, 이것도 전하지 않고 현재는 『경상도속찬지리지慶尙道續撰地理志』만 남아 있다. 계속해서 편찬한 경상도 지리지라는 의미인바, 이 셋은 통치하는 데 중요한 자료로 삼기 위해서 편찬한 것이다. 내용은 아주 간단한데, 가령 경상도 지방 어느 군의 호구戶口가 얼마인가, 거기서 군대로 나갈 수 있는 장정壯丁은 몇 명인가, 혹은 그 지방의 토지 면적이 얼마인가, 그 지방의 특산물은 무엇인가 등이 세세히 적혀 있다. 특산물을 적은 것은 지방에서 세금으로 받는 것은 여러 가지가 있는데, 이 중 특산물을 바치게 하는 공물貢物 때문이다. 그 지방에서 도자기 굽는 곳이 몇 군데인가 하는 기록도 있는데, 도자기도 공물로 올려야 했기 때문이다. 그다음에 말을 빌려 교통수단으로 하는 역驛이 어디 있는가, 또 봉화가 몇 군데인가 하는 기록도 있다. 대부분이 이 같은 내용으로 정치 · 군사 · 경제 같은 현실적인 통치에 필요한 자료들을 적어 놓았다. 그런데 이런 내용들을 역사책이라고 할 수 없어서 지금까지 지리지 편찬은 사학사에서 다 빼버렸다.

노사신盧思愼(1427~1498)이 중심이 되어 성종 12년(1481)에 『동국여지승람東國輿地勝覽』이 편찬되었고, 뒤에 가서 이행李荇(1478~1534)이 여기에 보충을 해서 『신증동국여지승람新增東國輿地勝覽』을 만들었다〔중종 25(1530)〕. 현재 남아 있는 것은 이 『신증동국여지승람』이다. 그러나 『신증동국여지승람』에는 중종 때 새로 증가된 부분이 모두 표시되어 있으므로, 이 신증된 부분을 빼면 바로 성종 때 만든 『동국여지승람』과 같아지게 된다. 이 『동국여지승람』에 오면 지리지의 편찬 방식이 전혀 달라진다. 과거와 같은 통치를 위한 자료가 아니라, 문화를 중심에 두었다. 그 지방의 인물이 누가 있었는지, 인물도 그 지방의 출신 인물과 그 지방에 와서 관리를 한 인물 등으로 세분했다. 예를 들면 고려시대 수원水原 출신의 유명한 효자인 최루백崔婁伯이 있었다. 아버지가 호랑이에게 잡아먹히자 그 호랑이를 찾아 붙잡아서 배를 갈라 아버지의 뼈를 전부 찾아내고, 호랑이의 고기를 대신 다 먹었다는 사람이었다. 사실 그 부인도 유명한데, 염경애廉瓊愛라고 한다. 남편 최루백이 이 부인을 매우 사랑해서 직접 지은 부인의 묘지명이 남아 있다. 묘지명이란 죽은 다음 무덤 안에다 관과 함께 넣어두는 것으로서 거기에 묻힌 사람의 경력을 적는다. 최루백은 부인 염경애의 묘지명을 직접 썼는데, 그 구구절절마다 사랑이 담뿍 담겨 있다. 그런데 이 최루백에 대한 이야기가 『동국여지승람』 수원조에 효자로 기록되어 있다. 경상도 경주 편에는 귀신을 위시해서 인물에 관한 것만 해도 여러 쪽이 나온다. 그 밖에도 왕릉이라든가 개인의 무덤에 관한 기록, 또 절(寺)에 관한 기록, 개인의 사당에 관한 것, 고적에 관한 것 등이 적혀 있다. 예를 들면, 포석정에 대한 기록 같은 것은 이전의 『경상도지리지』에는 없었는데, 『동국여지승람』에는 포석정에 관한 시문詩文들도 전부 모아 실었다.

이렇게 해서 『동국여지승람』은 완전히 문화사적文化史的인 지리지가 되었고, 우리나라 역사를 공부하는 데 귀중한 자료가 되었다. 강릉에 김주원金周元이라는 유명한 신라시대의 인물이 있었다. 선덕왕宣德王이 죽은 뒤에 선덕왕의 아들이 없어 화백회의를 해서 김주원을 왕으로 추대하기로 결정이 났다. 그런데 그날 비가 많이 와서 알천閼川의 물이 넘쳐서 오지 못하였다. 김주원의 집은 알천 북쪽에 있어서 알천 남쪽에 있었던 궁성에 오지 못했던 것이다. 그가 오지 못하니 사람들이 모여서 "이것은 김주원은 자격이 없으니 왕이 되지 말라는 징조이다" 라고 해서 화백회의를 다시 소집해 김주원이 아니라 김경신金敬信을 원성왕元聖王으로 추대하였다. 이에 김주원은 경주에 있기가 불안하니까 강릉으로 도망쳤다. 『삼국사기』나 『삼국유사』에는 원성왕의 즉위과정을 대략 이렇게 기록하고 있다. 그런데 『동국여지승람』의 강릉 편을 보니까, 선덕왕의 어머니가 왕이 죽자 선덕왕의 후계자를 김주원으로 삼으라고 했다는 것이다. 그런데 원성왕이 군대를 이끌고 강압적으로 궁성에 들어와 왕이 되었다고 나와 있다. 이런 기록은 『삼국사기』나 『삼국유사』 어디에도 없다. 나도 예전에 틀림없이 이 과정에서 원성왕이 어떤 공작을 펼쳤으리라고 말한 적이 있다(이기백, 「상대등고」, 『역사학보』 19, 1962 ; 『신라정치사회사연구』, 일조각, 1974). 그때 『동국여지승람』의 이 대목을 보았더라면 더 명확하게 썼을 것인데 그렇게 하지 못하였다. 최근에 안정복의 『동사강목』을 보니까 안정복도 『삼국사기』나 『삼국유사』에 기록된 내용이 이상하고, 『동국여지승람』에 있는 것이 사실에 더 부합하다고 하였다. 그래서 그것을 원문으로 적고, 다른 것은 조그맣게 구석에 설명으로 적어 놓았다. 이처럼 『동국여지승람』에는 원사료로 이용할 수 있는 자료들이 많이 남아 있다. 따라서 『동국여지승람』은 역사서로서 언급될 자격을 가지고 있는 것이 아닌가 한다.

그러면 이러한 지리지는 왜 편찬되었을까? 여기에 대해서 그 당시의 양반 지배층이 그들의 국가의식, 역사의식을 나타내는 그런 지리지 편찬을 원했다는 설명이 있다(이태진, 「15세기 후반의 '거족'과 명족의식—『동국여지승람』 인물조의 분석을 통하여」, 『한국사론』 3, 1976). 그러니까 이제는 직접적인 통치 자료가 아니라, 확립된 양반들의 지배의식, 국가의식, 역사의식 같은 것들을 드러내기 위해서 『동국여지승람』을 편찬했을 것이라는 말인데, 이는 납득이 가는 설명이다.

이 시기는 조선중기로 과거에 역사책이 주로 국가에 의해 편찬되었다면, 이때는 개인이 편찬하는 역사책이 많이 늘어났다. 개인 가문을 중심으로 족보가 만들어지고(족보도 역사책이라고 할 수 있다), 자신의 근거지가 있는 지방의 지방지도 많이 편찬하였다. 즉 이 시기에는 합리적인 역사책을 편찬하는 저변이 확대된 것이다.

| 제3장 |

양반사회 개혁을 위한 역사학

1. 실학파의 역사학

(1) 상고사관

우리 역사학이 점차 진보해나갔다는 것은 분명히 알 수 있다. 신이적인 역사서술을 위주로 하는 시대보다 합리적이고 도덕주의적인 역사서술을 하게 된 것은 분명히 우리나라의 역사학이 발전한 것이다. 그런데 조선후기에 들어서면 이러한 역사서술 방향이 다시 조금 달라진다. 지금까지는 양반 중심의 사회였다(이 시대를 '봉건사회封建社會'라고 말하는 사람이 많은데, 우리나라에는 봉건사회가 없었으므로 봉건사회라는 말 대신에 '신분제사회'라는 말을 사용하는 것이 바람직하다). 양반 중심의 사회란 양반의 신분을 중심으로 지배체제를 유지하고 있는 사회를 말한다. 그러니까 혈통에 따라 귀한 사람과 천한 사람이 갈리는 사회가 신분제사회이다. 인도로 말하면 카스트제도사회이다. 인도는 아직도 이런 신분이 남아 있는데, 우리나라도 백여 년 전만 해도 그랬다. 우리나라는 정말 신분제를 빨리 벗어난 사회라고 할 수 있다. 갑오경장이 일어난 게 1894년으로 지금으로부터 약 백여 년 전인데, 그전에 우리나라에서 남의 집 노비는 약 50퍼센트가 넘었을 것이라는 연구가 있다. 미국의 시애틀에서 '반계 유형원'을 주제로 1,000쪽이 넘는 글을 쓴 제임스 팔레 James B. Palais는 아예 "한국의 조선시대는 노예제사회"라고 표현했는데(James B. Palais, *Confucian Statecraft and Korean Institutions*, 1996 ; 김범 옮김, 『유교적 경세론과 조선의 제도들』 1 · 2, 산처럼, 2008), 이런 이야기를 할 정도로 당시 우리나라에는 노예가 많았다. 그러나 이런 표현은 좀 지나친 것 같고, 한 20~30퍼센트 정도가 남의 집 종이었으리라는 견해가 현실에 더 가깝지 않을까 한다. 그렇다면 열 사람 중 두세 사람은 종이었다는 셈이 될 것이다.

실제 해방 뒤 서울대학교 총장을 역임한 분 중에 종의 아들이 있다. 아주 인격이 훌륭한 분인데, 일제시대에는 서울에 있는 중학교의 교장을 지냈다. 그때는 대학이 거의 없었으니까 중학교가 최고였고, 그 수도 지금의 대학 수보다 적었다. 그 아버지는 양반집 말꾼이었는데, 그의 이런 사정을 아는 사람은 실제로 거의 없다. 일본은 아직도 신분사회의 전통이 강하게 남아 있는데, 부락인部落人이 대표적이다. 부락인은 백정白丁을 말한다. 내가 어렸을 때까지만 해도 우리나라에서 백정은 천대받았지만, 요즘에는 누가 백정의 자손인지 아는 사람은 아무도 없다. 그러나 일본에는 부락인의 자손들은 보통사람들과 결혼을 할 수 없고, 그 신분적인 제약에서 벗어나려면 도시로 가서 호적을 바꾸어야만 한다. 신뢰할 만한 어느 분에게 들은 말에 따르면 부락인 출신 여자가 호적을 바꿔 모 대학 교수와 결혼해서 행복하게 잘 살았는데, 나중에 그것이 탄로나 자살했다고 한다. 자기가 부락인이라는 것이 탄로가 나면 남편의 신변에 좋지 않은 결과를 가져온다는 이유 때문이었다. 이것이 바로 일본사회라 할 수 있다. 그런 점에서 우리는 신분제사회를 빨리 지나서 천만다행이라고 생각한다.

어쨌든 조선후기에 양반 중심의 신분제사회를 개혁해야 한다는 여론이 양반 출신 학자들 사이에서 일어났는데, 이들이 실학자다. 이들은 일반 양반들에 비해 사회적으로 조금 소외된 사람들이었는데, 현실적으로 관리가 되지 못해 정치에 참여할 수 없었기 때문에 학문적으로 개혁이론을 정립하려는 노력을 했던 것이다. 그런데 실학자들의 개혁이론의 기준은 옛날 제도였다. 즉 이상적인 사회가 옛날에 있었으니까 그것을 본떠서 오늘날 개혁을 해야겠다고 주장하였다. 그러니까 오늘날은 타락한 사회고, 옛날은 아주 이상적인 사회였다는 것인데 이렇게 되면 이것은 '상고사관尙古史觀', 즉 옛날을 높이는 역사관이라고 할 수 있다. 그러면 왜 이런 역사관을 가지게 되었는가? 그들은 복고적이고 후진적인, 보수적인 학자들이었는가? 사실은 반대였다. 옛날의 것을 이상으로 해서 오늘날의 것을 개혁하자는 것으로, 개혁의 근거로서 옛날 것을 내세웠던 것이다. 그러니까 현실 개혁적 상고사관으로 과거와 현재를 연결시키는 것이다.

구체적으로 대표적인 실학자 중의 하나인 반계磻溪 유형원柳馨遠(1622~1673)의 『반계수록磻溪隨錄』 전제田制 서序를 보기로 하자. 여기서 전제란 옛날의 토지제도를 말한다.

> 옛 정전법井田法은 대단히 훌륭한 제도였다. 경계經界가 한결같이 바로잡히고 모든 일이 잘 처리되어 온 백성이 일정한 직업을 갖게 되고, 병사兵士는 찾아서 긁어모으는 폐단이 없었다. 지위의 귀천과 상하를 논할 것 없이 저마다 그 직업을 얻지 못하는 사람이 없으므로 이로써 인심이 안정되고 풍속이 순후해져서, 옛날부터 장구한 세월을 지내오면서 국운國運이 잘 유지되고 문화가 발전되어간 것은 이 토지제도의 기반이 확립되어 있었기 때문이다. 후세에 전제田制가 허물어져서 토지의 사유私有가 제한이 없게 되니 만사가 다 어지럽고 일체가 이에 반대되었던 것

이다(유형원, 『반계수록』 전제 서 ; 『논선』 33쪽).

정전법이란 토지를 우물 정井 자 모양으로 9구역으로 나누어서 그중 가운데에서 나온 것은 나라에 바치고 나머지 8군데의 토지에서 생산된 것은 8명이 나누는 것으로, 결국에는 1/9의 세금을 내는 것을 말한다. 이렇게 8사람이 모여서 안정적으로 정착하게 되면, 군사도 필요할 때마다 찾아가 모으는 폐단이 없어지게 된다는 말이다. 즉 경제가 안정되면 군사제도도 안정된다는 의미이다. 아주 철저한 상고사관이라고 할 수 있다.

당唐나라 때의 균전제均田制가 또한 옛날의 뜻에 가까웠는데 우리 고려의 태조太祖는 이것을 써서 나라를 부강하게 하였다. 그러나 법이 땅을 위주로 하지 않고 그 사람을 기본으로 삼았기 때문에 장정壯丁을 등록시켜 땅을 분급함에 등급이 많아져서, 땅을 지급할 때에는 실제로 사람에 비해서 땅이 모자라거나 또는 땅은 많으나 사람이 적어지는 폐단이 있었다(『반계수록』 전제 서 ; 『논선』, 34쪽).

균전제는 토지를 균등하게 준다는 것인데, 실제로 고려 태조 왕건이 균전제를 실시한 것은 아닌 것 같다.

이것이 균전제均田制를 시행하는 데 난관이었으며 또 뒤에 가서 이 제도조차 반드시 폐지되고 말아야 할 원인인 것이다. 진실로 지금 이 제도를 회복하여 옛날 정신을 참작해서 합리적으로 행한다면, (중략) 꼭 정전법井田法의 형식대로 하지 않아도 정전의 정신은 그 가운데 다 들어 있는 것이다. 또 당나라와 고려에서 시행한 균전제도均田制度의 결점도 제거될 수 있는 것이니, 지극히 공정해서 영구히 시행할 수 있으며 지극히 간편한 방법이면서도 모든 것이 포함되었다(『반계수록』 전제 서 ; 『논선』, 34쪽).

요컨대 정전제도나 균전제도의 원리원칙과 근본정신에 입각해서 토지제도를 개혁하자는 것이다.

신분제에 대한 개혁논의도 있었는데, 이중환李重煥(1690~1752)의 『택리지擇里志』에 실려 있는 「사민총론四民總論」에 그 내용이 구체적으로 나와 있다.

> 옛날에는 사대부士大夫가 따로 없이 모두가 같은 백성이었다. 백성에는 네 가지가 있는데, 사士는 어질고 덕이 있으므로 임금이 벼슬시킨 백성이고, 벼슬하지 않는 백성은 농민〔農〕이 되고, 공인〔工〕이 되고, 상인〔賈〕이 되었다.
>
> 옛적에 순舜이 역산歷山에서 밭을 갈고 하빈河濱에서 질그릇을 굽고 뇌택雷澤에서 고기를 잡았는데, 밭갈이는 농업이고 그릇구이는 공업이고 고기잡이는 상업이다. 그러므로 임금에게서 벼슬하지 않을 적에는 농 · 공 · 상으로 돌아가야 한다. 저 순이야말로 천고千古에 백성의 모범이 된다. 나라가 잘 다스려졌을 적에는 너도 나도 모두가 백성이니, 우물을 파고 마시고 밭을 갈아서 먹으며 흐뭇이 즐겼는데, 그러고도 등급과 명호名號를 달리할 것이 있었겠는가(이중환, 「사민총론」, 『택리지』; 『논선』, 45쪽).

그러므로 신분제 개혁을 해야 한다는 주장으로, 여기서도 역시 상고사관을 엿볼 수 있다.

그다음에 문무의 차별에 대한 것도 있는데, 홍양호洪良浩(1724~1802)가 쓴 『해동명장전海東名將傳』에서 언급되고 있다. 『해동명장전』은 우리나라의 명장들에 관한 기록이다.

> 천하에는 큰 일이 두 가지가 있으니 문文과 무武가 바로 그것이다. 『춘추전春秋傳』에 말하기를 "문文은 백성들을 잘 의지하게 만들고, 무武는 적을 잘 위압케 한다"라고 하였고, 『역易』의 계繫에서 말하기를 "황제黃帝 · 요堯 · 순舜 임금은 옷을 입기만 해도 천하天下가 다스려졌다" 하였고, 또 이어 말하기를 "활〔弧〕과 화

> 살〔矢〕의 날카로움은 천하를 위압한다"라고 하였는데, 이 두 가지 일〔문文·무武〕은 함께 병행되어야지 어느 한쪽에만 기울어지거나 없어져서는 안 되는 것이다. (중략) 이것이 오랫동안 나라가 잘 다스려지고 백성들이 평화롭게 살게 되어 후세에서 따르지 못하는 까닭이라 할 것이다. 대체로 한漢나라와 당唐나라 아래로 내려와서도 이 두 가지를 버리고서 나라가 잘 다스려졌다는 이야기는 듣지 못하였다(홍양호, 『해동명장전』 서 ; 『논선』, 61쪽).

즉, 문무를 다 병행해야 한다는 말이다. 그런데 우리나라는 문을 숭상하고 무를 무시하기 때문에 적이 쳐들어와도 대책이 없다는 것이다. 고려 때만 해도 그렇지 않았는데, 조선시대에 와서 문과 무를 차별하고 무를 무시하는 것은 잘못된 것이라고 말하고 있다.

> 비록 그렇다고 할지라도 국가의 원대한 계획을 도모하려면, 이런 것만 믿고서 편안하게 있어서는 안 될 것이다. 공자孔子는 말하기를, "문치文治에 종사하는 사람이 있으면, 반드시 무예武藝로 방비하는 사람도 있어야 한다"고 하였다. 깊도다, 성인의 가르침이여. 이 책을 읽는 자는 틀림없이 나의 뜻을 알 것이다(『해동명장전』 서 ; 『논선』, 63쪽).

문에만 치우치면 안 되고 무에도 신경을 써야 나라가 편안해진다는 뜻으로, 이것 역시 상고사관이다. 상고사관을 가졌다고 하더라도 그들의 목적은 현실의 개혁에 있었으므로 그 개혁을 실현하기 위한 방법으로 옛날 제도를 끌어들여 설명했던 것이다. 그러므로 옛날 제도를 끌어들였다고 해서 이들이 복고적이고 후진적이며 아주 보수적이라고 말할 수는 없다. 옛날에 성현들이 한 말 그대로이므로 새로운 것이 하나도 없다고 말하기도 하는데, 사실 새로운 것이 하나도 없는 것이 아니라 너무 많은 것이다. 그들은 현실적으로 개혁할 대상을 명확하게 알고, 그 방법을 옛날에서 찾은 것뿐이라고 봐야 할 것이다.

(2) 정통론

실학파에 대해서는 잘 알려져 있고, 따라서 그들의 정치, 경제, 사회 전반에 대한 학설들도 대강은 알고 있을 것이다. 문제는 실학파가 역사학에 대해서는 어떠한 생각을 가지고 있었는가 하는 것인데, 현재 우리로서도 공감이 가는 대목이 많다. 첫째는 상고사관인데, 이에 대해서는 앞에서 이미 설명하였다.

둘째로는 민족적, 문화적 정통론正統論이다. '정통성'이라는 말은 요즘에도 많이 사용된다. 동양에서 정통론이라 하면, 예컨대 소설 『삼국지』에서 보듯이 조조가 세운 위魏, 그리고 오吳, 유비가 쫓겨서 간 촉蜀에 관한 정통성 논쟁이 대표적이다. 촉은 중국에 있는 산골짜기 촌구석에 위치했으나, 독특한 문화가 형성된 나라였다. 그런데 이 세 나라 중에 어느 나라가 정통인지에 대해 문제가 생겼다. 『자치통감資治通鑑』을 지은 사마광은 위가 정통이라고 했는데, 성리학을 대성한 주자는 촉이라고 해서 학문적인 논쟁이 있었다. 그러니까 정통론이란 결국 어느 나라가 가장 과거로부터의 정통을 계승해 내려온 국가인지를 가리는 것이라고 볼 수 있다. 송이 거란의 침입으로 남쪽으로 내려오게 되면서 촉에 가깝게 되었다. 그러니까 주자는 촉에 대해 더 친밀감을 느꼈다. 즉 자기가 섬기고 있는 나라에 대한 의무감이나 친밀감, 이런 것이 정통을 가릴 때 판단 기준이 된 것이다.

한편 '정통' 자체에 대한 개념 문제도 있는데, 이전까지 정통이라는 것은 중국에만 있는 것이었다. 주변에 있는 오랑캐 나라들, 한국(고려)이나 몽고 같은 나라는 정통이라는 것을 생각할 수 없었다. 즉 정통사상은 원래 자기가 섬기는 국가에 대한 충성심, 혹은 친밀성 같은 것에 근거를 두고 있는 것이고, 또한 주변에 있는 여러 이적, 오랑캐 나라들을 배제하고 중국의 국가들에만 적용하는 개념으로 사용되어왔다. 이런 정통성에 대한 개념을 과거에는 우리나라 학자들도 그대로 따랐다.

그러나 실학자에 이르러 이에 대해 비판적인 견해를 가진 사람들이 많이 나타났다. 우선 성호星湖 이익李瀷(1681~1763)의 견해부터 살펴보자. 성호는 우리나라 나름의 정통을 논의했는데, 이렇게 한국의 국가에 대한 정통성을 논의한 것 자체가 중국 중심의 정통성 개념에서 벗어나는 것이다. 이익의 「삼한정통론三韓正統論」에 보면,

> 동국東國에서의 역대로 흥하고 쇠퇴함은, 그 처음과 끝을 대략 중국中國과 함께 해왔다.
>
> 단군檀君이 요堯 임금과 함께 일어났으며, 주周의 무왕武王이 천명天命을 받음에 이르러서는 기자箕子가 조선朝鮮에 봉封해졌다. 생각건대, 단군의 후손이 쇠잔하고 희미해져서 다시 임금과 나라가 없어지게 되매, 기자가 이를 얻어 기업基業을 닦았다. 그 8조의 가르침 가운데 전해지는 것은 세 가지이다. 사람을 살해한 자에게는 즉시 죽음으로 보상해 주고, 상해傷害를 입힌 자에게는 곡식으로 보상해 주며, 도둑질을 한 자에게는 적몰籍沒하여 도둑을 맞은 자의 노비를 삼는다는 것인데, 이는 한漢 고조高祖의 약법삼장約法三章과 동일한 것이다(이익, 「삼한정통론」, 『성호선생전집星湖先生全集』 권47 ; 『논선』, 37쪽).

라고 언급하고 있다. '우리나라와 중국이 같다'는 생각이 우선 머릿속에 있음을 알 수 있다. 기자箕子가 조선에 봉해졌다는 것에 대해서 이 시대의 사람들은 별로 부끄러워하지 않았다. 근대에 들어와서 민족적인 성향이 강해지면서 이 땅에 기자가 오지 않았다는 해석이 나왔다. 나 역시 기자가 왔다는 설에는 동의하지 않는다. 우리나라에서 '기자'는 원래 왕을 일컫는 독자적인 용어인데 후대 사람들이 그것을 모르고 발음이 비슷하니까 중국 주周의 기자와 연관시켰다는 의견도 있고(이기백, 「고조선의 국가 형성」, 『한국사 시민강좌』 2, 1988, 17쪽), 또는 그의 성이 기씨箕氏가 아니라 한씨韓氏라는 새로운

해석이 나오긴 했지만(이병도, 「'기자조선'의 정체와 소위 '기자팔조교'에 대한 신고찰」, 『한국고대사연구』, 1976, 47~56쪽), 당시에는 아직 이런 생각에까지는 이르지 않았다. 여하튼 위의 인용문에 따르면 한 고조는 항우를 이기고 나라를 세운 후에 약법삼장約法三章으로 나라를 다스렸는데 이 약법삼장이 바로 고조선의 8조의 법과 같다는 것이다.

> 단군과 기자의 시대에는 요하遼河 이동以東으로부터 임진강臨津江 이서以西의 지역이 동방東方의 중심지였으며, 삼한三韓의 지경地境은 교화敎化가 미치지 않은 남쪽의 변방에 지나지 않았다. 그러다가 준왕準王이 위만衛滿의 침구를 피하여 남쪽으로 옮기고 드디어 마한馬韓이라 칭하였다. 역사기록에 보면 준왕이 즉위한 20여 년에 진승陳勝과 항우項羽가 일어섰다 하였으니, 마한의 창건 또한 한漢이 흥한 시기에 해당하겠다.
>
> 무릇 인현仁賢의 교화는 실로 기자箕子에서 비롯하였는데, 그 후손이 왕업을 이어 쇠퇴하지 않았다. 위만이 속임수로 내쫓자, 준왕은 오히려 그 무리를 이끌고 남쪽으로 달려가 강토를 열어 넓혔다. 그 속국이 50여에 이르렀으니, 이는 바로 동방의 정통이 끊어지지 않았음을 보여준다. 위씨衛氏는 주周를 침구한 적인狄人이나 한漢을 기만한 조조曹操와 같으니, 사필史筆을 잡는 이는 마땅히 더불어 셈할 것도 없다(「삼한정통론」; 『논선』, 37~38쪽).

이처럼 이익은 우리나라와 중국을 대등하게 보고 있다. 더불어 위만衛滿은 침략자이므로 빼버리고 그 대신 위만에게 쫓겨서 남으로 내려간 마한이 정통이라고 주장한다. 마한에 50여 개의 나라가 있으므로 작은 것도 아니고, 또 그때 중국에서는 한나라가 일어났는데, 이 한나라와 때를 같이해서 우리나라에서는 마한이 일어났다고 이야기하고 있다. 또한 백제도

> 그러므로 나는 "마한馬韓이란 즉 동국東國의 정통正統이다"라 말한다. 그 백제

> 百濟가 은밀히 군사로 습격한 것은 마땅히 "백제가 들어와 침략하였다" 고 기록해야 하며 (하략) (「삼한정통론」; 『논선』, 39쪽).

라고 하여 백제는 마한의 50여 나라 중 한 국가였다고 하였다. 마한이 정통국가이며 백제가 마한을 침략했다고 했는데, 현재 우리는 그렇게 보지 않는다. 그렇다면 이 시대 실학자들이 내세운 정통론은 어떤 의미를 지니는가.

첫째는 우리나라를 중국과 대등하게 보고 있다는 것이다. 정통론의 본론은 중국이 중심이라고 하나, 그게 아니라는 것이다. 우리나라에서 단군이 일어날 때 중국에서는 요遼가 일어나고, 기자가 일어날 때 주周가 일어나고, 마한이 일어날 때 한漢이 일어나는 등 우리와 중국은 조금도 차별이 없는 대등한 국가이므로 우리나라에도 정통이 있다는 것이다. 이익의 정통론에서 첫째로 중요한 것은 바로 이 점이다.

둘째는 마한이 정통이라는 것이다.

> 우리나라와 중국이 크고 작음에서는 비록 구별이 있으나, 운명이 공교롭게도 이처럼 서로 부합함은 무슨 까닭인가. 동방의 강토를 일컬어 예의禮義와 인현仁賢의 땅이라 한 지가 오래이며, 이를 말하는 자는 반드시 소중화小中華라 하였다. 이는 여러 나라들이 더불어 겨루지 못할 바이니, 길하고 흉하며 융성하고 쇠퇴함이 서로 비슷하게 함께 돌아가는 것은 또한 혹시 거기에 이치가 있는가 한다(「삼한정통론」; 『논선』, 38~39쪽).

요컨대 우리나라가 땅덩어리가 작은데도 중국과 맞먹어 돌아가는 것은 예의가 있는 나라이기 때문이 아니겠는가라고 보고 있다. 도덕적인 면에서 우리나라가 중국에 비길 만한 그런 위치에 있었다는 것인데, 이것이 우리나라 자체의 정통론을 거론하게 되는 이론적 근거였다.

셋째로는 민족적인 입장에서 보았을 때 찬탈자, 즉 불법적으로 외부에서 들어와서 나라를 빼앗은 자들은 정통이 될 수 없다는 것이다. 『동국통감東國通鑑』에서만 하더라도 단군조선 · 기자조선 · 위만조선의 세 조선을 대등하게 보았는데, 이익은 위만은 침략자이므로 정통이 될 수 없다고 빼버렸던 것이다. 침략자를 정통에서 뺀 것이 이익의 정통론에서 주목해야 할 점이다. 이렇게 해서 이익은 '단군조선 · 기자조선 · 마한'으로 우리나라의 정통이 이어져온 것으로 생각하였다.

이익의 정통론을 이은 사람이 순암順菴 안정복安鼎福(1712～1791)이다. 안정복은 이익의 제자로 그에게 직접 배웠다. 이익은 역사에 강한 자신의 이론을 주장하고 내세우기는 했지만 책을 쓰지는 않았는데, 안정복은 『동사강목東史綱目』이라는 유명한 개설서를 썼다. 아마 근대 이전에 쓰인 우리나라 개설서 중에 가장 잘된 책을 하나만 고르라면 『동사강목』일 것이다. 그만큼 『동사강목』은 중요한 책이다. 안정복은 『동사강목』에서 자기 스승인 이익의 주장을 계승해서 정통론의 입장에서 다음과 같은 표를 만들었다.

이것은 대체로 이익에서부터 물려받은 안정복의 주장이라고 볼 수 있는데 맨 앞에 정통正統이라고 쓰고 단군조선, 기자조선을 언급한 뒤에 마한으로 이어진다. 마한 옆에 부附라고 하고 '참국僭國 위씨조선'이라고 쓰고 있다. 불법적으로 참람한 나라, 도리에 어긋나는 방법으로 뺏은 나라, 이것이 참국이다. 따라서 참국이라는 것은 정통에 정반대되는 개념인 것이다. 또 그 옆에 '부附 사군四郡'이라 하고 '낙랑, 현도' 등을 기입하고 있는데, 군은 나라도 아니다. 마한의 위쪽에 보면 부附라 하고 '진한, 변한, 예, 맥, 옥저'를 써넣었다. 이런 나라들은 마한과 동시에 존재하면서 주변에 있던 나라들로 이 나라들은 정당한 정통을 가지지 못한 나라이다.

이에 따르면 우리나라의 정통은 '단군조선-기자조선-마한'으로 계승된

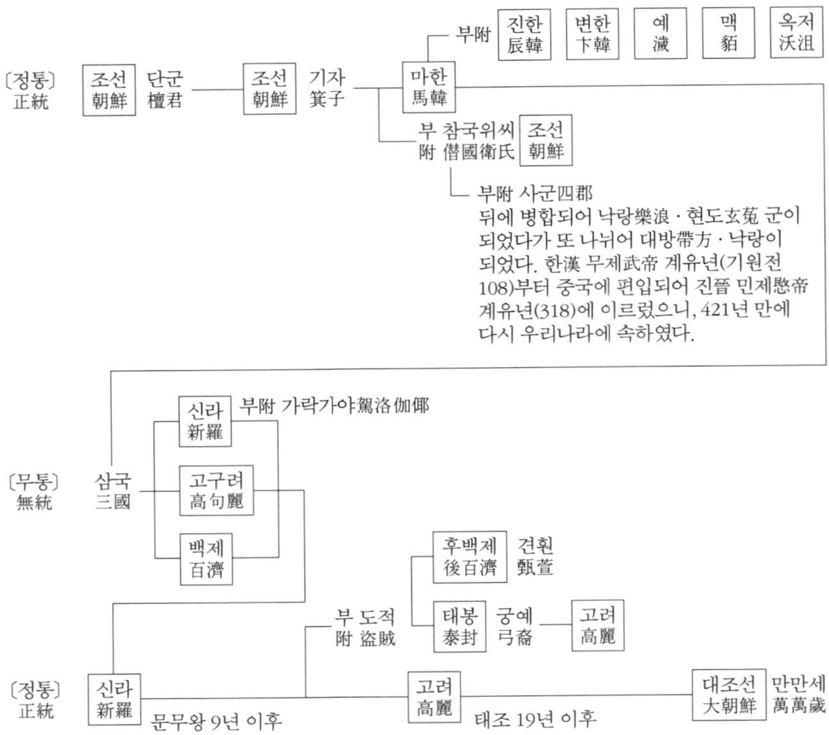

『동사강목』 도상圖上 동국역대전수지도東國歷代傳授之圖

다. 뒤의 삼국은 무통無統이라고 해서 정통이 없는 것으로 보았다. 보통은 신라가 가장 오래된 나라이고 또 뒤에 고구려, 백제를 멸해서 통일했기 때문에 신라를 정통으로 서술하는 경우가 많은데, 여기서는 삼국시대에는 대등하게 세 나라가 있었으니까 이 시대는 정통이 없는 시대라고 보았다. 따라서 고구려, 백제, 신라를 나란히 놓았다. 그리고 부附로는 가락가야를 넣었다. 그러나 이 세 나라가 신라에 의해 통일이 되는 때가 되면 그때는 통일신라가 정통이라고 하였다. 문무왕 9년(669) 이후에 고구려가 멸망하면서 비로소 정통이 신라로 돌아간다고 보고 있다. 그리고 그 정통이 고려로 가는데, 고려가 정통이 되는 것도 후백제를 멸망시키는 태조 19년(936) 이후이다. 그래서 통일신라에서는 정통이 되기 전의 고려도 부附 도적盜賊이라고 하였다. 즉 후백제의 견훤, 태봉의 궁예, 고려가 도적의 나라인 것이다. 그리고 고려의 뒤를 이어서 '대조선 만만세'로 이어진다.

이로써 국가를 중심으로 한 정통론이 실학자들, 특히 안정복에 와서 비로소 완성된다. 이러한 국가 중심의 정통론은 근대 이전 시대의 역사를 보는 관점, 즉 사관이다. 따라서 현재의 관점으로는 이런 사관을 따를 수 없지만, 이 시대로서는 그 나름대로의 진보적인 의미가 있었다. 그러므로 현재의 내 생각하고 같으면 훌륭하고, 다르면 나쁘다고 할 것이 아니라 시대적인 상황에서 전진적이냐, 후진적이냐를 보아야 한다. 이익이나 안정복의 정통론은 그 당시로서는 아주 진보적이고 전진적인 자세에서 중국의 정통론을 배격하고, 우리나라 중심의 정통론을 새로이 정리해본 학설이었다고 볼 수 있다.

『동사강목』에는 『동사강목』 '범례'가 있는데, 여기에는 안정복이 이 책을 저술하는 입장을 밝힌 내용이 있다. 그중에서도 '통계統系'가 있는데, 여기서 정통론이 중요하다는 것을 매우 강조하여 언급하고 있다.

> 통계統系는 역사가가 책 첫머리의 제일의第一義로 삼는 것인데, 『동국통감』은 단군과 기자의 사적을 별도로 외기外紀로 삼았으니, 그 의의가 옳지 못하다. 이제 정통을 기자로 시작하고, 단군을 기자가 동방으로 온 사적 다음에 붙이되, 『통감강목』 편수篇首의 삼진三晉의 예를 본떴다(안정복, 『동사강목』 범례 통계 ; 『논선』, 50쪽).

기자를 맨 처음 쓰고 그것에다 덧붙여서 단군 기사를 썼다는 것에는 조금 문제가 있다. 단군이 첫째라고 말하면서 단군에 대한 기록이 『삼국유사』 외에는 나오지 않으니까 아마 조금 심리적인 갈등을 느낀 것이 아닌가 한다.

정통론은 다산茶山 정약용丁若鏞(1762~1836)에 이르면 조금 더 비약한다. 정통이라는 것을 국가 중심으로만 보는 것에 대해 회의를 느끼고, 이제는 문화를 기준으로 해서 문화가 높은 나라면 거기에 정통이 있는 것으로 본 것이다. 예를 들어 중국의 경우 북쪽에서 중국에 침략해 들어온 '북위北魏'라는 나라가 있다. 북위는 지리적 조건이 좋지 못함에도 찬란한 문화를 건설하였으며, 불교나 유교도 매우 발달하고 성행하였다. 따라서 북위를 오랑캐라고 해서 중국의 전통에서 배제하는 것은 잘못이라는 주장을 하였다. 또 동쪽에 있는 이민족들, 그중에서도 조선은 문화적으로 대단히 우수한 민족이므로 조선을 정통에서 배제하는 것도 옳지 못하다고 주장하였다.

이러한 주장의 근거는 문화다. 문화가 우수하면 그 나라는 어디에 위치해 있든지 간에 위대한 국가로 높였다. 즉 민족국가라는 것은 완전히 제외되면서 국가 중심의 정통론 자체가 미미해지고, 문화를 기준으로 정통을 논한 것이다. 다산 정약용은 위대한 사상가이고, 오늘날 학자들 중에도 오히려 다산보다도 뒤지는 학자가 많지 않나 생각할 정도로 진보적인 학자인데, 정통론에 있어서도 역시 중국 민족의 독선적이고 배타적인 정통론에 대해서 반기를 들고 비판하였다. 물론 성호 이익도 중국에만 정통이 있는 것이 아니라 우리나라에도 정통이 있다고 보긴 했지만, 그 기준은 역시 국가에 두었다. 밖에서 침략해 들어와서 나라를 뺏은 것은 정통이 아니라고 했는데, 이런 것을 초월해 한 나라의 문화가 어떠한지를 기준으로 정통을 논했다는 점에서 이는 새로운 도약이라고 할 수 있다.

(3) 세계관

당시까지는 중국은 세계의 가운데에 있고, 우리나라가 그 동쪽에 있으니까 동이東夷이고, 몽고나 흉노 같은 나라들은 북쪽에 있으니까 북적北狄이며, 남쪽의 나라들은 남만南蠻이고, 서쪽의 나라들은 서융西戎이라고 하였다. 그러나 이때에 오게 되면 이러한 중국 중심의 세계관을 뜯어고치려는 주장이 아주 강력하게 대두한다. 이것은 두 가지로 나타났는데, 첫째는 화이사상華夷思想에 대한 비판이다. 즉 중화민족과 이민족을 구별하여 생각하는 사상을 배격한 것이다.

이때에 들어서면 중국과 오랑캐를 아주 엄격하게 구분하는 배타적인 이민족 멸시사상에 대해서 비판하는 주장들이 나타나는데 이것 역시 이익에서부터 시작된다. 그는 "중국을 귀하게 여기고 오랑캐를 천하게 하는 것은 의미가 없다"(『성호선생전집』 권25, 답안백순문목答安百順問目)고 했는데, 한마디로 중국은 귀하고 이민족들을 천하다고 하는 것은 무의미하다는 것이다. 그리고 이런 이야기도 하였다. "중국 안에는 성인이 다시는 나지 않을 것이다. 내가 기도하는 것은 중국 바깥이다."(『성호선생전집』 권27, 답안백순答安百順) 그러니까 조선에서는 성인이 날 수 있지만 중국에서는 나지 않을 것이라는 의미이다. 이익은 정통론에 있어서는 이렇게까지 가지는 못했는데, 다만 여기서 중화와 오랑캐를 구분해서 귀천을 가리는 것은 절대 용납할 수 없다는 확고한 주장을 내세웠다. 이러한 주장을 보다 더 적극적으로 내세운 사람들이 북학파北學派이다.

북학파의 주장은 북쪽 청나라의 문화가 우리보다 우수하므로 이를 배워야 한다는 것인데, 그 대표적인 학자 중 한 사람이 초정楚亭 박제가朴齊家(1750~1805)이다. 먼저 박제가의 『북학의北學議』에 수록되어 있는 「존주론尊周論」을 살펴보자. 「존주론」은 중국(주나라)을 존중하는 논리라는 뜻이다.

> 주周나라는 스스로 주나라이며, 이적夷狄은 스스로 이적이다. 대저 주나라와 이적은 반드시 분간이 있었다. 이적이 중국을 어지럽게 하였다 하여 멸망한 주나

라와 함께 이적을 쳐야 한다는 말은 듣지 못했다.

우리나라가 신하의 도리로서 명明나라를 섬긴 지가 2백여 년 만에 임진년 난리에 사직社稷마저 파천播遷하게 되어서는 명나라 신종神宗 황제가 천하 병정을 동원하여 왜놈을 국경 밖으로 몰아내었다. 동국 백성들의 머리카락 하나라도 그 은혜를 입지 않은 것이 없었다. 그런데 불행하게도 하늘이 무너지고 땅이 갈라지는 때를 만나, 천하 사람들에게 머리털을 깎고 호복胡服을 입게 하였다. 이에 우리나라 사대부로서 『춘추春秋』에 말한 주周를 높이고 이적을 물리치는 논지를 숭봉하는 자가 속출했으며, 그들이 끼친 풍교風敎와 남긴 열성이 지금까지 아직 남았으니 어찌 성하다 하지 않으리오(박제가, 「존주론」, 『북학의』; 『논선』, 53쪽).

이때 조선에는 명나라가 임진왜란 때 우리를 도와줬으므로 명을 존중해야 한다는 중화사상이 상당히 성하고 있었다. 이뿐만 아니라 민간에서조차도 청의 연호가 아니라 명의 연호를 사용하였다.

옛날 조趙나라 무령왕武靈王은 호복胡服으로 변장하고 동호東胡를 격파하였다 한다. 옛날 영웅은 반드시 원수를 갚을 뜻이 있으며 호복을 입는 것도 부끄러워하지 않았는데, 지금은 중국의 법이 배울 만한 것이라고 말하면 여러 사람들이 들고 일어나서 비웃는다. 필부匹夫도 원수를 갚으려고 할 때에는 그 원수가 예리한 칼을 차고 있는 것을 보면 이를 빼앗으려고 생각한다. 이제 당당한 천승千乘의 나라로서 대의大義를 천하에 펴고자 하면서 중국 법을 한 가지도 배우지 않으며, 중국 선비를 한 사람도 사귀지 않으면서 우리 백성들만 괴롭게 하였다. 그러나 아무 공도 없었으며 곤궁과 기아에 빠져 스스로 자포자기하였던 것이다. 백배나 되는 이로움을 버리고 실행하지 않으니, 중국에 있는 오랑캐를 물리칠 겨를이 없을 뿐더러 동국의 오랑캐 같은 풍속도 다 문명하게 변하지 못할 것을 나는 염려한다.

그러므로 지금 우리가 오랑캐를 물리치고자 하면 먼저 누가 오랑캐인지를 알아야 하며, 중국을 숭상하려면 그 법의 존중할 만한 것을 다 행하는 것만 같지 못하다. 만일 망한 명나라를 위하여 원수를 갚고 부끄러움을 씻으려면, 20여 년을 힘써 중국을 배운 뒤에 함께 논의하여도 늦지 않을 것이다(「존주론」; 『논선』, 54쪽).

청나라를 배우자고 하면 모두 들고 일어나 오랑캐에게서는 배울 것이 하나도 없다고 하는데 이것은 잘못이라는 것이다. 아직 중국 사람이 그대로 거기에서 살고 있고 중국의 문화가 그대로 있으며 우리나라보다 높은 문화를 가지고 있는데, 거기에 가서 그것을 배우지 않고 어떻게 명을 위해서 청을 칠 것인가? 사람들은 명을 위해 청을 치자고 말하지만 정작 청을 칠 만한 무기도 없다. 말로만 청을 치자, 오랑캐를 치자고 하지 말고 우선 우리보다 우수한 오랑캐의 문화부터 배워야 한다는 주장이다. 즉 민족보다는 문화가 기준으로, 아무리 오랑캐라도 우리보다 우수한 문화를 가지고 있으면 그들에게서 배워야 한다는 것이다.

이를 보다 더 확실하게 주장한 이가 연암燕巖 박지원朴趾源(1737~1805)이다. 박지원은 박제가와 아주 친한 사이였다. 그가 쓴 『북학의』의 서문을 보면,

아아, 이것이 어찌 우리 두 사람의 눈으로 직접 보아서만 얻은 것이겠는가. 일찍이 비오는 방 안, 눈 뿌리는 처마 밑에서 연구하고, 또 술을 데우고 등잔 불똥을 따면서 손바닥을 치며 이야기했던 것이다(박지원, 『북학의』 서; 『논선』, 56쪽).

라고 했는데, 이 두 사람은 매일 모여서 이야기를 나누었음을 알 수 있다.

박지원도 중국에 다녀와서 『열하일기熱河日記』라는 중국 기행문을 지었다. 이 책에 우리나라는 집을 흙벽으로 짓는데 우리도 벽돌집을 짓자, 바닥에다 벽돌을 깔아서 수레가 다녀도 먼지가 안 나게 하자는 등등의 의견이 나온다. 박제가의 『북학의』도 결국은 중국의 것을 배우자는 것인데, 박제가는 『북학의』를 써서 박지원에게 보이고 서문을 써달라고 하였다. 이렇게 쓰인

『북학의』 서문을 보면,

> 우리나라의 선비들은 세계의 한 모퉁이 지역에서 한편으로 치우친 기질을 타고 났다. 발은 한 번도 중국 땅을 밟아 보지 못했고, 눈으로는 중국 사람을 보지 못했다. 나서 늙고 병들어 죽을 때까지 이 나라 강토를 떠나 본 적이 없다. 학鶴의 다리가 길고 까마귀 날개가 검은 것처럼 각각 타고난 천품을 변하지 못한 채, 마치 우물 안 개구리나 나뭇가지 하나에만 깃들이는 뱁새처럼 홀로 그 땅만을 지켜왔다. 예禮는 차라리 야野해야 한다고 말하고, 누추한 것이 검소한 것인 줄로만 안다. 소위 사민四民(사士 · 농農 · 공工 · 상商)이라는 것은 겨우 명목만 남았고, 이용利用하고 후생厚生하는 재원은 날로 곤궁해지기만 한다. 이것은 다름이 아니고 학문하는 도를 모르기 때문이다(『북학의』 서 ; 『논선』, 55쪽).

라고 하였다. 그러나 이것은 잘못된 결론이다. 기질을 지리 탓으로 돌리는 것은 당시 사람들의 지리결정론인데, 아주 잘못된 생각이다.

그러면 위의 인용문에 나온 '학문하는 도리'란 무엇인가.

> 학문하는 길에는 방법이 따로 없다. 모르는 것이 있으면 길 가는 사람이라도 붙잡고 묻는 것이 옳다. 비록 종〔奴〕이라 할지라도 나보다 글자 하나라도 많이 알면 그에게 배워야 한다. 자신이 남과 같지 못한 것을 부끄러워하여 자기보다 나은 사람에게 묻지 않는다면, 이것은 종신토록 고루하고 학술을 못 가진 처지에 자신을 가두어 두는 것이 된다(『북학의』 서 ; 『논선』, 55쪽).

당시로서 양반 보고 종에게도 배우라고 한다는 것은 대단한 생각이다. 학문이라는 것은 글을 배우는 것이 아니라 남에게 자꾸 물어보는 것이다. 이것은 '열심히 배우고〔博學〕 간절하게 묻는다〔切問〕'(『논어』 자장子張 5)라고 한 공자의 말과도 통한다. 내가 이전에 처음으로 선생을 할 때, 친구들이 말하기를 "학생들이 자꾸 질문을 할 테니까 몰라도 모른 척하지 말고 아는 척하라"고 했다. 그러나 그것은 학문의 정의가 아니다. 글을 쉽고 분명하게 쓰고 말도 상대가 알아듣기 좋도록 분명하게 해야지 남이 알지 못하게 말하는 사람은 학자가 절대로 아니다. 더구나 모르는 것을 아는 척해서는 안 되고, 모르는 것이 있다면 상대가 누구든지 간에 물어야 한다. 이와 같이 학문이라는 것은 물어보는 것이다. 북학파들도 요컨대 오랑캐에게서도 배울 점이 있다면 배워야 한다는 것이다.

> 장차 학문을 하려고 하면 중국을 배우지 않고서 어떻게 할 것인가. 그러나 그들은 말하기를, "지금 중국을 지배하는 자들은 오랑캐이니 그것을 배우기가 부끄럽다" 하면서 중국의 옛 제도까지도 아울러 비루하게 여긴다. 그들은 깎은 머리에 옷깃을 왼쪽으로 여몄지만 그들이 차지하고 있는 땅은 삼대三代 이래로 한漢·당唐·송宋·명明이 보존해온 땅이 아니겠는가. 또 그 땅에서 난 자는 삼대 이래로 한·당·송·명의 백성들의 후손이 아니겠는가. 법이 좋고 제도가 아름다우면 아무리 오랑캐라 할지라도 떳떳하게 스승으로 삼아야 한다. 하물며 그 규모의 크고 넓음과 마음가짐의 정하고 치밀함과 모든 제작制作의 크고 원대함과 문장의 빛남이 아직도 삼대 이래로 한·당·송·명의 옛 법이 남아 있음에랴(『북학의』 서 ; 『논선』, 55~56쪽).

이 글에서는 중국 사람은 무조건 훌륭하고, 청나라 사람들은 오랑캐이니까 열등하다는 의식을 없애야 한다고 주장하고 있다. 즉 중화민족과 오랑캐민족을 구분하는 차별사상을 철폐하고자 한 것이다. 북학사상가들은 화이사상에서 벗어나 우리가 배워야 할 점이 있다면 그것이 누구든지, 어느 민족이든지 가서 배워야 한다고 하였다. 이처럼 중국 중심의 세계관이 바뀌는데, 그 첫째로 중화와 이민족을 구별하여 생각하는 사상을 배격한 것이다.

달라진 중국 중심의 세계관 중 둘째는 천하관天下觀이 달라졌다는 것이다.

즉 천하를 보는 혹은 지구를 보는 관점이 달라졌다. 이 같은 새로운 천하관은 이익에서부터 시작되었다고 볼 수 있다. 성호 이익은 “중국도 대륙의 한 조각 땅에 불과하다.”(『성호사설星湖僿說』 권2 천지문天地門 분야分野)고 하였다. 그러면서 서양에도 여러 나라가 있는데 각국마다 왕이 있고 모두 다 독립되어 있다. 그런데 중국 사람들이 그 사람들이 와서 통상하자고 하는 것을 가지고 그들이 중국에 공물을 바치러 왔다고 하는 것은 우스갯소리밖에 되지 않는다고 하였다. 또한 우리나라의 역사가 중국과 똑같이 병행해서 내려온 것으로 파악하였다. 그러므로 우리와 중국을 대등하게 본 것이다.

북학파인 담헌湛軒 홍대용洪大容(1731~1783)의 「역외춘추론域外春秋論」이 있는데, 이는 『의산문답醫山問答』에 나온다. ‘의산’이라는 것은 우리나라와 중국의 국경 지대에 있는 산으로, 이 책은 거기에서 허자虛子와 실옹實翁 두 사람이 대화를 하는 형식으로 이루어져 있다. 허자가 실옹에게 질문을 하면 실옹이 거기에 대해 대답을 하는 방법으로 진행된다. 여기에는 자연과학과 관련한 내용이 많은데, 이는 홍대용 자신이 자연과학에 대해서 상당히 관심이 많았기 때문이다. ‘역외춘추론’이라는 이 제목은 원래 붙어 있는 것이 아니라 내가 편의상 지은 것인데, 다음 대목은 아주 재미있다.

> 허자虛子가 물었다.
>
> “공자가 『춘추』를 지으며 중국을 안으로 하고 사이四夷를 밖으로 하여 중국과 오랑캐의 차별을 그같이 엄하게 했는데, 지금 선생께서는 인사人事가 그런 결과를 가져왔고 또 그것이 천시天時의 필연인 것처럼 말하니 혹 잘못된 것은 아닌지요.”
>
> 실옹實翁이 대답했다.
>
> “하늘이 낳고 땅이 기르는 것 중에 혈기를 가진 것은 다 똑같은 사람이다. 그들 중에 뛰어난 사람이 어느 한 지방을 통치한다면 역시 다 똑같은 임금이다. 성문을 굳게 하고 해자를 깊게 해서 영토를 잘 지켜 나간다면 어느 것이나 다 나라가 되는

것이며, 화려한 예복차림이나 몸에 문신文身 그림을 한 것이나 다 마찬가지로 풍습에 불과하다. 하늘의 입장에서 볼 때 무슨 안팎의 차별이 있겠는가. 그러므로 저마다 제 국민을 사랑하고 제 임금을 존경하고 제 나라를 지키고 제 풍습을 좋아하는 것은 중국과 오랑캐가 한가지이다."(홍대용, 「역외춘추론」, 『의산문답』; 『논선』, 57쪽).

여기에는 화이사상을 완전히 배격한 천하관이 잘 드러나 있다.

공자는 주周나라 사람이다. 왕실이 날로 기울어지고 제후들마저 쇠약하여지자, 오吳와 초楚가 중국을 업신여기고 침략을 예사로 하였다. 『춘추』는 주나라의 책이다. 그러니 안팎의 차별이 엄한 것은 당연하지 않느냐. 그러나 만일 공자가 바다에 떠서 오랑캐 나라로 가 중국의 문화로써 그들을 감화시켜 주도周道를 그곳에서 일어나게 하였다면, 안팎의 차별과 두둔하고 물리치는 입장이 (달라져서) 당연히 『역외춘추域外春秋』를 낳게 했을 것이니, 이 점이 바로 공자가 성인聖人이 되는 까닭이다(「역외춘추론」; 『논선』, 57~58쪽).

한 걸음 더 나아가 홍대용은 공자가 그렇게 했을 것이라면서 자신의 말에 권위를 싣고 있다. 이제 완전히 천하의 관념이 바뀌게 된 것이다.

지금까지 역사관·역사를 이야기하면서 중국 중심의 세계관을 비판하고 극복하는 노력을 했다는 이야기를 하였다. 그것을 둘로 나눌 수 있는데, 첫째로 중국인은 화이사상-중화와 이이異夷(오랑캐)를 구분해서 중국 중심으로 생각했는데, 그것이 아무런 의미가 없다는 생각을 갖게 되었다는 것과, 둘째로 천하에 대해 중국이 가운데 있고 우리나라는 동쪽에 있고 흉노나 몽고는 북쪽에 있다는 생각이 틀렸다는 생각을 가지게 되었다는 것이다. 앞서 이익과 홍대용의 이야기를 했는데, 여기에 정약용의 이야기를 덧붙이도록 하겠다.

만리장성의 남쪽, 오령五嶺의 북쪽에 있는 나라를 중국中國이라고들 하고, 요하遼河의 동쪽에 있는 나라를 동국東國이라고들 한다. 동국 사람으로서 중국을 유람하는 사람을 누구나 자랑스럽게 여기기도 하고 부럽게 여기기도 한다.

그러나 내가 보는 바로는, 이른바 중국中國이란 것은 어찌하여 중中이 되는지 모르겠고, 이른바 동국東國이란 것은 어찌해서 동東이 되는지도 알 수 없다. 무릇 해가 머리 위에 떠 있을 때를 오시午時라 하는데, 오시에서 해가 뜨고 질 때와의 시간이 같으면, 내가 서 있는 곳이 곧 동서東西의 중간 지점임을 알 수 있다. 또 북극北極은 땅으로부터 높기가 약간도若干度이고 남극南極은 땅으로부터 낮기가 약간도인데, 전도수全度數의 반이 된다면 내가 서 있는 곳이 곧 남북南北의 중간 지점임을 알 수 있다. 무릇 동·서·남·북의 중간 지점이 되는 곳이라면 어디나 중국이 아닌 곳이 없는데, 소위 동국이란 어떻게 있을 수 있겠는가. 무릇 어디나 중국이 아닌 곳이 없는 바에야 소위 중국이란 것이 따로 있을 수 있겠는가(정약용, 「연경燕京에 사행使行하는 교리校理 한치응韓致應을 환송하는 글」, 『여유당전서與猶堂全書』 제1집 제13권 ; 『논선』, 70쪽).

이 대목은 참 감격적인 부분이다. 정약용이라는 분, 참으로 대단하다고 생각한다.

오직 (오늘날의 중국에서는) 농업에 편리한 기술이 있어서 오곡五穀을 잘 자라게 하고 있으니 이것은 옛날 양리良吏들이 남겨준 혜택이요, 문학과 예술에 박아博雅한 재능이 있어서 촌스럽지도 속스럽지도 않은 형편이니 이것은 옛날 명사들이 남겨 준 여운餘韻이다. 오늘날 마땅히 중국에서 이익을 취할 것이 있다면 이런 것들뿐이다. 그 밖에는 억세고 사나운 기풍이나 방탕하고 괴상한 기교는 좋은 예속禮俗과 인심을 손상시키는 일이라, 선왕先王이 힘쓰던 바가 아니다. 여기서 무엇을 볼 것이 있겠는가.

내 친구 혜보徯甫(한치응韓致應)가 왕명을 받들고 연경燕京으로 떠나게 되면서 중국 유랑을 한다는 것을 자못 자랑으로 여기는 기색이 보이므로, 내가 짐짓 중국

中國 · 동국東國의 설說을 지어 이렇게 충고를 겸하여 격려하는 것이다(「연경에 사행하는 교리 한치응을 환송하는 글」; 『논선』, 70~71쪽).

이 짧은 글을 통해서도 천하에서 중국 · 동국이니 하는 생각이 우스운 것이라고 근본적으로 비판한, 정약용의 강한 자존심을 들여다볼 수 있다. 중국에서 성인이 나기를 기대할 것은 없다, 오히려 우리나라에서 기대할 것이 있다고 한 이익의 생각과 비슷하다. 실학자들이 이런 자존심을 갖게 되었다는 것은 역사관, 천하를 보는 관점이 바뀌었다는 것이다. 즉 중국 중심의 역사관이 바뀐 것이라고 할 수 있다.

(4) 국토관

다음으로 국토國土에 대한 인식인데, 이때에 이르러 우리 땅에 대한 인식이 강해진다. 일종의 애국심이 국토에 대한 사랑으로 나타나게 된다. 우리나라 역사를 연구하는 데 역사적 사실만 연구하는 것이 아니라 역사가 벌어진 무대에 대한 관심이 강해지고, 따라서 역사지리에 대한 연구를 많이 하였다.

국토에 대한 인식 중 첫째는, 우리 역사무대에 대한 정확한 지식을 가져야겠다는 생각을 강하게 하게 되었다는 점이다. 그런 노력의 첫 업적이 『동국지리지東國地理志』라는 책의 편찬이다. 이 책은 역사지리에 대한 개인의 저술로서는 최초의 것이라고 생각한다. 그 전의 지리서는 조선 초에 있었고 위치 지명의 고증이 들어 있으나 정치자료, 문화적 배경을 설명하는 것으로 편찬되었기 때문에 역사지리에 대한 설명은 많지 않았다. 순수 역사지리에 대한 것이 나왔으니, 이것이 『동국지리지』이다.

한백겸韓百謙(1552~1615)은 평양에 기자가 정전제井田制를 실시한 자취가 있다고 믿었고, 기자의 정전제를 본떠 우리나라에 정전제를 실시해야 한다고 주장한 사람이다. 이 글을 쓸 당시 이미 나이가 상당히 들어 누워서 구술하고 아들 한홍일韓興一(1587~1651)이 받아 적었는데, 완성된 뒤 얼마 되지 않아 사망했으므로 그의 마지막 저술이 되었다. 그만큼 이 책은 한백겸이 정성을 들여서 자신의 최후의 업적으로 남기려고 노력한 것이다. 이 『동국지리지』를 출판하게 되자 아들 한홍일이 서문을 썼다.

> 선군자先君子(한백겸韓百謙)께서는 무릇 문자文字 상의 구별을 확실히 하지 않음이 없었으며, 그 이목耳目이 미치는 바에서는 더욱 힘을 다하였다.
>
> 무진년〔계축년, 즉 광해군 5년(1613)의 잘못일 것〕 즈음에 오운吳澐의 『동사찬요東史纂要』를 볼 기회가 있었는데, 그중의 지리지地理志가 보고 듣던 바와 자못 이동異同이 있었다. 크게 탄식하여 말하기를, "선비는 수천 년 뒤에 글자 하나, 문장 한 구절을 얻더라도, 고인古人의 심정을 살펴 논의함이 마땅하다. 하물며 우리나라는 동서가 육백여 리에 못 미치고 남북이 겨우 수천 리이므로, 8도를 두루 돌아본 자가 또한 하나둘이 아니다. 그런데도 경계境界가 상세하지 못하여 명호名號가 분별되지 못함이 여기에 이르렀으니, 가히 서글픔을 이길 수 있으리오" 라고 하였다.
>
> 이에 여러 책을 자료로 삼고, 보고 들은 바를 참고로 하여, 불초로 하여금 붓을 잡도록 하였다. 다음해(광해군 7년, 1615) 6월 보름께 그 책을 끝내고, 19일에 병을 얻어 7월 3일에 세상을 떠나니, 이는 곧 절필絶筆이다.……
>
> 내가 (선군자를) 생각하는 마음이 간절하여 슬픔을 이기지 못하고, 삼가 이를 써서 기록한다(한홍일, 『동국지리지』 서 ; 『논선』, 32쪽).

한백겸이 역사지리에 대한 상당한 관심을 나타냈다는 것을 알리기 위해서 이 글을 인용해보았다. 과거 역사지리에 대한 내용들은 잘못된 것이 많이 있는데, 고대로 올라가면 상당히 잘못된 것이 많았다. 예컨대, '낙랑군樂浪郡' 하면 그 장관이 조선현朝鮮縣에 있고, 한나라가 고조선을 점령해서 군의 이름을 낙랑군이라고 하고 현의 이름은 조선현이라고 해서 군의 장관(낙랑태수)이 조선현에 있었다. 현도군玄菟郡이 생겨난 것이 기원전 107년이니까 고구려라는 이름이 벌써 그때 있었다. 그러나 『삼국사기』에는 기원전 37년에 고구려가 건국된 것으로 되어 있는데, 이것은 잘못된 것이다. 아주 조그만 나라였겠지만 틀림없이 이때에도 고구려는 있었다. 그 후 현도군이 쫓겨나지만 고구려현은 여전히 존재해 고구려가 두 군데에 있으니까 혼돈이 있는 것이다. 고구려의 위치가 어디냐에 대해서도 논란이 있는데 압록강가라는 설도 있는 등 시기에 따라 다르다.

그러므로 역사지리에 대한 정확한 지식을 갖는다는 것은 역사를 올바로 연구하기 위해서 매우 중요한 일이 된다. 그런데 당시 한백겸 이외에도 여러 사람이 우리의 역사를 제대로 이해하기 위하여 역사지리에 대한 고증을 하였다. 역사지리에 특별히 관심이 컸던 신경준申景濬(1712~1781)의 『강계고疆界考』, 정약용의 『강역고疆域考』, 한진서韓鎭書의 『해동역사海東繹史』「지리고地理考」 등이 있으며, 이중환李重煥(1690~1756)의 『택리지擇里志』가 있다. 다 귀중하고 다 취할 바 의미가 있으나 그중 역사지리에 대해 가장 노력한 사람은 신경준이다. 신경준이 서문에 『강계고』를 쓰면서 고생한 바를 적었는데, 역사지리 연구의 어려움을 알려주는 대목이기에 인용하도록 하겠다.

> 또한 동인東人이 문자文字를 읽는데 음音(소리)이 있고 석釋(뜻풀이, 곧 우리말)이 있다. 고로 지명地名으로서 음音과 석釋의 두 가지로 행해지는 것으로는 현縣에 사평沙平 · 신평新平, 령嶺에 계립鷄立 · 마골麻骨이 있고(우리말로 사沙의 음音과 신新의 석釋이 같으며, 마골麻骨을 계립鷄立이라 부른다), 옛날에는 석釋으로 부르다가 지금은 음音으로 부르는 것으로는 덕물德勿이 덕수德水가 되고, 삼기三岐가 마장麻杖이 되는 것과 같고(모두 현명縣名인데 우리말로 수水를 물勿이라 부르고, 마麻를 삼三이라 부른다) (중략)

또 혹은 이속자俚俗字의 음音이 섞이기도 하고, 혹은 우리말로 말미암아서 와전訛傳되어 그 이름이 현란되어 바뀐 것도 있으니, 양良과 라羅가 같고, 소召와 조祚가 같으며(이속俚俗의 양자良字의 음音이 라羅와 같고, 소자召字의 음音이 조祚와 같다) (중략)

또 전란을 피해서 다른 지방에 붙어 있다가, 이로 인해서 옛 지방 칭호를 사용하여 신구新舊와 주객主客이 서로 섞이기도 하니, 거창居昌에 거제현巨濟縣의 칭호가 있고, 영청永淸에 영원현寧遠縣의 칭호가 있고, 위주渭州에 무주撫州의 칭호가 있는 따위가 그것이다.

그러므로 동방東方의 지지地志는 소략해서 고구할 수가 없거나 그렇지 않으면 난잡해서 의심스러운 바가 많다. (따라서) 의견이 분분하여 아직 단정적인 결론이 없다. 지금 우선 제서諸書의 기록을 나란히 적고, 거기에 우견愚見을 달아서, 훗날의 명자明者를 기다릴 뿐이다(신경준, 『강계고』 서 ; 『논선』, 47～48쪽).

그는 비록 겸손하게 말을 하고 있지만, 고심해서 연구를 한 결과 많은 업적을 남겨 새로운 것을 고증하였다.

국토에 대한 인식 중 둘째는, 역사 무대에 관한 것이다. 실학자들은 우리 역사문제를 한반도에 국한한 것에 대해서 상당한 의문을 가졌으며, 우리의 역사 무대를 왜 압록강과 두만강 남쪽으로 한정하느냐고 비판하며 역사 무대를 확장하기 위해 만주에 대해서 언급하였다.

고려가 발해사渤海史를 편수하지 않았으니 고려가 떨치지 못한 것을 알겠다. 옛날에 고씨高氏가 북쪽에 살면서 고구려라 하였고, 부여씨扶餘氏가 서남쪽에 살면서 백제라 하였으며, 박朴 · 석昔 · 김씨金氏가 동남쪽에 살면서 신라라고 하였으니, 이것이 삼국이다. 그러니 마땅히 삼국사三國史가 있어야 할 것이다. 고려가 이것을 편수한 것은 옳은 일이다. 부여씨가 망하고 고씨가 망하게 되니 김씨가 그 남쪽 땅을 가지고 대씨大氏가 그 북쪽을 소유하여 발해渤海라고 하였다. 이것을 남북국南北國이라고 한다. 그러니 마땅히 남북국사南北國史가 있어야 할 것이다.

그런데 고려가 이것을 편수하지 않은 것은 잘못된 일이다.

대체 대씨大氏라는 이는 어떤 사람인가. 바로 고구려의 사람이다. 그가 소유하였던 땅은 어떤 땅인가. 바로 고구려의 땅이다. 그리하여 그 동쪽을 더 넓히고 그 서쪽을 넓히며 그 북쪽을 넓히어 크게 만들었을 뿐이다. 김씨가 망하고 대씨가 망하게 되니 왕씨王氏가 그 땅을 통유統有하여 고려라고 하였다. 그 남쪽에 있는 김씨의 땅은 완전한 채로 있었으나 그 북쪽에 있는 대씨의 땅은 완전하지 못하였으니, 혹은 여진에 들어가고 혹은 거란에 들어가기도 하였다. 이때를 당하여 고려를 위하여 계책을 세우는 자는 마땅히 빨리 발해사를 편수해 가지고 여진을 꾸짖어 말하기를 "어찌하여 우리 발해의 땅을 돌려주지 않는가. 발해의 땅은 곧 고구려의 땅이다" 하고, 한 사람의 장군으로 하여금 가서 수복하게 하였다면 압록 이서以西의 땅을 가질 수 있었을 것이다. 마침내 발해사를 편수하지 않아서 토문 이북과 압록 이서의 땅으로 하여금 누구의 땅인지 알지 못하게 하였으니, 여진을 꾸짖고자 하나 할 말이 없고, 거란을 꾸짖고자 하나 그 말이 없었다. 고려가 드디어 약국弱國이 된 것은 발해를 차지하지 못하였기 때문이다. 한탄스러움을 이길 수 있겠는가(유득공, 『발해고』 서 ; 『논선』, 59~60쪽).

유득공柳得恭(1749~1807)은 만주 땅을 잃은 것에 대해서 절절하게 애통해 하고 있다. 이 글을 쓰면서 그는 아마 울지 않았을까 싶다. 그는 이 『발해고渤海考』에서 중국 사람은 발해 역사를 썼는데 우리나라 사람은 발해 역사를 쓴 사람이 없기 때문에 자신이 발해 역사를 쓴다고 하였다. 우리 역사 무대가 만주일대까지 뻗쳐 있었다는 것을 아주 강하게 인식하는 학자들이 나왔다는 것을 기억해야 할 것이다.

지금 북간도 만주일대에 가서 우리나라의 옛 땅이라고 하면 중국 사람들은 싫어한다. 굳이 이제 와서 그런 말을 할 필요도 없다. 한편, 발해는 말할 것도 없고 고구려의 역사까지 중국 역사에 포함해 쓰는 중국학자도 있다. 현재의 중국 땅에서 일어난 역사이기 때문에 다 중국사에 포함시키려고 하는 것인데 참 이상한 논리이다. 나는 이렇게 생각한다. 이탈리아 사람들이 과거 로마 제국의 영토라며 현재 그곳에 사는 사람들에게 지금에 와서 땅을 내놓으라고 하면 말이 되지 않는다. 즉 우리나라도 옛날 고구려, 발해 땅이니까 내놓으라고 하면 이치에 어긋나는 것이다. 전쟁을 하기 전에는 안 되는 일이다. 이처럼 민족주의라는 것이 미묘한 문제가 있는데 조심해야 할 부분이다. 역사를 연구하는 데 있어서는 민족이 주가 아니겠는가? 주인공이 역사를 만드는 것이지 땅이 역사를 만드는 것은 아니다. 고구려 사람은 우리의 조상이니까 고구려의 역사라는 것은 곧 우리의 역사다. 역사적인 관점과 현대적인 관점을 명확히 분리해서 판단에 잘못이 없도록 해야 할 것이다. 이 시대의 학자 중 안정복 같은 경우 상당히 보수적인 사람이지만, 그가 쓴 『동사강목』 같은 책은 이런 면에서는 매우 객관적으로 역사를 기록하였다고 평가할 수 있다.

셋째로 우리의 생활기반으로서의 지리책이 나왔다는 것이다. 지리라는 것은 사람이 사는 땅인데, 그중 대표적인 것이 『택리지』이다. 이중환은 죄를 짓고 벼슬을 할 수 없으니 사방을 돌아다니면서 안 가본 곳 없이 팔도를 다 돌아다니면서 그 지역의 지리를 살피고 인심을 살폈다. 『택리지』는 이렇게 전국을 돌아다니면서 살펴보고 어디가 사람이 살기에 적합한 곳인지를 쓴 인문지리서이다. 여기에는 사람이 사는 데 편안한 촌락, 동리를 선택하는 풍수지리설도 포함되어 있는데 아주 재미있고 좋은 책이다. 그중의 「사민총론」은 앞에서 언급했지만 다시 보면,

> 옛날에는 사대부士大夫가 따로 없이 모두가 같은 백성이었다. 백성에는 네 가지가 있는데 사士는 어질고 덕이 있으므로 임금이 벼슬시킨 백성이고, 벼슬하지 않는 백성은 농민〔農〕이 되고, 공인〔工〕이 되고, 상인〔賈〕이 되었다(「사민총론」; 『논선』, 45쪽).

라고 하였다. 옛날에는 사·농·공·상의 차별이 없었다. 순임금도 농사짓고 고기잡이 하다가 재상이 되고 임금이 되어 차별이 없었는데, 근래 와서 차별이 생겨 사대부는 높은 사람이고, 농민, 공인, 상인은 천한 사람으로 보았다는 것이다.

어떤 곳이 살기 좋은 곳이냐 하는 내용은 마지막 부분에 나와 있다.

> 그러나 사대부라는 이름을 잃지 않는 까닭은 옛 성인의 법도를 지키기 때문이니, 사士가 되었든 농·공·상이 되었든 막론하고 한결같이 사대부의 행실을 닦아야 하는데, 이는 예도가 아니면 해낼 수 없으며, 예도는 부유하지 않으면 유지되지 못한다. 그러므로 가정을 갖고 직업을 마련하여, 사례四禮를 가지고 위를 섬기고 아래를 거느려서 집안을 유지하는 계책을 세우지 않을 수 없다. 그러므로 사대부가 살 만한 곳을 장만하는데, 아마도 천시天時에는 이利·불리不利가 있고, 지리地理에는 선善·악惡이 있고, 인사人事에는 진進·퇴退와 출出·처處의 구별이 있기 때문이리라(「사민총론」; 『논선』, 46쪽).

천시天時는 자연현상을 말한다. 가령 비가 너무 온다거나 비가 너무 안 오는 사막지대는 안 된다. 지리에는 선과 악이 있다는 것은 풍수지리의 말인데, 요새도 역사학자 중에서 백두산 꼭대기에 가서 여기가 우리 민족의 근원이라고 하는 사람이 있다. 그러나 거기에는 우리 조상이 살았던 자취가 없다. 집자리도 없고 돌도끼도 안 나오고 거기에는 사람이 살 수 없다. 지리로 말하면 악한 곳이지만, 산이 높고 구름이 항상 끼어 있고 천지가 있으니까 신성하게 생각을 한 것이다. 뒤에 나지막한 산이 있고 앞에 강물이 있고 평야가 있어 농사가 잘되고 물 좋고, 풍수를 굳이 따지지 않아도 다 알 수 있다.

천시와 지리도 중요시했지만, 특히 인사人事에 대해서 상당히 중요하게 여겼다. 이 책에서 그는 각지에 사람 살기 좋은 곳을 이야기하다가 평안도가 살기 좋은 곳이라고 하였다. 왜냐하면 양반이 없기 때문이라고 하였다. 그러면서 세 가지(천시 · 지리 · 인사)를 이야기하였는데, 인사에 대해서 관심을 많이 가지고 살기 좋은 곳으로 평가를 하였다. 이런 기준은 오늘날도 마찬가지이다. 이처럼 천시 · 인사 · 지리를 기본으로 각 지역을 평가한 『택리지』는 이 당시로서는 진보적인 사상을 가진 지리서이며, 후대에까지 존경을 받고 높이 평가되고 있다. 오늘날 지리학을 연구하는 이들도 『택리지』를 중요하게 생각한다.

(5) 역사 발전론

실학자들 가운데는 도덕을 기준으로 하여 역사는 반복된다고 언급한 사람들이 있었다. 똑같은 역사가 반복하는 것으로 도덕적으로 선한 정치를 하면 나라가 잘되고, 도덕적으로 악하면 나라가 망하고, 국가의 흥망성쇠가 절대적인 것이고 흥망성쇠를 좌우하는 것은 바로 도덕이라고 보았던 것이다.

그런데 실학자들 중에는 도덕을 가지고 역사를 판단할 수가 없다는 생각을 가진 역사학자도 있었는데, 그가 바로 성호 이익이다. 이익의 사론에 관한 글로는 송찬식의 「성호의 새로운 사론」이 있다(송찬식, 「성호의 새로운 사론」, 『백산학보』 8, 1970 ; 『조선후기 사회경제사의 연구』, 일조각, 1997).

이익의 글 중에 「역사를 읽고 성패를 헤아린다」라는 논문이 있는데, 여기서 그는 역사라는 것은 도덕만 가지고 되는 것이 아니라고 이야기하고 있다.

> 역사란 성패成敗가 이미 결정된 후에 쓰이기 때문에, 그 성패에 따라 아름답게 꾸미기도 하고 나쁘게 깎아내리기도 하여 마치 당연한 것처럼 만든다. 또한 선한 쪽에 대해서는 그 잘못을 많이 숨기고, 악한 쪽으로부터는 그 좋은 부분을 반드시 없애버린다. 따라서 어리석음과 슬기로움에 대한 판별이나 선악에 따르는 응보應報가 마치 징험할 수 있는 것처럼 보이기도 한다. 그러나 당시에 훌륭한 계책이었

는데도 이뤄지지 못했고 졸렬한 계획이었는데도 우연히 화를 피했으며, 선한 가운데 악이 있었고 악한 가운데 선이 있었다는 것을 모른다. 천 년이 지난 뒤에 어떻게 참으로 옳고 그름을 알 수 있겠는가(이익, 『성호사설』 경사문經史門 「역사를 읽고 성패를 헤아린다〔讀史料成敗〕」; 『논선』, 35쪽).

역사책을 쓰는 것은 성패가 결정된 뒤에 승자가 자기 입장에서 역사를 쓰는 것이니까 패한 사람은 나쁘게 쓰고 자기는 좋게 쓰기 마련이다. 자신의 나쁜 점은 다 가리고 좋은 것만 부각해 쓰고, 상대방은 좋은 것이 있어도 나쁜 것만 쓴다. 그러므로 후대에 남아 있는 역사를 가지고 진짜 역사를 복원하는 것은 불가능하다. 이에 대해 이익은 이어서 다음과 말하였다.

이 때문에 사서史書에 의거하여 그 성패를 헤아리면 그럴듯한 부분이 많다. 그러나 오늘날 목격되거나 드러난 바에 따라 헤아려 살피면 십중팔구는 합치하지 않는다(「역사를 읽고 성패를 헤아린다」; 『논선』, 35~36쪽).

다만 여기서 역사적 사실에 대한 회의론, 역사의 진실이라는 것은 알 수 없지 않은가 하는 생각은 좀 곤란한 것 같다. 진실은 밝혀낼 수 있다고 생각한다. 뒤에서 일을 꾸미면 모르고 지나갈 수 있을 것 같지만 반드시 나타나게 되어 있다. 몇 년 뒤 혹은 수십 년 뒤 언젠가는 밝혀지게 되어 있다. 조선 왕조에서 정도전鄭道傳이 아주 나쁜 것처럼 되어 있지만 정도전이 아니었으면 조선 왕조는 세워질 수 없었다. 이처럼 억울하게 매도당한 정도전의 원한을 이상백 선생이 풀어주었다는 사실은 앞에서 언급한 바 있다(이상백, 「삼봉인물고」, 『진단학보』 2·3, 1935 ; 『조선문화사연구론고』, 을유문화사, 1947).

이익은 현재 자신이 경험한 바로는 악한 사람이 영의정이 되고 선한 사람은 다 궁핍하게 살며 실학자들은 학문적으로 높으나 한 사람도 관리가 되지 못했다고 하였다. 그러면서 도덕적으로 역사라는 것은 무엇이냐, 시세·형세·대세라고 설명하였다.

> 때문에 나는 "천하의 일에는 처한 바의 형세가 제일 중요한 역할을 하고 행운의 여부가 그다음이며, 옳고 그름은 제일 아래다"라 말한다(「역사를 읽고 성패를 헤아린다」; 『논선』, 36쪽).

역사라는 것은 형세, 시세, 당시의 대세가 중요하다는 것이다. 형세라는 것은 사람이 어떻게 할 수 없는 것이다. 내가 선하다고 형세가 좋아지는 것도 아니고 악하다고 형세가 나빠지는 것도 아니다. 이것은 객관적인, 역사적인 추세다. 도덕에서 독립된 객관적인 형상이 형세다. 그 형세가 역사를 좌우한다는 것이다.

그러면서 이익은 구체적으로 당쟁을 예로 들었다. 이익은 당쟁에 관심이 많았는데 붕당을 형세론으로 설명하였다. 당쟁의 원인에 대해 지금껏 이익만큼 명확하게 해명하는 사람이나 학자는 없을 것이다. 당쟁에 관한 글은 요즈음에도 많이 쓰이고 있지만 이익이 가장 핵심적인 문제를 건드리는 것 같다.

다음 글에서는 역사적인 형세라는 것이 어떤 것인가 하는 이익의 생각을 알 수 있다.

> 붕당朋黨은 투쟁鬪爭에서 생기고 투쟁은 이해利害에서 생기므로, 이해가 절박하면 붕당관계도 깊어지고 이해관계가 오래가면 붕당관계도 굳어짐은 형세가 그렇게 만드는 것이다.
>
> 무엇 때문에 그렇게 되는지를 분명히 아는가. 여기에 열 사람이 있어 모두 굶주

렸는데, 밥 한 그릇을 함께 먹게 되면 밥그릇을 비우기도 전에 싸움이 일어난다. 이를 따져보면 말이 불손한 자가 있을 것이다. 그러면 사람들은 모두 이 싸움을 말 때문에 일어났다고 믿을 것이다. 다른 날 또 밥 한 그릇을 먹어도 밥그릇을 비우기도 전에 싸움이 일어날 것이다. 이를 따져보면 얼굴빛이 공손하지 못한 자가 있을 것이다. 그러면 사람들은 모두 이 싸움은 얼굴빛이 공손하지 못했기 때문에 일어났다고 믿을 것이다. 또 다른 날에 이와 같은 경우가 있어 따져보면 동작이 나쁜 사람이 있을 것이다. 드디어 한 사람이 이런저런 말로 선창하면 여러 사람이 화창하여 처음에는 대수롭지 않던 일이 종내는 크게 된다. 말을 할 때면 입에 거품이 일고 성낼 때면 눈초리가 찢어질 듯하니 어찌 그렇게도 과격한가. 거리를 다니는 것을 살펴보면 오는 자는 팔을 흔들고 가는 자는 발꿈치를 일으키는데 그 말과 얼굴빛이 공손하지 못하고 동작이 고약한 자들이 많다. 그러나 이 자들 사이는 밥 한 그릇을 함께 먹다가 싸우던 것과 같은 일은 없었다.

따라서 오늘날 싸우게 된 원인은 밥이 적기 때문이고 말이나 얼굴빛이나 동작에 있지 않았음을 알 수 있다. 그러나 그 말단만 책하는 자는 그들의 말하던 바만 보고 "말만 공손하게 하였더라면 이 싸움은 없었다" 고 하며, 그들의 얼굴빛만 보고 "얼굴빛만 공손하였더라면 이 싸움은 없었다" 고 하는 것이다. 그리하여 그 이해의 근원을 알지 못하니 그 잘못은 구원할 수 없게 된다. 가령 오늘은 밥이 한 그릇뿐이라 싸웠으나 다음날에는 각상各床에 차려서 배부르게 먹게 하여 싸우게 된 원인을 없앤다면 한때 헐뜯고 나무라던 사이는 서로 타협이 되어 무사하고 다시 남는 노여움도 없을 것이다(이익, 「붕당론朋黨論」, 『성호사설』; 『논선』, 40~41쪽).

그야말로 명쾌하게 설명되어 있다. 관직의 수는 제한되어 있는데 관직에 오르고 싶어하는 사람은 많기 때문에 당쟁이 일어나는 것이고, 이것이 바로 시세時勢라는 것이다.

그런즉 어찌하면 옳은가. 그것은 과거科擧를 드물게 보며, 난잡한 진출을 막으며, 성적을 밝혀서 용렬한 자를 도태시키는 것이다. 그런 다음에 높은 벼슬을 아껴

> 서 많이 주지 말 것이며, 승진을 삼가서 경솔하게 도약하지 말 것이며, 재간에 맞추도록 힘써서 관직을 자주 옮기지 말 것이며. 이利를 넘보는 구멍을 막아서 민심民心이 안정되도록 할 것이다. 오직 이와 같이 할 뿐이며 그렇지 않으면 비록 죽이더라도 (붕당을) 금할 수가 없다(「붕당론」; 『논선』, 44쪽).

이익은 시세라는 말을 가지고 설명을 했는데, 그는 형세가 역사를 발전시킨다는 말은 하지 않았다. 사실 발전이라는 말은 역사가 변해가는 것으로서 진보와는 다른 말이다. 정약용은 명백히 역사에 진보라는 개념을 도입하였다. 역사는 진보한다. 물질문명, 기계문명은 진보한다. 정약용은 사람과 동물에 차이가 나는 것은 기술을 가지고 물건을 만들 수 있는 데 있다고 보았다. 그리고 제아무리 성인聖人 공자라도 공자 한 사람보다는 여러 사람의 지혜를 모음으로써 기술이 발달하고 시대가 내려오면 내려올수록 기술은 더욱 발달한다는 것이다.

그는 옛날에는 중국을 존중했으나 지금 인륜도덕은 우리나라가 다 가지고 있으니 볼 것 없지만, 중국의 새로운 최신 기술은 받아들여 배워야 한다고 했는데 그것을 북학北學이라고 하였다.

> 하늘은 금수禽獸에게 발톱을 주고 뿔을 주고 단단한 발굽과 날카로운 이빨을 주고 독毒도 주었다. 이로써 각기 그 하고자 하는 바를 얻을 수 있고, 재앙되는 것을 막을 수 있도록 하였던 것이다.
>
> 반면에 인간에게는 발가벗은 연약함을 주었다. 마치 그 생명을 부지하는 것도 어렵게 하려는 듯하다. 하지만 어찌 하늘이 미천한 금수에게는 너그러우면서, 고귀한 인간에게 야박하리오. 인간에게는 지려智慮(지혜智慧)와 교사巧思(사고思考)가 있다. 그것으로 하여금 익혀 기예技藝로 삼음으로써 자급自給할 수 있는 것이다.
>
> 그런데 지려의 헤아려 궁구하는 바에는 한계가 있으며, 교사의 깊이 조사·연구

하는 데에는 단계가 있다. 따라서 비록 성인聖人이라도 많은 사람들이 공동으로 의논한 바에는 당해내지 못한다. 또한 비록 성인이라도 하루아침에 그 훌륭함을 다 이룰 수는 없다. 따라서 사람들이 더욱 모일수록 그 기예는 더욱 정교해지고, 세대世代가 흐를수록 그 기예는 더욱 공교로워진다. 이는 형세가 그리되지 않을 수 없는 것이다.

그러므로 시골에 사는 사람들은 읍내邑內에 있는 공장工匠의 솜씨만 못하고, 읍내 사람들은 유명한 읍성邑城이나 큰 도시에 있는 공장의 기교만 못하며, 유명한 읍성이나 큰 도시의 사람들은 서울에 있는 공장의 새롭고 교묘한 제작 솜씨만은 못하다. 저 궁벽한 마을에 사는 자가 오래 전에 서울에 왔다가, 처음으로 만들어서 아직 완전하지 못한 방법을 우연히 얻어 듣게 되었다. 그리고는 기쁜 마음으로 돌아가서 시험해본 다음, 속으로 자신만만하여 말하기를, "천하에 이 방법보다 더 나은 것은 없다" 하면서 아들과 손자들을 모아 놓고 훈계하기를, "서울에서 말하는 소위 기예技藝라는 것을 내가 모두 배워 가지고 왔다. 지금부터는 서울에서도 다시 더 배울 것이 없다"고 했다. 이런 사람이 하는 짓이란 거칠고 나쁘지 않은 것이 없다.

우리나라에 있는 온갖 공장工匠들의 기예는 모두 옛날 중국에서 배워온 방식인데, 수백 년 이래 칼로 벤 것처럼 딱 잘라 다시는 중국에 가서 새로운 것을 배우려는 계획을 세우지 않았다. 중국에는 새로운 방식과 교묘한 제도가 나날이 증가하고 다달이 불어나서 수백 년 이전의 옛날 중국이 아니다. 그런데도 우리는 막연하게 서로 묻지도 않고 오직 옛날의 방식만을 편케 여기고 있으니 어찌 그리 게으르단 말인가(정약용, 「기예론技藝論」, 『여유당전서』 권1 ; 『논선』, 72~73쪽).

많은 사람의 지혜를 모아야 하고, 그 지혜가 쌓여서 시대가 내려와야 되고, 큰 도시의 것과 중국의 새로운 기술을 배워서 발전시켜야 우리 사회가 발전한다는 것이다. 여기에는 분명히 진보에 대해서 나오고 있다.

(6) 고증적 연구방법

마지막으로 실학자의 고증적인 연구방법에 대해서 살펴보자. 실학자들은 지금까지 모든 부분에 관해서 연구하는 데 상당히 실증적이고 고증적인 현대적인 연구방법을 취하였다. 이들은 우선 사료를 많이 모았다. 사료가 없으면 올바른 결론을 얻지 못한다. 사료를 모을 때는 자기에게 유리한 사료 외에 반대되는 사료도 모아야 한다. 한쪽으로 치우친 사료만 보고 결론을 내리면 반대 사료를 들이댔을 때 자신이 내린 결론이 무너지게 되기 때문이다. 그러므로 가능한 한 사료를 많이 모아야 한다. 그것이 역사학의 기본이다.

많은 실학자들이 사료를 모으기 위해 노력하였다. 한치윤韓致奫(1765~1814)의 『해동역사海東繹史』라는 책의 서문은 유득공이 썼는데, 이들은 아주 가까운 친구였다. 한치윤은 우리나라의 사료만으로는 안 되겠다 싶어서 외국의 사료, 중국의 사료, 일본의 사료를 열심히 모아서 『해동역사』 앞에 참고한 책의 목록을 적어놓았다. 그 양이 무려 544책이나 된다. 『해동역사』를 보면 중국이나 일본 학자들이 우리나라 역사에 대해서 한 말을 거의 완전히 볼 수가 있다.

나의 은사였던 이병도 선생은 참 많은 것을 알고 계셨는데, 이름도 생소한 중국서적들을 인용해서 거기에 대한 설명을 하시고는 하였다. 저것을 어떻게 찾아내었나 궁금했는데, 나중에 『해동역사』를 보니까 거기에 다 있었다. 한 예로 고려청자가 천하제일이라고 한 내용이 담긴 것이 『수중금袖中錦』이라는 중국책인데, 그 실물을 본 사람이 하나도 없고 『해동역사』에 나와 있을 뿐이다. 한치윤이 자료수집에 얼마나 애를 썼는지 잘 보여주는 사례이다.

> 내 친구 한대연韓大淵(한치윤韓致奫) 진사進士는 성품이 조용하고 서적 모으기를 좋아했는데, 문을 닫고 옛일을 상고하다가 개연慨然히 동사東史에 뜻을 두게

> 되었다. 나와 의논이 없었음에도 그 뜻하는 바가 서로 같았으며, 또 그것을 궁구窮究하고 넓히어 정사正史 밖의 자료까지도 상고하였다. 우리 동방東方 수천 년 동안의 사실을 경전經傳으로부터 총서叢書나 패사稗史의 흩어져 있는 것에 이르기까지 거의 다 주워 모아서 베끼고, 또 손으로 칼질하고 풀칠해서 떼어 냈다가 다시 합치고 합쳤다가 다시 떼어 냈다. 머리에 빗질도 못 하고 땀을 흘리며 거의 침식을 잊고 육 년 동안 힘을 기울여 비로소 분류하고 조목을 세워 하나의 책을 이룩했다. 이 책은 여러 권으로서 세기世紀가 있고 열전列傳이 있으며, 천문天文 · 지리地理 · 예악禮樂 · 병형兵刑 · 관씨官氏 · 예문藝文 등도 각자 그 지志가 있어서 뚜렷한 하나의 사서史書가 되었는데, 이름하기를 『해동역사海東繹史』라 했다. 내가 뜻은 있으면서도 이루지 못하던 것을 하루아침에 얻었으니, 또한 쾌한 일이 아니랴(유득공, 『해동역사』 서 ; 『논선』, 68쪽).

6년 동안 노력을 이룬 것이다. 많은 자료를 수집해서 고증하고 자기 의견을 첨가했다. 그런데 여기에 덧붙인다면 오늘날은 마지막 확인작업이 필요하다. 『해동역사』만으로는 안 된다. 베끼는 과정에서 글자를 잘못 쓴 것도 있고 긴 문장을 줄이기도 하므로, 학문이라는 것은 정확해야 하니까 원본을 찾아서 대조를 해야 한다.

『해동역사』에서 옥저沃沮에서 면綿을 썼다는 부분이 나온다(『해동역사』 권26, 물산지物産志 포백류布帛類). 사정을 잘 모르는 어떤 학자는 이 대목을 보고 고려 말 문익점이 원나라에서 목면을 들여왔다는 정설을 뒤엎으려고 새로운 것을 찾아낸 것처럼 말을 하지만, 이 책의 설명을 보면 여기서의 면은 목면木綿이 아니고 누에고치를 가지고 쓸 만한 실은 뽑아내고 마지막 남은 찌꺼기를 천과 천 사이에 넣어 옷을 따뜻하게 한 것이라고 되어 있다. 그걸 가지고 곧이곧대로 면이라고 해석하여 문익점설을 뒤엎은 듯이 삼국보다 이전에 목면을 길렀다는 식으로 이야기하는 역사가가 있다.

실학자들의 역사서술 중 마지막으로 학설이 다른 것에 대해 정확히 밝히는 작업, 즉 이설異說을 고증하는 것이 있다. 안정복은 『동사강목』에서 이것을 열심히 했다. 역사상의 설이 다른 것을 정확하게 고증하고 신화 전설을 비판하였다. 예를 들어 단군에 대해서 단군이 우리나라의 최초의 임금이니까 보통사람과 다른 신성하고 비상한 것이 있었을 터이지만, 『삼국유사』의 내용처럼 아버지가 하늘에서 내려오고 곰이 마늘과 쑥을 먹고 사람이 되었다는 식의 일이 어떻게 있을 수 있겠냐는 것이다. 18세기에 안정복이 한 이야기인데 요새 와서 그것도 모르고 뚱딴지같은 소리를 하는 사람이 있으니 참으로 한심하다. 요새 역사학이 실학보다 후퇴하고 있는 면도 있다. 이래서야 우리 역사가 어떻게 발전하겠는가 하는 생각을 하곤 한다.

이러한 경향의 이후는 이규경李圭景(1788~1856)의 『오주연문장전산고五洲衍文長箋散稿』로 나타나는데, 이 책은 각종 사실에 대한 변증설辨證說로 일관하고 있다. 한편 김정희金正喜(1786~1856)의 진흥왕순수비眞興王巡狩碑에 대한 연구인 『금석과안록金石過眼錄』 같은 저술도 나타났다. 변증설은 가려서 증명하는 학설, 즉 고증이라는 말이다. 일본학자들이 우리나라에서 진흥왕순수비에 관심을 많이 보이며 연구를 하였는데 어떤 책은 완당 김정희의 글을 그대로 번역한 것도 있다(今西龍, 「新羅眞興王巡狩管境碑考」, 『新羅史研究』, 日本 : 近澤書店, 1933). 그 정도로 근대적인 성격을 띤 고증을 한 것이다.

2. 신분제 개혁을 위한 중간계층의 역사학

19세기 접어들어서 혈통에 의해서 자자손손 특권이 이어지는 신분제도를 타파하자고 주장하는 중간계층 사람들이 역사를 써나가기 시작하였다. 이에 대해서는 내가 쓴 「19세기 한국사학의 새 양상」(『한우근박사정년기념사학논총』, 1981 ; 『한국사상의 재구성』, 일조각, 1991)이라는 논문을 주로 참고하여 설명해나가겠다.

(1) 서얼의 역사

서얼庶孼에 대한 차별대우는 조선 이전 신라 때부터 있어왔던 것으로 추정된다. 『김유신행록金庾信行錄』을 보면, 김춘추가 문희와 결혼하기 전에 부인이 한 명 있었다. 그런데 그 부인과의 사이에 있던 여러 아이들은 문희가 낳은 자식과는 달리 신분이 매우 낮았던 것으로 『삼국사기』에 기록되어 있다. 이로 미루어보아 신라 때에도 서얼에 대한 차별이 있었던 것으로 추정할 수 있다(전길희, 「신라시대 서족에 대한 소고」, 『이대사원』 2, 1960).

조선시대에는 결혼의 순서와 상관없이 그 신분이 낮으면 첩으로 지정되었다. 그러나 특별히 왕명으로 허락을 받으면 정처正妻의 구실을 할 수 있었다. 이러한 첩의 자식은 부모를 부모라 부를 수도 없었으며, 갖은 차별대우를 받았고, 문과에는 응시할 기회조차 주어지지 않았다. 이때 서얼이라 함은 어머니가 첩일 때뿐만 아니라 할머니가 첩일 때에도 해당된다. 이러한 서얼차대庶孼差待에 대해 반대하는 생각은 17세기 소설 『홍길동전』에 잘 드러나 있는 것으로 보아 상당히 일찍부터 존재한 듯하다. 그러나 이와 관련한 내용을 담은 실질적인 역사책이 쓰이기 시작한 것은 100년 후나 지나서인데, 『규사葵史』〔철종 10(1859)〕가 그 처음이다.

『규사』는 서얼의 역사이다. 이는 대구 서쪽 지방의 유생이 서얼제도 철폐를 주장하면서 활성화되었다. 이곳에 서얼들이 모여, 율곡栗谷 이이李珥를 존경하고 모시면서 책으로 편찬하는 작업을 시작하였다. 이는 심희순沈熙淳(1819～?)이 쓴 『규사원편葵史原編』의 서문에 잘 나와 있다.

> 사종숙四從叔 심의순沈宜淳이 이를 수집하였는데, 내가 그 사史를 보니 벼슬길이 막히고 (이를) 소통하는 사이에 천리天理와 인정人情의 선악이 여기에 거의 나타났다. 그리고 (자료를) 수집한 공은 진실로 세상을 위하여 선을 권하고 악을 징계하는 데 보탬이 있었다. 이에 감격하고 탄복하면서 쓴다(심희순, 『규사원편』 서 ; 『논선』, 82쪽).

『규사』는 서얼의 역사를 연대순으로 기록하고 있다. 서얼차대는 서얼출신인 정도전을 미워하던 서선徐選의 건의로 태종 13년(1413)에 실행되었다. 『규사』에는 서얼차대를 주장하던 서선을 보고, 그의 아내가 자손이 끊길 것이라고 예언하였다는 기록이 있다. 이는 진실성 여부와 상관없이 서얼들이 자신들의 차대를 주장한 서선은 천벌을 받아 마땅하다고 판단하였기에 이렇게 기록하면서 울분을 표출한 것이다. 선조 대에 이르러 율곡 이이가 서얼차대 철폐에 관한 상소문을 올리게 되는데, 선조는 이를 받아들인다. 이때 선조는 "해바라기(규葵)는 줄기의 것이나 곁가지의 것이나 모두 태양을 향해 기우는 것은 마찬가지"라고 일렀다. 여기서 줄기의 꽃은 적자를, 곁가지의 꽃은 서얼을 가리키는 것이다. 즉, 적자이든 서얼이든 임금에 대한 충성심은 마찬가지라는 뜻이다. 이런 유래에서 책의 이름이 『규사』가 된 것이다.

> 우리나라의 청직·요직의 품계와 관직은 오로지 지위와 문벌 있는 세가世家만을 숭상하면서 오직 서얼에 대해서는 벼슬길에 나감을 막는 것은 무슨 까닭인가. 뿌리는 가지에 의존하고 가지는 뿌리에 붙어 있는 것이 줄기이다. 줄기에 혹은 종기 같은 게 있더라도 가지가 혹 무성히 자랄 수 있으니, 천리天理가 원래 적자를 돕고 서자를 억누르는 일이 없음을 알 수 있다. 그렇다면 (서얼을) 벼슬길에 나가지 못하게 함이 어찌 사람이 한 일이 아니겠는가(『규사원편』 서 ; 『논선』, 81~82쪽).

> 지금 고려조高麗朝의 널리 알려진 사람으로 시작하여 아조我朝(조선朝鮮)의 제

> 현諸賢으로서 뛰어나서 세상이 모두 아는 자를 『규사葵史』의 끝에 나란히 서술하여 오당吾黨이 일찍이 사람이 없지 않았음을 표시하려고 함이다. 또한 뒤에 오는 사람들을 권면하여 스스로 유속流俗에서 빼어나게 함으로써 그 성명姓名을 여기에 계속해서 써넣는 자가 날로 더욱 많게 하면 이것이 어찌 오당吾黨의 영광만일 것인가(대구 유생, 『규사』 현인록 발문跋文 ; 『논선』, 83쪽).

또한 『규사』는 「현인록賢人錄」에 서얼 출신의 어진 사람들에 관한 기록을 담고 있다. 이는 서얼 출신에도 양사언楊士彦(1517~1584), 송익필宋翼弼(1534~1599) 등과 같은 훌륭한 선인들이 많이 있음을 알리면서 안으로는 자신들의 사기를 진작하고, 밖으로는 서얼에 대한 홍보를 하고자 하였던 것이다.

요컨대 『규사』와 같은 서얼의 역사가 기록된 것에는 두 가지 목적이 있다고 할 수 있다. 무엇보다 서얼 차별을 하지 말고 공평하게 등용할 것이며, 나아가 서얼 자신들은 스스로 노력을 많이 하여 타의 모범이 되는 훌륭한 사람이 되라는 주장을 하기 위함이다. 그를 위한 방법으로 문학작품과 달리, 거짓과 과장이 없는 역사기록을 택하였다는 데에 『규사』의 큰 의의가 있다고 볼 수 있겠다.

(2) 향리의 역사

향리의 역사는 『연조구감掾曹龜鑑』에 잘 기록되어 있다. 이때 '연조'는 향리鄕吏의 관칭을 말하는 것으로, 연조의 훌륭한 역사, 또는 향리들의 역사라는 뜻을 가진다. 저자는 이진흥李震興(1731~1777)인데, 실질적으로 그의 증손자인 이명구李明九(1799~1874)가 이 책을 편찬해냈다〔헌종 14년(1848)〕. 이진흥은 사과司果라는 경주 지방의 향리이다. 『연조구감』 가운데 제일 중점이 되는 부분은 「관감록觀感錄」이다.

「관감록」이라 함은 보고 느끼는 기록이라는 뜻으로서, 여기에는 향리 출신에 대하여 연대순으로 기록되어 있다. 즉, 서희徐熙의 아버지인 서필徐弼, 후에 문하시중까지 역임한 해동공자 최충崔冲, 함유일咸有一 등 고려 초부터 자신이 살던 조선대에까지 향리들의 전기문이 실려 있는 것이다. 이러한 전기문을 기록한 데에는 관리를 등용함에 있어서 문벌이나 신분에 따르지 말고 능력을 기준으로 하라고 주장하는 데에 그 첫 번째 목적이 있었다.

> 그러나 후세에는 그렇지가 않아서, 오로지 문지門地로써만 사람을 등용하였다. 그러므로 뛰어나고 특이한 능력을 지닌 선비라도 측미側微한 집안에서 태어나면 길이 막혀 벼슬할 수가 없다. 주현州縣에서 벼슬살이하던 사람은 연자방앗간에서 맷돌을 돌리는 눈 가려진 당나귀처럼 이서吏胥의 길을 벗어날 수가 없다. 선비 또한 이러한 처지 때문에 자중自重하지 못하고 끝내 낮고 천한 지경에 빠져버린 자마저 있다. 오호라, 어찌 애석하지 않으랴(이민행李敏行, 『연조구감』 서 ; 『논선』, 77쪽).

또한 향리의 근본을 따져 보며, 양반의 자손과 다를 바 없음을 증명하고자 하였다. 궁극적으로는 둘 사이에 차이가 없음을 역사적으로 설명함으로써 자신들이 차별받아야 할 이유가 전혀 없음을 말하고자 하였던 것이다.

이렇듯 『연조구감』을 편찬한 의도를 짐작할 수 있는데, 무엇보다도 종래에 양반과 향리를 마치 그 신분이 원초부터 구별되어온 것같이 생각하는 잘못을 깨우치려고 하는 데 그 목적이 있었다. 그리고 그 잘못을 깨우치는 방법은 그렇지 않았던 옛날의 역사적 사실을 제시하는 것이라고 저자는 믿었던 것이 분명하다. 『연조구감』이 일종의 역사서로 편찬된 까닭이 여기에 있다.

(3) 중인의 역사

조희룡趙熙龍(1789~1866)의 『호산외기壺山外記』는 중인中人 출신 인물들의 전기이다. 유재건劉在建(1793~1880)의 『이향견문록里鄕見聞錄』 또한 마찬가지이다. 이 『이향견문록』의 서문을 조희룡이 썼는데, 그는 이 글에서 『호산외기』를 지은 까닭을 다음과 같이 말하고 있다.

> 저 이항里巷의 사람에 이르러서는 이미 칭찬할 만한 경술經術도 훈업勳業도 없으나, 혹은 그 언행言行이 기록할 만한 것이 있으며, 혹은 그 시문時文이 전할 만한 것이 있을지라도 모두 적막한 가운데서 풀처럼 시들어지고 나무처럼 썩어버린다. 아아, 내가 『호산외기壺山外記』를 지은 까닭이 여기에 있다(조희룡, 『이향견문록』 서 ; 『논선』, 84쪽)

조희룡은 추사 김정희의 제자로서 글과 그림에 능한 사람이었다. 그의 『호산외기』는 중인의 전기문 모음으로, 역관, 화가였던 김홍도金弘道 · 최북崔北, 가객歌客 임희지林熙之, 마부 출신 의관 이동李同, 엄씨 집안의 열부였던 엄열부嚴烈婦, 그 밖에도 바둑을 잘 두는 사람이나 승려, 신선 등의 이야기가 기록되어 있다. 오늘날 우리가 김홍도에 대해 전해들을 수 있는 것도 모두 『호산외기』 덕분이다. 이런 중인들은 아무리 훌륭하고 출중하더라도 나라에서 편찬하는 정사에는 절대로 실릴 수 없었는데, 그런 인물들의 이야기를 적어놓은 것이다.

『호산외기』에 등장하는 인물들은 공통적으로 양반층의 부귀공명에 반발하는 정신적 경향을 지니고 있다. 그들은 우선 결코 관직을 탐탁하게 생각하고 있지 않았다. 그리고 양반관료들에 대해서 심한 반발심을 노골적으로 나타낸 인물들도 서술되고 있다. 조희룡은 이러한 인물들을 골라서 전傳을 지어 후세에 전하였다. 그리고 각 전마다에 찬贊을 지어서 그들을 찬양하다시피 하고 있다. 특히 『호산외기』는 옛 책에서 읽어 습득한 것이 아니라, 직접 보고 들은 것만을 취급하였다는 데에 큰 의미가 있다. 조희룡이 서술한 중인들은 그가 직접 사귄 사람들이거나 혹은 그들로부터 이야기를 들은 사람들이었다. 예를 들면 임희지는 일찍이 그에게 돌 그림 하나를 그려준 일이 있는 사이였다. 그보다 4세 연하이면서 요절한 박기연朴基淵은 서로 사귀던 인물이었다. 또 앞선 시대의 인물들에 대한 이야기는 그들을 잘 아는 사람으로부터 직접 들은 것을 적은 것이었다. 김홍도에 대한 이야기도 조희룡 자신이 서로 친하다고 쓰고 있지만 김홍도의 아들 김양기金良驥로부터 들은 것임이 분명하다. 엄열부의 이야기는 그의 구舅(시아버지)인 엄성간이 울면서 말한 것을 듣고 적은 것이었다. 따라서 『호산외기』는 동시대인의 전기라 할 수 있으며 그런 까닭으로 인용서가 있을 여지가 없는 전기서傳記書라고 할 수 있다. 이는 그의 『호산외기』 서문에도 잘 드러난다.

> 내가 집에 있으면서 심심하여 귀로 듣고 눈으로 본 것을 가지고 몇몇 사람의 전기傳記를 기록하였다. 다행히 이 전기가 천지간天地間에 남아 있다가 뒷날 읽는 이로 하여금 지금 사람이 옛일에 대한 것처럼 하고자 한다. 이에 대담하게 마음 놓고 빨리 내리써 놓고 수염을 쓰다듬으며, 후인後人이 고서古書를 읽는 것처럼 읽었다. 그러고 나서 생각하니 어리석고 망령된 짓이다. 옛사람의 언행言行이 전할 만한 것이 전해지는 것이나, 또 꼭 전할 만한 것도 아니면서 전해지는 것도 대인大人의 위대한 문장을 빌린 뒤라야 전한다. 내가 어찌 그런 사람이겠는가. 장차 찢어서 불태워버리려고 하였으나 미처 그럴 틈이 없었다. 그리고 가만히 생각하니 느끼는 바가 없지도 않다. 이항里巷의 몇몇 사람에 관한 이야기가 후세에 전할 만한 것일지라도 무엇에 의지하여 그렇게 될 수 있겠는가. 세상에 대인大人 거필巨筆이 나와서 혹 그 사람들의 이야기를 알고자 한다면 이 책에서 참고할 수 있을 것이다. 그래서 우선 그냥 남겨 두기로 하였다(『호산외기』 서 ; 『논선』, 79~80쪽).

(4) 중간계층 역사학의 특징

『규사』, 『연조구감』, 『호산외기』 등 이들 저서가 지니는 공통적인 특징은,

첫째로 그것이 사회사적 성격을 띠고 있다는 점이다. 즉, 『규사』는 서얼 문제를, 『연조구감』은 향리 문제를, 그리고 『호산외기』는 중인 문제를 각기 다룬 책이다. 그러므로 이들은 사회사 중에서도 특히 신분제도사에 큰 관심을 나타내고 있는 것이다.

두 번째 특징은 전기에 관심이 높다는 점이다. 『연조구감』의 가장 중요한 부분은 「관감록」인데, 이것은 완전히 전기적인 것이다. 『연조구감』은 향리 출신 인물들의 전기를 중심으로 향리제도에 관한 몇 가지 서술이 첨가된 것으로 볼 수 있다. 『호산외기』는 완전한 전기집이다. 여기에는 그 밖의 다른 어떤 것도 첨가되어 있지가 않다. 다만 『규사』만은 대부분이 서얼차대에 관련되는 기록들을 연대순으로 나열한 연대기이며, 따라서 다른 둘과는 차이가 있다. 그러나 여기에도 「현인록」이 있으며, 이것도 역시 전기이다. 그리고 『규사』의 편자는 이 「현인록」의 중요성을 강조하고 있다. 이같이 이들 저서에서 전기에 대한 관심이 큰 것은 요컨대 신분제도사가 해당 신분에 소속된 인간들의 역사로서 파악된 때문이라고 하겠다. 그런 점에서 이들 저서는 인간 중심의 역사서술이었다고 말할 수 있다.

세 번째는, 이들 저서가 모두 현재의 신분제도에 대한 개혁을 주장하는 현실적인 관심을 강하게 지니고 있다는 사실이다. 『규사』는 서얼차대의 폐지를, 『연조구감』은 향리의 지위 향상을, 그리고 『호산외기』는 중인의 대우 개선을 주장하고 있다. 비록 방법은 다르지만 부당한 신분적 차별 철폐를 요구하는 외침은 모두 같은 것이다. 다만 그들의 개혁은 자신들이 속한 신분층의 지위를 향상시켜 양반신분층에 참여하기를 원하는 것이지, 그들 밑의 농민층이나 상공업자들까지도 평등한 사회적 권리를 누리게 하자는 것은 아니었다. 여기에 그들의 주장에 한계성이 있기는 하지만, 그렇더라도 새로운 시대적인 추세를 반영한 것으로 보아야 할 것이다.

넷째로 지적하고 싶은 것은 사료의 새로운 발굴이다. 새로운 내용을 새로운 방법으로 서술하려고 할 때에 그 사료가 새로운 것임은 당연한 일이다. 『규사』에서는 이를 특별한 사료라고 할 수는 없을 듯하며, 이 점은 서류庶類가 향리나 중인보다 양반과 밀접한 관계에 있었다는 사실과 무관하지는 않을 듯하다. 그러나 『연조구감』이 족보나 읍지 같은 것을 대담하게 이용하고 있는 것은 특기할 만하다. 그리고 그 사료들을 일일이 주기하여 근거를 명시하는 방법도 자신의 논거를 밝히려는 의도로 파악되어 역시 주목할 만한 일이다. 『호산외기』는 사료의 면에서 매우 특이하다. 조희룡은 종래의 저서에는 나올 수 없는 유형의 인물들, 따라서 자기가 기록해두지 않으면 후대의 기억에서 영원히 사라지리라고 염려되는 인물들에 대한 증언을 해두는 심정으로 『호산외기』를 저술하였다.

중간계층의 새로운 역사학은 아마 이능화李能和(1869~1943)의 몇 개의 사회사적인 저술들에, 그리고 분명히 장지연張志淵(1864~1921)의 『일사유사逸士遺事』에 계승되고 있다. 그러나 그 이후 거의 역사학계에서 망각되어 버리다시피 되고 말았다. 만일 이 전통이 올바로 계승 발전되었더라면, 우리의 근대사학은 더욱 일찍이 왕조 중심 · 귀족 중심에서 탈피하고, 농민이나 상공업자를 중요하게 여기는 방향으로 순탄하게 발전할 수가 있었을 것으로 짐작된다.

이러한 의미에서 중간계층의 새로운 역사학은 그 의미가 새로이 인식되어야 할 것으로 믿는다. 그것은 왕조 중심 · 귀족 중심의 역사학으로부터 벗어나려는 경향을 나타내고 있기 때문이다. 비록 그들의 저술이 양반유학자들의 그것보다 체재가 산만하고 세련되지 못하다 하더라도, 내용상으로는 분명히 한발 앞선 것이었다. 그리고 그 전진성이 세련된 체재보다도 사학사적으로 높이 평가되어야 한다는 것은 분명한 일이라고 믿는다.

| 제4장 |

애국적 계몽사학

근대에 접어들면서부터 사학의 성격과 분위기는 완전히 달라진다. 밖으로부터 밀려오는 서양 문화의 영향을 받아 '역사란 진보하는 것'이라고 보는 관점이 등장하였다. 또한 일제의 침략을 겪고 있었기 때문에 무엇보다 애국적 성격을 띨 수밖에 없었던 것도 큰 특징 중의 하나이다. 그러나 한편으로 이는 우리의 사학이 온전히 발전할 수 없었던 이유 중의 하나가 되고 말았다.

1. 진보사관

'역사는 진보한다'는 견해는 진보사관이 본격적으로 형성되기 전에 김옥균金玉均과 박영효朴泳孝 등이 이미 주창한 바 있다. 김옥균은 1884년 갑신정변甲申政變을 주도하였지만 실패한 후 일본에 망명하였다가, 그다음 해에 영국 함대가 거문도巨文島를 불법적으로 점령한 이른바 거문도사건이 발발

하자, 일본에서 상소문을 작성하여 고종에게 제출하였다. 상소문의 내용 중에서 역사의 진보와 관련하여 "우리나라가 중고 이전 국운이 융성할 때는 일체의 기계 산물이 동양 2국에 으뜸이었는데, 지금에는 모두 폐절廢絶에 속하여……" 라고 지적한 바가 있다(김옥균, 「거문도사건에 대한 상소」; 민태원, 『갑신정변과 김옥균』, 국제문화협회, 1947 ; 『신동아』 1966년 1월호 부록 『근대한국명논설집』, 동아일보사, 10쪽).

박영효 또한 갑신정변을 주도하였다가 실패하자 일본에 망명하였는데, 1888년에 이르러 개화를 주장하면서 역시 고종에게 상소문을 제출하여 "저들은 이미 개명開明의 길로 나가서 문예文藝를 닦고 무비武備를 잘하여 거의 부강의 나라와 같이 되어가는데, 우리는 오히려 몽매한 가운데에서 어리석은 바보처럼 취한 듯 미친 듯하여 세계의 일을 구분치 못하고 천하에 모욕을 당하고 있으니 이것은 부끄러움 없음이 심한 것" 이라고 하였다(박영효, 「개화에 대한 상소」; 『일본외교문서』 21권 ; 『근대한국명논설집』, 15쪽).

김옥균과 박영효는 이렇게 일정한 시국관과 역사관을 가지고 있었다. 하지만 그렇더라도 이러한 면면을 모두 사학사에서 다루기는 어렵지 않나 생각한다. 이들에 비해 유길준兪吉濬(1856~1914)은 구체적으로 인류 문명 전반에 걸쳐 언급하면서 세계사적인 보편성에 입각한 진화 발전에 대한 견해를 제시하였다. 이러한 점에서 유길준의 『서유견문西遊見聞』은 개화기에 들어서 중요한 의미를 가지는 책 중의 하나이다. 다만 유길준은 우리나라 최초의 미국 유학생이기는 하지만 그곳에 그다지 오래 머문 것이 아니기 때문에 『서유견문』은 그 기간 동안에 그가 직접 보고 들은 것을 기록한 책은 아니다. 이는 일본학자들이 연구해놓은 책을 번역한 것이 대부분으로, 서양의 정치, 경제, 문화, 법률, 교육, 학교 등 상당히 다양한 부분에 대하여 항목별로 분류해서 정리하였다.

그러나 다른 나라의 것을 옮겨 놓았다고 하여 과소평가를 해서는 안 된다. 무엇이든지 최초로 수용할 때는 처음부터 100퍼센트 자체적으로 쓸 수 없는 것이다. 가령 신라시대 불교를 받아들일 때 이차돈은 중국에서 들어온 것을 보고 들은 바를 바탕으로 수용을 주장한 것이지 자신이 스스로 연구한 것을 바탕으로 한 것이 아닌 것과 마찬가지이다. 또한 조선시대 천주교를 받아들일 때에도 마테오 리치의 『천주실의天主實義』를 읽고 그것을 바탕으로 받아들일 것을 주장한 것이다. 즉 무엇인가 새로운 사상을 받아들일 때에는 어느 정도의 시간이 흐른 후에야 독자적이고 자체적인 연구 성과가 이루어질 수 있는 것이다. 따라서 『서유견문』의 가치는 높이 평가받아 마땅하다.

유길준은 1884년 갑신정변의 실패소식을 듣고 귀국하였지만 갑신정변을 일으킨 이들과 같은 파로 오인을 받아 유배를 떠나게 되는데, 『서유견문』은 1885년부터의 유배생활 중에 작성된 것이다. 이 책은 우리나라에서 출판되지 못하고, 일본에서 1895년에 출판되었다. 그런데 유길준은 『세계대세론世界大勢論』이라는 책을 1883년 이전에 썼다. 이는 미국 유학 중에 썼던 것으로 추정되는데, 이 책은 출판되지 않았다. 『세계대세론』과 『서유견문』은 유사한 부분이 매우 많다. 특히 역사학과 관계되는 개화와 정치 항목에서 그러하다. 가령 전자에서는 '개화수이開化殊異'라고 제목을 붙이면서 야만·미개·반개·문명의 단계를 설정하였고, 후자에서는 '개화의 등급'이라고 하여, 미개화·반개화·개화로 단계를 나누어 설정하였다. 『서유견문』은 국한문 혼용체로 쓰였으며, 『세계대세론』보다 훨씬 체계적으로 작성되었다. 유길준은 『서유견문』에서 개화라고 함은 '인간의 천사만물天事萬物이 지극히 선하고 아름다운 경지에 이름'을 말한다고 정의하였다.

개화의 차이는 네 등급으로 나누나니라. 제1은 야만野蠻이니, 인류 중 제일 하등이라. 인륜을 알지 못하며, 지각知覺이 가장 낮고 오직 남녀의 정욕과 배고플 때 먹을 것을 찾는 외에는 다른 일을 행하지 않는다. (중략) 지방에 따라 그 풍화에 얕고 깊음이 있으니, 그 하나는 오스트레일리아와 남아메리카주 남쪽의 토착인종들이니, 광막한 산야며, 혹은 황량한 해협에서 나체에 맨발로 생활하고, 물고기와 벌레 따위를 먹으며 알곡을 먹을 줄은 모르고, 임목林木의 빈 구멍과 땅속의 굴에서 산다. (중략)

제2는 미개未開니, 야만보다 한 단계 나아간 것을 미개라고 말한다. 대개 지각이 좀더 나아져서 사람마다 각각 기물器物이 있으나 그 땅에서 제조하는 화폐는 없나니, 그중에 또한 개화의 얕고 깊음이 있는지라. 그 하나는 유목하는 인민이니, 이들은 아시아주 내지와 아라비아 · 시베리아 등지에서 그 기르는 짐승들과 같이 광야에 거주하여 살아갈 가옥을 짓지 아니하고 장막으로써 비와 이슬을 방어하고 농업에 종사하지 아니하나니, 대개 목축은 물과 풀을 따라가는 고로, 살던 곳에 물과 풀이 떨어지면 부중部衆이 모두 다른 곳으로 옮겨 살아가는 자이다. (중략)

제3은 반개半開니, 농 · 공 · 상업 등이 함께 행해지고, 기술과 문학을 강습하며, 타국과 무역의 도를 경영하고, 물품을 제작하며 산물을 산출하고 광산을 개발하며 예의를 중히 여기는 풍습이 있어 미개한 인민에게 비하면 그 개화의 등급이 몇 층이나 위에 있나니, 아시아 동부와 아시아 서부, 페르시아, 유럽, 터키 등과 같은 나라들이다. 대개 반개한 인민의 고유 습속은 일체의 구법舊法을 고수하고 개화에 진보하기를 희망하지 아니하고, 자존하는 마음이 아주 강하며, 또한 스스로를 믿는 버릇이 너무 지나쳐, 그 생각함에 있어서도 자기 나라가 세계에서 제일이며 타국은 모두 이적夷狄이라 부르며, 자기보다 더 우수한 사물이 있더라도 본받아 섬기지 아니하고, 귀족은 평민을 멸시하며, 남자는 여인을 천대하고, 기계를 조잡하게 제작하여 인력을 노고케 하며, 좌담이 많고 실사實事에 어두우며, 인정 · 교제에 그 외면은 온후하나 그 속마음은 잔인한 자가 많고, 또한 나라 전체의 온갖 사무는 모두 군주정부에서 결단하고 인민에게는 정치에 참여할 권리를 주지 않는 것으로 통례를 삼으니, 이는 문명한 인민과 다른 점이다. 그러나 실상은 인민을 교육하지 못하여 지식이 고명하지 못한 고로, 참정권을 주면 국정이 도리어 문란해지나니라.

제4는 문명文明이니, 반개의 지위를 벗어나 한 번 더 나아가면 문명이다. 문명이라 하는 것은 농·공·상의 제업이 성대하고 문학과 기술에 독실함이니, 유럽제국과 아메리카 합중국 같은 나라를 말한다. 이 사람들의 기술 이용은 자연의 힘의 압력과 제약을 받지 아니하고 학술로써 노력하여 자연의 이치를 도와 이루며, 구법과 문벌을 존중하지 아니하고, 현명함과 학술을 귀중히 여긴다. 그 인정과 풍속과 국체國體는 같지 않으나, 대개 허식하여 겉모습만 본뜨는 경우가 드물고, 염치의 풍이 많으며, 법령이 명백하고 형벌이 관대하면서도 엄격하며, 정치는 다수로 결정하나니라〔유길준, 『세계대세론』의 1절, 1882년경 ; 『유길준전서』(역사편), 일조각, 1971 ; 『논선』, 88~90쪽〕.

개화를 기준으로 한 역사발전을 네 단계로 나눈 것은 여러 가지 의미를 갖는다. 우선 첫째로, 인류 문명의 발전에 대해서 정치뿐 아니라 인간의 만사, 가령 예의범절, 옷, 주거지, 경제, 무역, 교육 등을 모두 포함하여 등급을 매기고 있다는 점이다. 이는 과거 유교주의하의 정치사 중심과는 차별된 종합적인 안목으로서 역사인식에 있어 엄청난 전환이라고 할 수 있다.

둘째로 인류문명은 진화하고 발전한다고 본 점이다. 야만에서 개화로, 혹은 미개화에서 개화로 전환되어간다는 것을 명확히 지적한 발전사관·진화사관을 제시하였다는 점에서 높이 평가받아 마땅하다.

특히 유길준은 정치에 상당한 관심을 보이며 그것의 발전과정에 대해 서술하였다. 『세계대세론』의 「정치수이政治殊異」라는 항목에서는 정치가 소인少人정치에서 다인多人정치로 발전한다고 하였는데, 소인정치는 군주전제君主專制, 군주전치君主專治, 귀족정치貴族政治로 나누었으며, 다인정치로는 군민동치君民同治, 공화정치共和政治를 설정하였다. 반면에 『서유견문』에서는 5단계의 정치발전 과정을 제시하였다. 즉 군주가 천단擅斷하는 정체政體 → 군주가 명령하는 정체 → 귀족이 주장하는 정체 → 군민이 공치共治하는 정체 → 국인이 공화共和하는 정체로 단계화해 놓은 것이다. 그러면서도 「정치수이」에서 결론적으로는 "태서사책泰西史冊을 고람考覽하건대 소인정치를 고쳐서 다인정치를 설치한 자가 많으니 이로 미루어보아 다인정치가 소인정치보다 선미善美함을 알 수 있다. 따라서 우리나라에서도 다인정치로 넘어가는 것이 바람직하다"라고 하였다.

덧붙이자면 우리나라에는 공화정치보다는 입헌정치가 더 적합하다고 주장하였다. 그런데 여기서 주목할 것은 이러한 진화사관의 핵심은 문명의 진화가 민족에 따라 구분되는 것이 아니라고 본 점이다. 유길준은 진화라는 것은 문화와 민족에 관계하지 않고 적용되는 것이라고 하였다. 즉 진화를 인류 공통의 문제라고 함으로써 세계사적인 보편성을 강조했던 것이다.

셋째로 지배자 중심이 아닌 인민 전체의 문화적인 향상과 발전을 목적으로 하고 있다. 이는 모든 국민이 참여하는 다인정치가 가장 바람직하다고 한 점을 미루어보아 쉽게 짐작할 수 있다. 하지만 이것은 '인민'이 항상 역사의 주인공이었다는 뜻은 아니고, 정치뿐 아니라 경제, 교육 등의 모든 부분에서 장차 앞으로 그래야 한다고 지적한 것이다.

넷째로, 현 단계에서 한국이 어떠한 위치에 있는지에 대한 지대한 관심을 반영하고 있다. 즉 유길준은 『서유견문』을 통하여 우리나라는 역사발전 속에서 어떠한 위치에 도달해 있으며 앞으로 더욱 개화되어 나가기 위해서는 어떻게 해야 하는지에 대하여 논하고자 하였던 것이라 할 수 있다.

고인古人이 금일今日의 문명을 미리 알지 못함과 같이 금인今人이 또한 결단코 후일後日의 개화를 앞서 알지 못하는 것이니, 혹은 전인前人으로서 금일을 알았던 자가 있다 해도 나는 이를 믿지 못하겠으며 금인으로서 후일을 아는 자가 있다 해도 나는 이를 믿지 못하겠으며, 금인으로서 후일을 아는 자가 있다 해도 나는 이를 믿지 않는다. 위의 4조 등급의 차이를 분별하여 앎으로써 자기 나라의 치욕과 모멸을 망각하지 말며, 관습과 풍속을 가벼이 여기지 말고, 타국이 문명에 진취進就한 까닭을 추찰推察하며, 우리나라의 개화·진보를 꾀하는 자는 진실로 우국현사憂國賢士이며 애군충신愛君忠臣이라 일컬을 만하니 우리 동방 동포형제 기천만幾千萬의 제공諸公에게 바라노라(『세계대세론』의 1절 ; 『논선』, 90쪽).

마지막으로 현재의 상황에서 온 국민이 어떻게 노력해야 하는지에 대하여 언급하고 있다. 다시 말해 어서 진보하자는 결의를 하도록 온 국민에게 자각과 각성을 촉구하였던 것이다. 이렇게 볼 때, 유길준의 『서유견문』은 상당히 진보적이며 획기적인 것으로서 그 역사적 의의가 매우 크다고 할 수 있겠다.

그러나 이러한 생각은 유길준만 한 것이 아니었다. 최대의 역사학자로 일컬어지는 신채호申采浩(1880~1936) 역시 「진화와 퇴화」라는 글에서 진보사관을 주장하였다.

어떤 학자가 문명이 진보한다는 의론意論을 창론하여 동서에 훤자하게 전파하니, 어시호 세계가 바람을 따라서 이 학자의 말을 추향하였더라.

대저 우리사람의 문명이 진보되는 고로, 제1기에는 동물 중에서 가장 특이한 종류가 되었고, 제2기에는 금수로 더불어 싸워서 이김을 얻었으며, 제3기에는 사회의 생활함을 경영하였고, 제4기에는 국가를 성립하는 시대가 되었으며, 제5기에는 세계가 교통하는 시대가 되었도다.

그러나 국가의 발달함으로 의론할지라도 또한 문명이 진보되는 차례가 있으니 제1기에는 추장시대가 되고, 제2기에는 귀족시대가 되며 제3기에는 전제시대가 되고 제4기에는 헌법시대가 되었도다.

그러나 세계에 문명이 진화함만 있고 퇴화함이 없는 것은 아니니, 다른 것은 말을 말고 이 한국으로만 의론할지라도 단군시대와 부여시대와 기자시대는 제1기·제2기 시대라 함이 가하고, 고구려와 백제와 신라가 일어나매 제2기 시대는 점점 지나가고, 제3기 전제시대가 점점 굳어서 고려시대를 지내어 본조 초엽을 지나 거연巨然히 제3기 전제시대가 은연중에 변하여 도리어 제2기 귀족시대로 퇴보되었으니 이는 곧 국가의 문명이 퇴보되었다는 증거이오.

인하여 이 나라의 문명을 의론하건대, 단군과 부여와 기자의 시대는 문명의 싹이 나는 시대요, 고구려와 백제와 신라 시대는 문명이 한창 자라는 시대며, 고려 중간부터 이후는 문명이 날마다 퇴보되었다가 본조 초엽에는 문명이 다시 자랄 듯하다가 오래지 못하여 날마다 떨어져서, 본조 중간부터 이후로는 암흑시대로 들어가서 오늘날에 이르러서는 참혹하고 통분한 천지가 되었도다.

그러나 수년래로 새 문명의 싹이 나는 시대가 다시 되어 그 기운이 처음으로 솟아나오는 샘과 같으니 만일 옛날 문명의 남은 좋은 것을 거두고 새 문명의 영광을 나타나게 하면 문명이 전성한 시대를 당할 날이 또한 멀지 아니하리로다.

그러나 세계는 진화하는 자의 세계가 되는 고로, 만일 퇴화하는 자가 있으면 필경 그 극진지두에는 멸망함에 빠질 뿐이니, 우리사람은 더욱 공구하고 경계할지니라(신채호, 「진화와 퇴화」, 『대한매일신보』 1910년 1월 8일자 ; 『논선』, 97~98쪽).

신채호는 인간 문명이 진보한다고 보고, 그 자체 발전단계를 동물과 비교하면서 5단계로 구분하였다. 이 발전단계 가운데에서 4단계에 이르러서 국가가 생성되고, 정치가 발달하기 시작했다고 하였다. 이는 예전에 국가란 최초부터 존재하였다고 믿었던 것에 비하면 상당히 획기적인 주장이었다. 그리고 이 국가도 4단계로 나뉘어, 추장시대 → 귀족시대 → 전제시대 → 헌법시대로 진보해간다고 파악하고, 한국의 역사 속에서 이를 구체적으로 비정比定하여 논하였다는 점은 특기할 만하다.

그런데 신채호는 인류의 문명은 퇴화도 한다고 하였다. 가령 우리나라의 역사에서 일제 식민치하에 있던 시기를 퇴화의 가장 대표적인 사례로 다루었다. 결국, 신채호는 더욱 공구攻究하고 노력하고 경계함으로써 퇴화되어서는 안 된다는 것을 알리기 위해 「진화와 퇴화」라는 글을 쓴 것이라 할 수 있다. 따라서 다른 면에서 단재 신채호는 인류 문화의 발전을 기본으로 하여 역사가 발전하였으며 이를 이루기 위해서는 우리 국민들이 앞으로 더욱 노력해야 한다는 주장을 한 것이다. 신채호 역시 유길준의 경우와 방법론적으로 대동소이하게 사회진화론의 영향을 받고 있었던 것이라 하겠다.

2. 애국적 계몽사서의 유행

개화기의 역사학에서 진보사학 다음으로 주목할 것은 애국적 계몽사서가 유행하였다는 점이다. 그 방향을 구체적으로 살피면, 첫째 교과용 국사서의 편찬이 집중적으로 이루어져서 간행되었으며, 둘째 국내는 물론이고 국외 영웅들의 전기도 많이 간행되어 읽혔고, 셋째 국가흥망사에 대한 관심이 고조되고 서양 여러 나라의 경우가 소개되었다.

(1) 교과용 국사서의 편찬

이 시기에 초등 · 중등 교과용 국사서들은 다양한 저자들에 의해 집중적으로 20여 종이나 편찬되어 간행되었다. 이 책들의 일람표를 작성하여 제시해 보이면 〈표 1〉과 같다.

이러한 교과용 국사서들의 편찬과 간행은 청소년을 위한 교육서로서 계몽적인 성격이 강했다. 그리고 단군을 시조로 받듦으로써 중국 중심의 세계관으로부터 탈피하고 있는 것이 특징 중 하나라고 할 수 있는데, 구체적으로는 『동국통감東國通鑑』에서 「외기外紀」에 단군을 넣었다고 비판한 것이 그 증거이다. 다만 일본과의 관계에서는 독립 의식이 희박한 경우도 있었음이 한계였다고 하겠다.

또한 내용 면에서 실학파의 삼한정통론三韓正統論을 계승하여 정통론에

〈표 1〉 교과용 국사서 일람표 (연대순)

일련번호	저/편자(발행처)	서명	출판사(인쇄처)	발행연도
1	학부學部 편집국編輯局	『조선역사朝鮮歷史』		1895
2	〃	『조선역대사략朝鮮歷代史略』		1895
3	〃	『동국역대사략東國歷代史略』/ 『대한역대사략大韓歷代史略』		1899
4	〃	『대한역사大韓歷史』		1899
5	〃	『조선약사십과朝鮮略史十課』		미상
6	현채玄采	『보통교과 동국역사普通教科 東國歷史』		1899
7	김택영金澤榮	『동사집략東史輯略』		1902
8	최경환崔景煥	『대동역사大東歷史』		1905
9	정교鄭喬	『대동역사大東歷史』		1905
10	김택영金澤榮	『역사집략歷史輯略』		1905
11	원영의元泳義·유근柳瑾	『신정동국역사新訂東國歷史』	휘문의숙인쇄부徽文義塾印刷部	1906
12	대한민국교육회大韓民國教育會	『대동역사략大東歷史略』		1906
13	현채	『중등교과 동국사략中等教科 東國史略』		1906
14	정인호鄭寅琥	『초등대한역사初等大韓歷史』	옥호서림玉虎書林	1908
15	유근	『초등본국역사初等本國歷史』	광학서포廣學書舖	1908
16	조종만趙鍾萬	『초등대한역ᄉ』	한양서관	1908
17	호머 헐버트 Homer B. Hulbert·오성근吳聖根	『대한역ᄉ』		1908
18	안종화安鍾和	『초등본국역사初等本國歷史』	광덕서관廣德書舘	1909
19	박정동朴晶東	『초등대동역사初等大東歷史』	동문사同文社	1909
20	흥사단편집부興士團編輯部	『초등본국약사初等本國略史』	동문관同文館	1909
21	유근	『신찬초등역사新撰初等歷史』	광덕서관	1910

의한 고대사의 체계적 서술을 꾀하였으며, 체제 면에서는 대부분 왕조 중심의 편년체였지만 점차 이를 벗어나서 사실史實을 종합적으로 인식하고 인과관계에 의한 발전으로 이해하려고 하는 경향이 나타났다. 주제 중심의 분류

사는 『조선약사십과朝鮮略史十課』에서 출현하여 현채玄采의 『동국사략東國史略』에서 본격적으로 나타났다. 한편으로는 사료 비판에 의한 사실 고증이 나타나고 있었음이 주목되는데, 『조선역대사략朝鮮歷代史略』과 『역사집략歷史輯略』 등의 고증적 태도가 그러하다.

(2) 영웅전기의 유행

이 시기에는 국내는 물론이고 국외 영웅들의 전기도 많이 간행되어 읽히고 있었음을 지적할 수 있는데, 이러한 전기들의 일람표를 작성해 보이면 〈표 2〉와 같다.

『동국명장전東國名將傳』은 중인 출신인 현공렴玄公廉이 본인의 이름으로 개화사상을 전파하기 위해 발간하였다. 『성웅 이순신聖雄 李舜臣』은 신채호

〈표 2〉 구국 영웅전기 일람표 (연대순)

일련번호	저자	서명	연재	편집	출판사(발행인)	발행연도
1	홍양호 洪良浩	『동국명장전東國名將傳』			현공렴	1907
2	현공렴 玄公廉	『이충무공실기李忠武公實記』			현공렴	1908
3	신채호 申采浩	『을지문덕전乙支文德傳』			광학서포 廣學書舖	1908
4	현공렴	『강감찬전姜邯贊傳』		우기선 禹基善	현공렴	1908
5	신채호	『성웅 이순신聖雄 李舜臣』	『대한매일신보 大韓每日申報』			1908
6	신채호	『동국거걸최도통전 東國巨傑崔都統傳』				1909
7	박은식 朴殷植	『천개소문전泉蓋蘇文傳』				1911
8	박은식	『인물고人物考』	『서북학회월보 西北學會月報』/ 『광복光復』			1907~ 1908

가 『대한매일신보』에 연재하였던 것을 엮어 다시 책으로 출판한 것이다. 이는 완전히 번역된 것으로 순한글로 쓰였다. 『을지문덕전乙支文德傳』은 신채호가, 『강감찬전姜邯贊傳』은 현공렴이, 최영 장군의 전기인 『동국거걸 최도통전東國巨傑 崔都統傳』은 신채호가, 『천개소문전泉蓋蘇文傳』은 박은식朴殷植(1859~1925)이, 『인물고人物考』는 김유신, 유금필, 이순신, 안중근 등에 대하여 박은식이 『서북학회월보西北學會月報』 등에 연재한 글을 모아낸 것이다.

이러한 영웅전기의 특징은 위기 상황에 나라를 구해낸 위대한 영웅들에 대한 전기문傳記文들이라는 점이다. 영웅전기는 영웅사관에 바탕을 둔 것이다. 즉 나라가 어수선하고 망국의 위기에 닥친 상황에서 과거와 같은 위대한 영웅들이 나와 나라를 구하고 역사를 바로잡아야 한다는 바람에서 이러한 책들을 쓴 것이다.

이런 사실은 특히 신채호의 『을지문덕전』에 실린 안창호安昌浩(1878~1938)의 서문에서 역력히 드러난다. "선대 사람의 위대한 사업을 기려서 국민의 영웅 숭배심을 고취하기 위함이며, 문득 또한 2천 년 전 영웅들의 전쟁을 한가롭게 앉아 노래로 읊고자 함이 아니라 열성적이고 모험적인 옛 사람의 지나온 발자취를 묘사하고 그려내서 2천 년 후 제2의 을지문덕을 불러일으키기 위함이니 무릇 우리 독자들은 상상常常 이런 뜻으로 이 책을 읽을지어다. 도산 안창호는 서문을 짓노라"라고 밝히고 있는 점이 바로 그러한 사실을 잘 말해준다.

그리고 신채호 자신 역시 『성웅 이순신』의 「결론」 부분에서, "내가 이순신전을 보다가 주먹으로 책상을 치고 크게 소리 지름을 깨닫지 못하였노라. 오호—라. 우리 민족의 힘이 이같이 감쇠한 시대를 당하여 이공李公 같은 자가 있었으니 어찌 가히 놀랄 바가 아니며 우리 조정 정치가 이같이 부패한 시대를 당하여 이공 같은 자가 있었으니 어찌 또한 가히 놀랄 바가 아니리오. 인민이 전쟁을 경력經歷하지 못하여 북소리만 들으면 놀라서 숨는 이런 시대에 이공 같은 자가 있었으니 어찌 가히 기이한 바가 아니며 조정 신료들이 당파의 나뉨으로 사사로이 싸우는 데는 용맹이 대단하나, 나라 싸움에는 겁이 많은 이 시대를 당하여 이공 같은 자가 있었으니 어찌 또한 이상치 아니하며……" 라고 적고 있음이 주목된다.

또한 신채호는 『동국거걸 최도통전』 서문에서도, "우리 국민이 미혹한 마음으로 공을 숭배치 말고 정대한 마음으로 공을 숭배하며 사사로운 복으로 공에게 빌지 말고 공변된 복으로 공께 빌면 가히 우리 국민의 고통을 면하고 행복을 얻을 것인데, 침침한 젖은 티끌에 공의 사적이 오래 묻힌 것이 내가 통한히 여기는 바라. 그러므로 조야에 감추어진 사기를 뒤지며 여항의 전하는 이야기를 거두어 공의 심사를 그려내고자 하니, 무릇 우리 동국에 제일 영걸 최도통전을 읽는 혈기 있는 국민들이여!" 라고 썼다.

그러므로 이러한 영웅전기들은 거의 대부분이 을지문덕 장군이나, 이순신 장군, 혹은 최영 장군과 같은 훌륭한 영웅들이 이 시대에 다시 나서 우리나라를 구해달라는 간절한 소망, 즉 영웅대망론英雄待望論의 입장에서 쓰인 것이다. 이는 소박한 전기문이고 계몽사상이 담긴 것이지만, 애국적인 충절이 담긴 역사책이다.

그런데 우리나라의 구국영웅뿐 아니라, 외국의 영웅들에 대해서도 많이 쓰였다. 외국의 영웅들일지언정 이들의 전기를 간행함으로써 영웅대망론을 확산시켜 애국심을 고취하고자 했던 것이다. 당시에 간행된 외국 영웅전의 일람표를 제시하면 〈표 3〉과 같다.

가령 신채호가 번역한 『이태리건국삼걸전伊太利建國三傑傳』은 이탈리아 건국 과정의 위대한 인물인 주세페 마치니Giuseppe Mazzini(1805~1872), 주세페 가리발디Giuseppe Garibaldi(1807~1882), 카밀로 카보우르Camillo Ben-

〈표 3〉 외국 영웅전 일람표 (연대순)

일련번호	저자	서명	역자	편찬	출판사	발행연도
1	양계초 梁啓超	『이태리건국삼걸전伊太利建國三傑傳』	신채호 申采浩		광학서포 廣學書舖	1907
2		『비사맥전比斯麥傳』	황윤덕 黃潤德		보성관 普成舘	1907
3	장지연 張志淵	『애국부인전愛國婦人傳』			광학서포	1908
4		『화성돈전華盛頓傳』	이해조 李海朝		회동서점 滙東書店	1908
5		『피득대제彼得大帝』	김연창 金演昶		광학서포	1907
6		『부란극림전富蘭克林傳』		이여후 李如厚	보급서관 普及書舘	1911

sodi Cavour(1810~1861) 3인의 전기를 쓴 것이다. 여기에서도 영웅에 대한 기대를 담아 서문에 다음과 같이 적고 있다.

내 비는 바는 단지 우리나라에 애국자가 있는 것뿐이다. 우리나라 3천 리 땅이 3만 리·3억 리까지 늘어남도 내 바라는 바 아니라, 내 바라는 바는 단지 우리나라에 애국자가 있는 것뿐이다. 땅을 판 곳에서 황금이 솟아나는 물처럼 쏟아짐도 내 원하는 바 아니요, 도처에서 오곡이 흙처럼 썩어 나올 만큼 많은 것도 내 구하는 바 아니라. 내가 원하고 구하는 바는 단지 우리나라에 애국자가 있는 것뿐이다. 오호라, 비록 셀 수 없이 많은 인구와 측량할 수 없이 넓은 땅덩어리, 수많은 보화와 헤아릴 수 없이 많은 산업이 있을지라도, 애국자가 없으면 호랑이 아가리 깊숙한 곳에서 피육이 녹아 없어지고, 번뜩이는 칼날에 고통이 더욱 심할 것이니, 그 누가 보호해주며 그 누가 구원해주리오.

전 지구를 둘러보니 지금이 과연 어느 시대이며, 팔역八域을 돌아보니 우리는 과연 어떤 실정인가. 강물이 날로 흘러 내려가고 살기殺機가 날로 혹독하니, 이제 애국자가 출현할 시대가 가까웠도다. 내가 날마다 노래하며, 내가 날마다 꿈꾸며, 내가 날마다 기도하며, 내가 날마다 영탄詠歎하노니, 갈대 무성한 곳에 흰 이슬이

서리되는데, 이른바 그 사람은 과연 그 어디에 있는고. 오랜 집이 무너져 누추하니 고개를 들면 부딪치고, 위험한 길이 너무 많아 문을 나서면 함정이구나. 오호라. 문명의 등불은 6주洲에 찬란하고 자유의 종은 사방에 요란한데, 우리는 무슨 죄이기에 홀로 이 지옥인고. 비통한 눈으로 산하를 바라보고 창천蒼天을 우러러 슬피 울부짖다가, 뜻함이 있어 일필一筆로 이태리伊太利 애국자 삼걸三傑의 역사를 서술하노니, 그 국난이 우리와 서로 비슷하고, 그 연대도 지금으로부터 멀지 않기 때문이다(신채호, 『이태리건국삼걸전』 서론(현대문 역), 1907 ; 『논선』, 92~93쪽).

그리고 장지연張志淵(1864~1921)이 지은 『애국부인전』은 영국의 침략으로 위기에 처한 프랑스를 구한 잔 다르크Jeanne d'Arc(1412~1431)의 전기이다. 우리나라에도 이런 애국심이 투철한 여성이 등장하기를 간절히 바라는 마음에서 저술한 것임을 마지막 부분에서 잘 드러내고 있다.

당시에 법국法國(프랑스)의 온 나라가 다 영국의 군병에게 제압되어 도성을 빼앗기고 임금이 도망하고 정부와 각 지방 관리들이 다 영국에 붙어 항복하고 머리를 숙이고 인민들은 다 머리를 숙이고 기운을 상하고 마음이 재가 되어 애국성이 무엇인지 충의가 무엇인지 모르고 다만 구차한 목숨을 살아가는 꾀로 상책을 삼아 부끄러운 욕을 무릅쓰고 남의 노예와 우마가 되기를 감심하여 나라가 점점 멸망하였으니 다시 약이 없다 하는 이 시절에 잔 다르크가 홀로 애국성을 분발하여 몸으로 희생을 삼고 나라 구할 책임을 스스로 담당하여 한번 고동에 온 나라 상하가 일제히 불같이 일어나 백성의 기운을 다시 떨치고 다 망한 나라를 다시 회복하여 비록 자기 한 몸은 적국에 사로잡힌 바 되었으나 이로부터 인심이 일층이나 더욱 분발 격동하여 마침내 강한 영국을 물리치고 나라를 중흥하여 민권을 크게 발분하고 지금 지구상 제일등第一等에 가는 강국이 되었으니 그 공이 다 잔 다르크의 공이라.

오륙백 년을 전래하면서 법국 사람이 남녀 없이 잔 다르크의 거룩한 공업을 기념하여 흠앙하는 것이 어찌 그렇지 아니하리오. 슬프다. 우리나라도 잔 다르크 같은 영웅호걸과 애국충의의 여자가 혹 있는가(장지연, 『애국부인전』 ; 이재선 역주,

『애국부인전/을지문덕/서사건국지』, 한국일보사, 1975, 50~51쪽).

이 밖에 『화성돈전華盛頓傳』은 미국 건국의 아버지라 불리는 조지 워싱턴 George Washington(1732~1799)의 전기이며, 『피득대제彼得大帝』는 제정 러시아의 시조 표트르 대제Pyotr the Great(1672~1725)의 전기이며, 『비사맥전比斯麥傳』은 독일의 통일을 이룬 총리로 유명한 오토 비스마르크Otto Eduard Leopold von Bismarck(1815~1898)의 전기, 그리고 『부란극림전富蘭克林傳』은 미국의 정치가 벤저민 프랭클린Benjamin Franklin(1706~1790)의 전기이다.

이 주인공들은 모두 애국 영웅들이며, 이 책들은 대부분 중국인이나 일본 사람들이 써놓은 것을 번역한 것이다. 이렇게 외국의 영웅들에 대한 전기라고 해서 우리나라의 사학사에서 무의미한 것은 아니다. 우리의 역사에 도움이 되었다면 정당한 평가를 받아 마땅하다.

(3) 국가흥망사

한편 이 시기에는 애국적 계몽을 위해서 국가흥망사에 대한 관심 역시 고조되어 서양 여러 나라의 경우가 소개되고 있었음도 특기해 마땅할 것이다. 이 시기에 편찬되어 간행된 국가흥망사 서적들의 일람표를 작성하면 〈표 4〉와 같다.

건국사로서 『미국독립사美國獨立史』는 현은玄檃이, 『의대리독립사意大利獨立史』는 김덕균金德均이 번역하였고, 『서사건국지瑞士建國誌』는 스위스의 영웅 빌헬름 텔Wilhelm Tell의 이야기를 중심으로 중국인 정철관鄭哲貫이 짓고, 박은식이 번역해서 대한매일신보사에서 발행하였다. 망국사로서 폴란드의 멸망 과정에 대해 적은 『파란말년전사波蘭末年戰史』는 일본인 시부에 다모쓰澁江保가 쓴 것을 어용선魚瑢善이 번역하였다. 베트남의 멸망에 관한

〈표 4〉 국가흥망사 일람표 (연대순)

일련번호	저자	찬자	서명	역자	출판사(발행인)	발행연도
1	시오가와 이치타로 鹽川一太郎		『미국독립사美國獨立史』	현은 玄檃	황성신문사 皇城新聞社	1899
2	시부에 다모쓰 澁江保		『파란말년전사波蘭末年戰史』	어용선 魚瑢善	탑인사 塔印社	1899
3	소남자 巢南子	양계초 梁啓超	『월남망국사越南亡國史』	현채 玄采	현공렴 玄公廉	1906
4			『의대리독립사意大利獨立史』	김덕균 金德均	정희진 鄭喜鎭	1907
5	정철관 鄭哲貫		『서사건국지瑞士建國誌』	박은식 朴殷植	대한매일신보 大韓每日申報	1907
6			『비율빈전사比律賓戰史』	안국선 安國善	보성관 普成館	1907

『월남망국사越南亡國史』는 베트남의 독립운동가 소남자巢南子가 짓고 양계초梁啓超가 한문으로 출판한 것을 우리나라에서는 현채玄采가 번역하였는데, 이 외에도 한글 번역본이 있을 정도로 많이 읽혔다. 그리고 필리핀의 전쟁사인 『비율빈전사比律賓戰史』는 안국선安國善이 번역하였다.

이 가운데 나라가 어려움에 처했을 때 등장하여 평온을 찾게 하고 흥하게 하는 영웅에 대한 기대, 즉 영웅대망론은 박은식의 『서사건국지』의 첫 부분 중 다음과 같은 서술 내용에 잘 드러나 있다.

> 천지가 개벽한 이래로 세계상에는 얼마나 나라들이 많이 있었는가를 알 수 없고, 그 가운데 흥륭하고 쇠망하고 강하고 약하며, 또한 흥하고 망한 것이 얼마인지 그 수를 알 수가 없다. 무릇 나라의 흥망의 원리는 모두 그 나라 인민의 어리석음과 지혜 및 나라 사람의 마음과 뜻이 어떠한가에 달려 있는지라, 위급한 존망의 무렵을 당하면 많고 많은 영웅과 호한好漢이 그 사이에 나서 위급한 가운데서도 다시 평안을 되찾으며, 망하는 가운데 다시 흥하며, 죽어가는 속에도 다시 삶을 이루나니, 이것이 다 영웅과 호한의 본령이고 국가의 큰 행복이다(박은식, 『서사건국

지』; 이재선 역주, 『애국부인전/을지문덕/서사건국지』, 105쪽).

이 밖에도 동양사나 서양사에 대한 번역이 많이 이루어졌다. 즉, 이 시대에는 외국의 흥망성쇠 역사에 대하여 관심을 가지고 있었던 것이다. 구체적으로 예를 들면, 『파란말년전사』는 서문의 끝 부분에 아래와 쓰여 있음이 주목된다.

> 폴란드인이 폴란드 국사國事를 영위營爲할진대 폴란드국을 위함이니 이는 폴란드당黨이라 칭함이 가하거니와 외국당外國黨이 되는 자는 그 근본을 잊은 것이거늘 마침내는 외국당의 명의로 사당私黨의 힘을 보존하고자 하다가 그 나라가 망하기에 이르니 나라가 망하고 그 당이 어느 곳에 존재함을 얻으리오. 그러므로 국가를 보존코자 하는 자는 설혹 붕당朋黨을 서로 맺을지라도 외국의 힘을 의뢰하여 국세國勢를 공고鞏固하게 함은, 첫째는 곧 그 나라를 스스로 파는 것이요, 둘째는 곧 그 몸에 스스로 손상을 입히는 것이니 견주어 생각해볼지어다. 무릇 외국이 꾀하여 구하는 이익의 근본이 없으면 어찌 그 나라의 자기편들을 원조할 이유가 있으리오. 폴란드의 실패한 자취를 볼지어다. 이러한 이치가 극히 밝으니 그러므로 이르기를 폴란드국은 폴란드인이 스스로 망함이요, 러시아·프러시아·오스트리아 세 나라가 망하게 함이 아니라 하노라(어용선, 『파란말년전사』, 1899).

이를 통해 국가 멸망의 책임은 주변의 다른 나라에 있는 게 아니라 폴란드 사람들 자신에게 있음을 지적하고 있음을 알 수 있다. 이렇듯이 당시에 외국의 흥망성쇠 역사에 관한 관심이 고조된 것은 다름이 아니라 우리나라의 현실에 비추어 보아 그들을 통해 교훈을 얻고, 국가를 다시 부흥시키고 국민의 각성을 촉구하고자 하는 명확한 목적이 배경에 있었음이 분명하다. 또한 이처럼 우리의 역사에 국한한 것이 아니라, 외국의 경우까지 아울러 검토함으로써 비교사관比較史觀이 전개되기 시작하였다는 점에서도 의의가 크다고 하겠다.

3. 고전의 발굴 · 간행

고전의 발굴과 간행 작업도 이루어졌다. 이 일은 대체로 최남선崔南善이 주도하였는데, 그는 '조선광문회朝鮮光文會'를 조직해 이에 힘썼다. 최남선이 굳이 회원제會員制로 조선광문회를 조직한 근본적인 이유는 한국의 전통적인 학문과 사상을 계승하여 널리 선양하자는 데 있었다. 당장에는 나라가 망하여 아무런 전통도 없는 것처럼 보이지만, 사실 숨겨져 있는 것을 겉으로 드러나게 해야 한다는 것이었다. 이를 위한 구체적인 활동으로 우리의 고전을 발췌하여 국민들에게 널리 읽히고자 하였다.

그 도서관에 들어가니 본래 있었던 우리나라에서는 이미 없어진 것이 있으며, 그 장서가藏書家를 방문하니 온 서가의 책이 모두 오래된 옛것으로 가득한 자가 있으며, 그 우리에 관한 강연과 저술을 보고 들으니 보지 못한 책을 참조하고 알지 못하는 일을 찾아 넣은 것이 가히 놀랄 만한 자가 있었다. 근세의 저작으로 말하더라도 금택문고金澤文庫에서는 소자판小字板 『동국통감東國通鑑』을 소장하였으며, 또 그 복각復刻한 판본이 한두 종류에 그치지 아니하였다. 아아, 흩어지도록 놓아둔 자는 누구이거늘 이를 수집하는 자는 어떤 사람이며, 없어지도록 놓아둔 자는 누구이거늘 이를 중간重刊하는 자는 어떤 사람이뇨. 내가 처음에 경도판京都板 『동국통감』 한 부를 구입하면서 값을 치를 적에 부끄러워 흘린 땀이 등을 적시는 것을 스스로 깨닫지 못했더니, 그 후에 『삼국유사三國遺事』, 『고려사高麗史』 등의 중간본을 대함에는 그만 해도 양심이 이미 무디어져 스스로 해명하기를 저 "책장수는 이득을 위하여 이를 복각하고 나는 값을 치르고 이를 구입하였으니 무슨 꺼림이 있으리오" 하게 되었다. 아아, 가장 두렵고 무서워할 이 악마의 도깨비

불이여, 나의 양심이 거의 타 없어지다가 다행히 반성의 길을 좇아 가일층 비분과 수치를 느끼니, 이에 광문회光文會의 경륜經綸을 기어이 실행코자 하였노라〔최남선,「여余의 광문회光文會 발기자發起者의 일인一人이 된 충정衷情으로 천하동지자天下同志者에 감고敢告함」(현대문 역),『조선광문회고백朝鮮光文會告白』1910년경 ;『논선』, 101쪽〕.

이렇게 해서 1910년에 최남선이 조직한 조선광문회에서는 한국 고전의 수집·간행이라는 목적에 걸맞게『동국통감東國通鑑』,『해동역사海東繹史』,『삼국사기三國史記』등 한국 고전을 수집하여『조선총서朝鮮叢書』를 24종까지 간행하였다. 그 취지는 한국의 정신적·사상적 전통의 계승과 선양을 꾀하자는 것으로, 그럼으로써 궁극적으로는 한국인의 문화국민으로서의 긍지를 높이자는 것이었다. 그리고 그 간행서는 역사서 및 지리지 등 조선 후기의 실학實學 관계 서적이 대부분이었다.

| 제5장 |

민족주의사학과 과학적 역사학

일제시대에 한국사 연구를 주도하였던 것은 일본학자들이었다. 그런데 그들 연구의 대부분은 일제의 식민정책을 뒷받침해주는 어용적인 성격을 농후하게 지닌 것이었다. 비록 의식적으로 그렇게 하지 않은 경우라 하더라도 그들은 통치자적 위치에서 한국 민족과 역사를 멸시에 찬 눈으로 보았기 때문에 결과적으로는 같은 효과를 나타냈다고 할 수 있다.

식민주의적 한국사관과 그에 입각한 한국사 연구(이하 '식민주의사학'이라고 약함)는 한국사를 왜곡해서 한국인의 독립의식을 마비시키고자 하였다. 그러기 위해 한국이 강대국에 둘러싸인 조그마한 반도라는 점을 강조하였다. 그리하여 주변의 강대국에 대한 사대주의를 강조하고, 외교에서뿐만 아니라 문화적으로도 독창성이 없는 모방문화를 가졌을 뿐이라고 하였다. 또 당파싸움 같은 것도 주변에 강대국이 많기 때문에 빚어진 결과라고 하였다. 독립국가로 존재하기 어려운 이 같은 조건들은 요컨대 강대국에 둘러싸인 조그마한 반도라는 지리적 조건에서 연유하는 것이고, 이 지리적 조건은 인간의 힘으로는 바꿀 수 없는 것이기 때문에 한국은 독립국가일 수 없는 숙명을 지니고 있다고 주장한 것이다.

식민주의사학은 한국사학사에 포함시킬 수 없다. 어떤 나라의 역사이건 외국의 영향을 받지 않은 예는 없지만 외국의 영향 자체가 그 나라의 역사가 아니라 그 영향에 대한 그 민족의 반응, 태도가 그들의 역사이기 때문이다. 예를 들면 몽고의 침략은 몽고의 역사이고, 그 몽고의 침략에 대해서 고려의 무인 정권이 어떠한 태도를 보였는가, 즉 끝까지 투쟁하였는지, 타협을 하였는지가 한국의 역사이며, 이는 한국사학사의 경우에도 마찬가지이다.

제국주의 열강의 침략과 이민족의 식민통치라는 어려운 여건 속에서이긴 하지만, 한국사 연구에 있어서도 우리 자신의 학문적 전통이 성장하였다. 근대 한국사학은 일제의 식민지라는 비정상적인 조건 속에서 자주독립을 되찾기 위한 민족적 신념을 역사적으로 뒷받침해주어야 하며, 전통적인 지배신분층을 중심으로 한 낡은 역사관을 부수어야 하며, 그러면서도 한국사학을 하나의 독립된 학문으로 정립해야 한다는 삼중의 과제를 짊어지고 자라왔다.

이러한 무거운 과제들은 어느 한 사람의 역사가에 의하여 쉽게 달성될 수 없었다. 적어도 민족주의사학, 사회경제사학 그리고 실증사학이라고 흔히 불리는 세 학파의 성립과 대립 그리고 종합에서 점차로 이 문제를 아울러 해명할 수 있는 한국사관의 정립이 모색되어왔다고 할 수 있다.

1. 민족주의사학

민족주의사학은 자기 스스로를 찾아 지켜서 독립운동을 뒷받침해주려는 민족적 정신운동이었다고 할 수 있다. 그러므로 그것은 정신사관에 기초를 두고 있었다는 데에 특징이 있다. 민족주의사학자들은 비록 국가라는 외형은 잃었더라도 정신만 살아 있으면 민족은 살아 있는 것이며, 따라서 언제고 반드시 독립을 되찾을 수 있다고 믿었다. 그러므로 역사를 움직이는 근본이 되는 것을 정신적인 것으로 보았다. 다만, 그 정신을 우리 민족의 고유한 것으로 보았는가, 아니면 추상적이고 보편적인 것으로 보았는가에 차이가 있었다.

(1) 고유사상사관

1) 신채호

신채호申采浩(1880~1936)는 국사를 민족의 입장에서 보아야 한다고 믿었다. 그가

> 국가의 역사는 민족의 소장消長·성쇠盛衰의 상태를 밝히어 서술하는 것이다. 민족을 버리면 역사가 없을 것이며, 역사를 버리면 민족의 그 국가에 대한 관념이 크지 않을지니, 오호라, 역사가의 책임이 그 또한 무거울진저(『독사신론讀史新論』 서론(현대문 역), 『대한매일신보』 1908년 8월 27일자 ; 『논선』, 94쪽).

라고 하였음은 그러한 생각을 나타낸 것이다. 또 이와 같이 민족을 국사의 주체로 보아야 하므로 국사의 여러 측면도 민족을 중심으로 보아야 한다고 주장하였다.

> 역사의 붓을 쥔 자는 반드시 그 나라의 주인이 되는 한 종족을 먼저 나타내어 이로 주제主題를 삼은 뒤에, 그 정치는 어떻게 정비·이완되었으며, 그 실업實業은 어떻게 흥성·조락하였으며, 그 무공武功은 어떻게 전진·후퇴하였으며, 그 습속

은 어떻게 변하고 달라졌으며, 그 여러 갈래로 온 각 종족은 어떻게 흡수되었으며, 그 다른 지방의 나라와 어떻게 교섭하였는가를 서술하여야, 이에 역사라 말할지니, 만일 그렇지 아니하면 이는 정신이 없는 역사라. 정신이 없는 역사는 정신이 없는 민족을 만들며 정신이 없는 국가를 만들지니, 어찌 가히 두려워하지 아니하리오〔『독사신론』 서론(현대문 역) ; 『논선』, 95쪽〕.

요컨대 신채호는 한국사의 주인공은 바로 한국 민족이며, 한국사는 한국 민족의 정치 · 경제 · 전쟁 · 풍속 · 외교 등을 다룬 것이어야 한다고 보았던 것이다. 그렇다면 신채호는 한국 민족의 역사를 구체적으로 어떻게 파악하였을까?

역사란 무엇이뇨? 인류사회의 '아我와 비아非我'의 투쟁이 시간부터 발전하며 공간부터 확대하는 심적心的 활동 상태의 기록이니, 세계사라 하면 세계 인류의 그리 되어온 상태의 기록이며, 조선사라 하면 조선민족의 그리 되어온 상태의 기록이니라.

무엇을 '아'라 하며 무엇을 '비아'라 하느뇨? 깊이 팔 것 없이 얕게 말하자면 무릇 주관적 위치에 선 자를 아라 하고 그 외에는 비아라 하나니, 이를테면 조선인은 조선을 아라 하고, 영英 · 노露 · 법法 · 미美 …… 등을 비아라고 하지만, 영 · 미 · 법 · 노 …… 등은 각기 제 나라를 아라 하고 조선은 비아라 하며, 무산계급은 무산계급을 아라 하고, 지주나 자본가 …… 등을 비아라 하지만, 지주나 자본가 …… 등은 각기 제붙이를 아라 하고 무산계급을 비아라 하며, 이뿐 아니라 학문이나 기술에나 직업에나 의견에나 그 밖에 무엇에든지 반드시 본위本位인 아가 있으면 따라서 아와 대치한 비아가 있고, 아의 중에 아와 비아가 있으면 비아 중에도 또 아와 비아가 있어, 그리하여 아에 대한 비아의 접촉이 번극煩劇할수록 비아에 대한 아의 분투가 더욱 맹렬하여 인류사회의 활동이 휴식될 사이가 없으며 역사의 전도前途가 완결될 날이 없나니, 그러므로 역사는 아와 비아의 투쟁의 기록이니라(『조선사』 총론, 『조선일보』, 1931 ; 『조선상고사朝鮮上古史』, 1948 ; 『논선』, 138쪽).

신채호는 역사를 '아我와 비아非我의 투쟁의 기록'으로 규정하였다. 그는 한국 민족을 '아'로 보고, 이민족을 '비아'로 보는 입장에서 한국사를 서술하였다. 특히 중국이나 북방의 여러 민족들과의 투쟁을 중시하였다. 그런데 신채호는 아 속에도 비아가 있다고 하였다. 한국 민족 내에도 아와 비아의 구분이 있다고 보았던 것이다. 특히 그는 고유사상을 아로 보고 외국으로부터 받아들인 외래사상을 비아로 보아 양자의 투쟁 결과가 한국사의 흐름을 결정하였던 것으로 파악하였다.

> 서경전역西京戰役을 역대 사가들이 다만 왕사王師가 반적反賊을 친 전역으로 알았을 뿐이었으나 이는 근시안의 관찰이다. 그 실상은 이 전역이 즉 낭郎·불佛 양가兩家 대 유가儒家의 전戰이며, 국풍파國風派 대 한학파漢學派의 전이며, 독립당 대 사대당의 전이며, 진취사상 대 보수사상의 전이니, 묘청妙淸은 곧 전자의 대표요, 김부식金富軾은 곧 후자의 대표이었던 것이다. 이 전역에 묘청 등이 패하고 김부식이 승하였으므로 조선사가 사대적·보수적·속박적 사상—유교사상에 정복되고 말았거니와, 만일 이와 반대로 김부식이 패하고 묘청 등이 승하였다면 조선사가 독립적·진취적 방면으로 진전하였을 것이니, 이 전역을 어찌 일천년래一千年來 제일대사건第一大事件이라 하지 않으랴?(「조선역사상 일천년래 제일대사건朝鮮歷史上 一千年來 第一大事件」, 『조선사연구초朝鮮史研究草』, 1929 ; 『논선』, 115~116쪽).

신채호는 묘청의 난을 하나의 반란으로 보기를 거부하고, 이를 서경전역西京戰役, 곧 서경전쟁이라고 불렀다. 그는 이를 고려로부터 조선에 걸치는 천년 역사에서 가장 중요한 사건이었다고 보았다. 서경전역은 낭가사상과 그에 동조하였던 불교사상 대 유교사상, 국풍파 대 한학파, 독립당 대 사대당, 진취사상 대 보수사상의 싸움이었는데, 중국의 금金에 대해 칭제북벌론稱帝北伐論을 내세웠던 낭·불 양가의 대표 묘청 일파가 사대칭신事大稱臣을 주장하였던 유가의 김부식 일파에 패배함으로써 한국사는 사대주의로 기울고, 드디어는 민족이 쇠퇴하는 근본적인 계기가 마련되었다고 주장하였다. 그 결과 나라의 형편이 추락하게 되어 결국 일제의 지배를 받기에 이르렀다는 것이다.

신채호는 화랑도와 같은 고대의 무사단을 낭가郎家라고 하고, 그들의 사상, 곧 낭가사상을 한국의 고유사상이라고 보았다. 낭·불 양가라고 하였으나 신채호에게 더 중요하였던 것은 낭가사상이었으며, 이 민족고유사상이야말로 민족정신의 구현이요 독립사상의 원천으로 생각하였다. 반면 외래의 유가사상은 민족정신을 좀먹는 사대주의적 사상으로 여겼다. 신채호의 민족사는 정신사적인 특징을 강하게 지닌 것이었으며, 이 점이야말로 그의 사관에서 근본을 이루고 있는 것이다. 고유한 사상에 근거를 둔 민족의식의 성쇠가 민족사의 성쇠를 결정하는 가장 중요한 요건이라는 것이 신채호의 생각이었다. 이에 신채호는 고유사상인 낭가사상이 성하였던 시대를 갈망하게 되었고, 그 시대는 바로 외래사상이 본격적으로 들어오기 이전인 삼국시대와 그 이전일 터이므로 자연스럽게 고대사에 대한 연구에 주력하였던 것으로 생각된다.

1920년대 초반에 신채호는 점차 무정부주의에 공명하였다. 1923년에 쓴 「조선혁명선언」에 나타난 그의 사상은 무정부주의에 근거한 것이었다. 신채호는 이 선언에서 "'고유적 조선의', '자유적 조선민중의', '민중적 경제의', '민중적 사회의', '민중적 문화의' 조선을 건설하기 위하여 '이족 통치의', '사회적 불균등의', '노예적 문화사상'의 현상을 타파" 할 것을 주장하였다. '고유적 조선'이라고 한 것은 지난날 민족주의의 영향이지만, 그러나 이제 신채호가 역사의 주체로서 민족 대신 민중을 강조하였음에 주목해야 한다. 민족을 그 안에 계급을 내포하고 있는 하나의 사회로서 다시 보게 되었고,

따라서 사회사적인 관점이 생기게 되었던 것이다. 일제의 압박으로부터 독립하는 것도 이 같은 민중의 힘으로 이루어질 것이라고 믿었으며, 그는 이를 「조선혁명선언」에서 '민중혁명' 혹은 '민중의 폭력적 혁명'이라고 표현하였다. 이것은 민족의 고유사상을 토대로 역사를 보았던 민족주의사관과는 판이하게 다른 것이다.

그러나 이러한 관점의 변화가 구체적인 역사서술에 반영되지는 못하였다. 이와 관련하여 그가 1920년대 혹은 만년에 썼다고 전하는 다음과 같은 구절이 주목된다.

> 어떠하여야 참 조선의 조선사라 하겠는가? 조선 민중 전체의 진화를 서술한 것이라야 참조선의 조선사가 될지나, 그러나 민중을 표준하는 (역사는) 20세기에 맹아萌芽한 자이니, 이는 너무 사치한 선택이니, 내가 말한 참 조선사는 곧 조선적 조선을 적은 조선사이거늘, 위인적 조선을 적은 조선사이거나, 다만 조선을 주체로 하고 충실히 적은 조선사를 가리킴이다(「조선사의 정리整理에 대한 사의私疑」, 『단재 신채호 전집』(보유), 1975, 105쪽).

신채호가 생각하였던 '참 조선사'는 이상적으로는 민중의 입장에서 서술된 조선사이지만, 그는 현실적으로 아직 그러한 조선사의 출현을 기대하기 어려움을 토로하였다. 1920년대에 들어선 이후 신채호는 분명히 관념적인 옛 민족주의의 극복을 지향하고 있었다고 생각한다. 그러나 그는 그 이후에도 옛날의 민족주의에 입각하여 집필한 한국사 저술들을 발표하였다. 그것은 이전의 연구 성과를 그대로 발표한 것이요, 그의 새로운 역사관을 반영한 것이 아니었다. 말하자면 이상과 실제가 괴리된 결과였던 것이다.

2) 문일평

민족의 고유한 사상을 중시한 또 다른 사학자로는 문일평文一平(1888~1936)을 들 수 있다.

> 세종께서 창조하신 문화는 조선아朝鮮我에 눈뜬 제일보이니만치 그것이 곧 조선사상의 연원을 지었다. 우리네 고유한 언어를 적기 위하여 독특한 문자를 창조함과 같음은 구원한 조선문화사에 있어서도 가장 추칭推稱할 만한 조선사상의 고귀한 발로이다.
>
> 다만 조선사상이 그때나 이때나 무슨 체제를 가진 독특한 사상은 아니다. 그러나 중국사상 그것도 아니요, 인도사상 그것도 아니요, 조선사상은 어디까지나 조선사상이다. 비록 예로부터 조선이 중국 · 인도사상의 감화를 많이 받았으나 특수한 환경에서 특수한 생활을 하게 된 조선인은 구원한 역사를 통하여 일종 특수한 조선심朝鮮心을 형성함에 이른 것으로서 그것이 세종에게 의하여 가장 구체적으로 표현된 것이다. 이러한 의미에서 세종을 조선심의 대표자라 부르고 싶다.
>
> 원효를 불교사상계의 위인이라고 하고 퇴계를 유교사상계의 위인이라 한다면, 또한 세종을 조선사상계의 위인이라 못할 것이 없다. 그러나 불교철학을 떠나서 원효가 독립할 수 없고 유교철학을 떠나서 퇴계가 독립할 수 없는 것과 같이 조선학朝鮮學을 떠나서 세종이 독립할 수 없으므로, 불 · 유학이 쇠衰해지고 조선학이 자라남을 따라서 원효 · 퇴계의 존재는 차차 멀어 가고 세종의 광채는 더욱 증장增長될 것도 거의 의심 없는 사실일 것이다(「사안史眼으로 본 조선」, 『조선일보』 1933년 4월 ; 『호암전집湖岩全集』 2, 1939 ; 『논선』, 165쪽).

'조선심朝鮮心'은 한국 민족에게 고유한 것이면서 구체적이기보다는 추상적인 정신으로서 한국문화를 형성하는 근원이었다고 할 수 있다. 이 점에서 다음에 보게 될 최남선의 '조선정신'과 비슷한 면이 있지만, '조선심'을 자연이나 역사의 근원에 내재하는 것이기보다는 역사적인 산물이라고 보았다는 점에서는 차이가 있다. 그럼에도 그것은 물론 막연한 것이어서 '조선사상'으로 구체화되어서 비로소 이를 알아볼 수 있게 되는 것이었다. 문일평은 '조선심'의 대표자로 세종을 들고, 훈민정음 제정을 '조선사상'의 고귀한 발로로 높이 평가하였다. 한국사상계의 세 위인을 꼽는 중에서도 불교의 원효, 유교의 퇴계보다 조선학의 세종을 가장 위대하게 보았던 까닭도 여기에 있다.

> 근일에 사용하는 조선학은 흔히 애급학埃及學과 앗시리아학學과 병칭하는 경향이 있다마는 여기는 다소 그 의의가 다르니, 광의로는 종교 · 철학 · 예술 · 민속 · 전설 할 것 없이 조선연구의 학적 대상이 될 만한 것은 모두 포함한 것이나, 협의로는 조선어 · 조선사를 비롯하여 순조선문학純朝鮮文學 같은 것을 주로 지칭하여야 하겠다.
>
> 그러나 엄정한 입장에서 조선학이란 광의보다도 협의로 해석하는 것이 옳다고 하겠다. 특히 조선학이 유 · 불학과 대립하는 경우에 이르러는 협의로 해석할 것은 물론이다. 다시 말하면 조선인의 특수성을 표시하는 그 언어를 비롯하여 조선인의 과거상過去相을 영사하는 그 역사이며 또는 조선인의 실생활을 조선말로 써낸 조선문학 같은 것이 조선학을 구성한 중심골자가 되어야 하겠다(「사안으로 본 조선」; 『논선』, 165～166쪽).

당시 흔히 한국에 대한 연구를 조선학이라고 불렀는데, 문일평은 이 학문의 성격이 막연하여 모호한 점을 지닌 것에 대해 불만을 갖고 있었다. 그는 조선학이 한국의 것 모두를 대상으로 한 것이기보다는 한국적인 것, 곧 조선어, 조선 역사, 조선 문학 등을 중심으로 한 것이기를 원하였다. 다시 말하자면 '조선심'의 표현인 '조선사상'과 이를 토대로 한 조선문화에 대한 연구를 조선학으로 정의하였던 것이다.

문일평의 한국사 인식의 진면목은 '조선심'이나 '조선사상' 혹은 조선학을 지금껏 돌보지 않던 사회적인 것과 연결하여 생각하고자 한 데에 있다. 그가 세종의 훈민정음을 높게 평가한 이유는 그것이 민중의 문자였기 때문이다. "원효 · 퇴계는 귀족문명시대에 있어서 사상계의 대표자가 되었다면, 세종은 장차 오는 민중문명시대에 가서도 사상계의 선도자 됨을 잃지 않을 것이다"(「사안으로 본 조선」; 『논선』, 164쪽)라고 한 것에서 이를 알 수 있다. 문일평은 민족주의적인 입장에서 역사를 보고 있었지만, 민족을 민중과 연결시켜 생각하였다. 그는 민족을 신비로운 관념 속에서가 아니라 하나의 사회로서 인식하려고 하였다. 그리고 그 사회는 시대에 따라 발전한다고 생각하였다. 이러한 민족과 민족사에 대한 인식은 민족주의사학에서 일단의 전진이었다.

(2) 추상적 정신사관

1) 박은식

박은식朴殷植(1859~1925)은 나라가 망한 뒤 고된 망명생활을 하면서 독립운동에 일생을 바쳤다. 임시정부에서는 이승만의 뒤를 이어 제2대 대통령이 되었다. 이처럼 그는 평생을 나라의 자주와 독립을 위해 바쳤던 독립투사였는데, 그런 그가 학문적 진리를 매우 소중하게 여겼다는 점은 특기할 만하다.

「학學의 진리는 의疑로 좇아 구求하라」라는 글에서 박은식은 "무릇 학문學問이란 것은 실로 천지天地를 개벽開闢하고 세계를 좌우하는 능력이 재在한 자이니, (중략) 그런고로 학술로써 천하를 구救한 자도 있고, 학술로써 천하를 살殺한 자도 있다"(『박은식전서』 하, 단국대학교 동양학연구소, 1975, 196쪽)라고 하였다. 이처럼 학문을 소중하게 생각하던 그는 이어서 학문적 진리를 얻기가 매우 어렵지만, 학자들은 그것을 얻기 위하여 비상한 노력을 다할 것을 강조하였다.

오늘날 학문이란 민족이나 현실을 위해서는 이래도 좋고 저래도 좋은 것이라는 생각이 일반적인 풍조가 되어가고 있다. 상하좌우上下左右로부터 협

공을 당하여 학문은 그 독립성을 잃어가고 있다. 그러나 진리에 배반되는 말을 하는 학문이 민족이나 현실에 무슨 도움이 되겠는가? 민족이 길이 번영하기를 원하거든 모름지기 박은식의 말에 귀를 기울여야 할 것으로 믿는다. 나는 내 무덤 앞의 작은 돌에 "민족에 대한 사랑과 진리에 대한 믿음은 둘이 아니라 하나다"라고 적어주기를 가족들에게 부탁해놓고 있다.

박은식은 1915년에 『한국통사韓國痛史』를 편찬했는데, 그 저술 동기를 다음과 같이 적었다.

> 나는 재앙이 닥쳐왔을 때에 태어나서 나라가 망하였음을 애통하였는데 이미 죽지 못하고 있다가 마침내 도망하게 되었다. 경술년庚戌年(1910) 모월某月 모일某日 아침에 서울을 떠나 저녁에 압록강을 건너 다시 북안北岸을 거슬러 올라가 위례성慰禮城을 바라보며 멈추었다. 예와 지금을 아래 위로 살펴보니 공허한 느낌이 더하여 머리를 숙이고 거닐며 연연하여 오랫동안 떠나질 못했다. 외국에 망명하여 사람을 대하기가 더욱 두려우니 가동街童과 시졸市卒이 온통 나를 망국노亡國奴인 자라고 욕하는 것 같다. 천지天地가 비록 크지만 이 욕을 짊어지고 어디로 가겠는가. 때에 혼하渾河의 가을이 저물어 쑥이 꺾어지고 풀이 마르고 원숭이가 슬퍼하고 부엉이가 운다. 내가 울면서 고향을 떠나 아직 눈물이 마르지도 않았는데, 이런 모습들을 보니 슬픔이 더하여 견딜 수가 없다(『한국통사韓國痛史』 서언緖言, 『한국통사』, 1915 ; 『논선』, 106쪽).

> 내가 단군개국기원 4190년에 황해의 바닷가에서 태어났는데 고고呱呱의 소리를 지르며 태어나던 그날 이미 국민으로서의 책임을 짊어지게 되었다. 그런데 늙어서 머리가 희어진 지금에 이르기까지 그 직분을 다하지 못하여 우리 조상들을 제사하지 못하게 되니 이러한 큰 죄를 짊어지고 어디로 갈 수 있겠는가? 하루는 애양靉陽으로 우리 동포를 방문하여 머물렀는데 다음날 아침에 주인이 나에게 일러 말하기를 "꿈에 한 사람이 나타나 '그대가 이곳에 있는가?' 물으며 말하기를 '그 사람이 저술함이 있는가? 그는 바로 동방에 있어서 문헌에 대한 책임을 지는 사람

이다' 라고 하더이다" 라고 하였다. 내가 이 말을 듣고 눈물을 흘리며 말하기를 "우리 조상이 묵묵히 소자小子에게 명하는 것이 있구나" 라고 했다(『한국통사』 결론, 『한국통사』, 1915 ; 『논선』, 110쪽).

일제의 침략으로 인해 나라를 잃고 다른 나라를 떠도는 망명객의 비애와 비록 나라를 잃었지만 그 역사를 적어두어야 한다는 의무감이 잘 드러나 있다.

옛 사람이 말하기를 나라는 멸할 수 있으나 역사는 멸할 수 없다고 하였다. 대개 나라는 형形(형체形體)이고 역사는 신神(정신精神)이다. 지금 한국의 형形은 허물어졌으나 신神만이 독존獨存할 수는 없는 것인가? 이것이 통사痛史를 저술하는 까닭이다. 신神이 존속하여 멸滅하지 않으면 형形은 부활할 때가 있을 것이다(『한국통사』 서언 ; 『논선』, 108쪽).

대개 국교國教 · 국학國學 · 국어國語 · 국문國文 · 국사國史는 혼魂에 속하는 것이요, 전곡錢穀 · 군대軍隊 · 성지城池 · 함선艦船 · 기계器械는 백魄에 속하는 것이다. 그런데 혼魂의 됨됨은 백魄에 따라서 죽고 사는 것이 아니다. 그러므로 국교國教 · 국사國史가 망하지 않으면 그 나라는 망하지 않는다. 오호라. 한국의 백魄은 이미 죽었으나 이른바 혼魂은 살아 있는가 없는가(『한국통사』 결론 ; 『논선』, 110쪽).

박은식은 역사를 신神 혹은 혼魂이라고 하였고, 나라는 형形 혹은 백魄이라고 보았다. 그리고 근본적인 신과 혼이 살아 있으면 외형적인 형이나 백에 해당하는 국가는 언제든지 부활할 수 있다고 보았다. 그가 망국의 과정을 적은 『한국통사』를 지은 까닭은 국민들로 하여금 망국의 아픈 역사를 알게 함으로써 결국 앞으로 나라의 독립을 대비하게 하고자 함이었다. 박은식에게 역사를 쓴다는 것은 곧 독립운동을 의미하는 것이었다. 그는 3 · 1운동을 위시하여 1884년 이래 쉬지 않고 계속 일어난 독립운동은 이 신 혹은 혼이 동력이 된 것이라고 생각하였다. 그가 항일독립운동에 관한 역사서인 『한국독립운동지혈사韓國獨立運動之血史』(1920)를 지은 까닭이 여기에 있다.

박은식이 중시하였던 신 혹은 혼은 추상적이고 보편적인 것이었다. 또한 그는 현대사, 특히 망국사와 독립운동사를 중심으로 한국사를 저술하였다. 이 점은 신채호가 주로 고대사를 중심으로 낭가사상이라는 고유한 사상을 탐구하였던 것과 다르다. 같은 민족주의 사학자였지만 둘의 관심분야는 달랐던 것이다.

2) 정인보

정인보鄭寅普(1892～?)는 한국의 고전에서 한국 연구의 전통을 찾아보려고 하였다. 그는 특히 실학을 중시하였는데, 그중에서 귀중한 서적들을 골라 이의 해제를 시도하였다. 이를 통해 정인보는 실학자들의 저서를 사료로서 중시할 뿐 거기에 담긴 그들의 연구성과를 무시하는 현대 학자들의 결함을 깨우쳐주었던 셈이다.

그의 한국사 인식은 1935년 1월 1일부터 1936년 8월 29일까지 『동아일보』에 연재하였던 「오천년간五千年間 조선朝鮮의 얼」을 통해 알 수 있다. 이것은 해방 후 『조선사연구朝鮮史硏究』〔서울신문사, 상(1946)·하(1947)〕로 출판되었는데, 내용은 단군조선으로부터 삼국에 걸쳐 있다. 본래는 통사를 계획하였던 것이지만, 고대사 개설서에 그치고 말았다.

> 무릇 세사世事는 만단萬端이다. 그러나 그 본本함은 인심人心이요, 역사는 백변百變·천환千幻한다. 그러나 그 수혈髓血을 순마循摩하여 보면 곧 인심人心의 완연굴절蜿蜒屈折함이다. 인심 또한 진위眞僞·허실虛實·사성詐誠·사정邪正의 체대遞代함이 교산巧算으로써 헤일 수 없는 것이라. 그러나 그 척주脊柱는 이 이

른바 '얼' 이니, 이 '얼' 이 있는지라 변變해도 또 환幻해도 운리雲裏의 용신龍身과 같이 역구일관歷久一貫의 대선大線을 심색尋索할 수 있는 것이다(「오천년간 조선의 얼」 서, 『동아일보』 1935년 1월 ; 『조선사 연구』, 1946 ; 『논선』, 199쪽).

정인보는 역사의 척주를 이루는 것이 '얼' 이라고 생각하였다. 이 '얼' 이란 민족에 있어서는 물론 '민족의 얼' 로서, 5천 년에 걸친 한국의 역사도 물론 이 '얼' 이 나타난 것이라 하였다. 그리고 이 얼이 죽으면 곧 민족도, 그 역사도 죽는 것이라고 생각하였다. 그에게 역사를 연구한다는 것은 곧 이 '얼' 을 찾는 작업이었다. 그러므로 정인보에 따르면 사실의 구명은 역사에 있어서 그리 중요한 것이 아니었다. 만일 역사적 사실을 구명하였다고 하더라도 '얼' 을 도외시하였다면 그것은 무의미한 작업이 되는 것이었다. 그가

(상략) 그런즉 '얼' 을 제쳐놓고서 사적事蹟의 구명究明에 전專하였다 할진대 구명도 구명다웁지 못할 것은 물론이려니와 설사 구명으로서 상당함이 있다 할지라도 이 이른바 무위無爲의 구명이라(「오천년간 조선의 얼」 서 ; 『논선』, 200쪽).

라고 하였음은 이를 알려준다.

'얼' 을 중심으로 한 정인보의 사관은 지나치게 관념적인 경향을 띠고 있었다. 역사적 사실이나 그 체계보다는 정신적인 각성을 강조하였던 데에 그의 특색도 있고 또 결함도 있는 것이다. 정인보에 따르면 '얼' 은 밖에서 오는 것이 아니라 안에 있는 생명의 근원과 같은 것이었다. 그러므로 생명이 남아 있는 마지막 한순간까지 홀로라도 앞으로 전진하여 마지않는 것이었다. 이러한 입장에 선 그가 절조節操를 중히 여겼음은 당연하다. 그리고 절조를 잃는 것은 제 '얼' 을 스스로 지키지 못하는 데에 있다고 본 것도 당연한 결론이었던 것이다. 정인보의 뜻은 일본의 가혹한 식민정책 아래에서 민족의 생명

에 대한 확고한 신념을 일으켜서 최후까지 이를 지켜나갈 것을 강조한 것이었다. 그러나 한편으로 너무나 관념적이고 추상적인 그의 정신사관이 일반 민중에게 어느 정도 영향력을 미쳤을까 하는 점은 의문이다.

정인보의 철저한 정신사관은 신채호의 그것과 흡사한 점이 많다. 다만 신채호는 한국 역사상의 구체적인 사상체계, 즉 낭가사상을 고유한 민족사상으로 보고, 그 성쇠를 한국사의 성쇠로 파악하였다. 이에 대해서 정인보는 보편적인 '얼'을 내세웠다는 점에서 차이가 있는데, 그의 '얼'은 박은식의 신이나 혼과 비슷한 면을 갖는다.

3) 최남선

최남선崔南善(1890~1957)은 한국과 한국문화를 개별적으로 분석해서 이해하는 데 만족하지 않고, 이를 전체적으로 또 근본적으로 이해하려고 하였다. 이러한 데서 나온 것이 그의 '조선정신'이었을 것으로 생각한다.

> 조선의 국토는 산하 그대로 조선의 역사며 철학이며 시詩며 정신입니다. 문자 아닌 채 가장 명료하고 정확하고 또 재미있는 기록입니다. 조선인의 마음의 그림자와 생활의 자취는 고스란히 똑똑히 이 국토의 위에 박혀 있어 어떠한 풍우라도 마멸시키지 못하는 것이 있음을 나는 믿습니다.
>
> 나는 조선역사의 작은 일학도一學徒요, 조선정신의 어설픈 일탐구자一深究者로, 진실로 남다른 애모愛慕·탄미嘆美와 한 가지 무한한 궁금스러움을 이 산하·대지에 가지는 자입니다. 자갯돌 하나와 마른 나무 한 밑동에도 말할 수 없는 감격과 흥미와 또 연상을 자아냅니다. 이것을 조금조금 색독色讀하게 된 뒤로부터 조선이 위대한 시의 나라, 철학의 나라임을 알게 되고, 또 완전 상세한 실물적實物的 오랜 역사의 소유자임을 깨닫고, 그리하여 쳐다볼수록 거룩한 조선정신의 불기둥에 약한 시막視膜이 퍽 많이 어뜩해졌습니다(「순례기巡禮記의 권두卷頭에」, 『심춘순례尋春巡禮』, 1926 ; 『논선』, 131쪽).

최남선은 역사가로서 '조선정신'을 탐구한다고 하였다. 이 '조선정신'은 역사뿐 아니라 자연 속에도 나타나 있는 것으로서, 말하자면 한국의 모든 것에 한결같이 숨어 있는 신비로운 존재이다. "조선국토에 대한 나의 신앙은 일종의 '아니미즘' 일지도 모릅니다"(「순례기의 권두에」; 『논선』, 131쪽)라고 말한 바와 같이 그의 조선사상은 종교적 성격을 띤 것이었다.

최남선은 자신이 불함문화권不咸文化圈(범알타이계 문화권)이라고 주장한 동북아시아계 여러 민족의 공통적인 신앙을 배경으로 하고서 비교학적으로 단군과 단군신화를 이해하려고 하였다. 그것은 한국 고대문화 연구에 있어서 일단의 전진이었으며, 그의 단군 연구는 현재까지도 생명력을 갖고 있다. 그런데 최남선이 단군 신화의 과학적 해명보다도 더 중요하게 여겼던 것은 거기에 나타난 조선정신이었을 것이다. 그는 이 조선정신을 '붉(밝)', '붉은(밝은)'〔不咸〕이라는 말에 표현된 광명숭배·태양숭배의 신앙에서 구하였던 것으로 보인다. 또 그는 백두산을 '붉' 신앙의 성지이자 동북아시아문화의 중심지로서 신성하게 여겼다. 이처럼 최남선의 한국관 내지는 한국사관은 지극히 관념적이고 종교적인 것이었다. 그러므로 이러한 신앙을 상실하였을 때 역사가로서 그에게 남은 것은 오직 박학博學뿐이었을 것이다. 그가 만년에 자기 스스로 부인한 바 있는 "사실의 쓰레기통"(『조선역사』 소서小敍, 『조선역사』, 1931; 『논선』, 154쪽)에 불과한 잡서雜書들을 출판하는 데에 만족하고, 기껏 한국사사전의 편찬을 꾀하는 정도였다는 것은 그 때문이었을 것이다.

최남선의 '조선정신'은 한국민족만이 가진 정신인 것이며, 그것이 민족의 고유한 것이라는 점에서는 신채호의 낭가사상과 통하는 면을 가지고 있다. 그러나 구체적인 사상체계가 아니라는 점에서는 서로 다르다. 그것이 추상적인 것이요, 한국인 전체에 내재하는 것이었다는 점에서는 박은식의 '혼'이나 정인보의 '얼'과 서로 통하는 면을 지니고 있으나, 한편 이들에서와 같이 인류 전체에 보편적인 것이 아니라 한국인에게만 고유한 것이었다는 점에서 서로 차이를 드러내고 있다.

(3) 도덕적 섭리사관

도덕적 섭리사관이라고 함은 도덕을 중심으로 신의 뜻에 따라 우리 역사가 진행되어왔다는 사관이다. 함석헌咸錫憲(1901~1989)은 일제시대에 「성서적聖書的 입장에서 본 조선역사」를 썼다. 제목과 같이 이것은 성서적 입장에서 한국사의 뜻을 찾아보자는 것이다. 다른 말로 하면 한국사를 그렇게 있게끔 한 신神의 섭리가 무엇인가를 찾아보자는 것이었다. 그러나 이것은 신의 의사에 의해 좌우된 한국사를 말하는 것이 아니라, 한국 민족이 독립된 의지로 움직여온 역사에 나타난 신의 뜻을 찾아보자는 것이었다.

> 영웅사관이나 계급사관이 다 국부적 진실을 말하는 것이다. 그러나 분석적 진眞이 반드시 진眞인 것은 아니다. (중략) 사상史上에 영웅의 활동이 없다는 것이 아니요, 계급의 동인動因이 없다는 것 아니나, 그것이 전부를 싸는 진리는 아니다. 개인의 활동이든지, 단체의 활동이든지, 그것이 사상史上에 깃들 때는 어쩔 수 없이 민족의 일로 깉는다. 모세의 일은 유대의 일로, 자코벤당黨의 일은 불란서의 일로 깉는다. 조로아스타의 종교는 그의 입에서 나온 것이건만도 이는 파사문화波斯文化의 골수요, 희랍철학은 아테네의 귀족계급의 산물이건만도 희랍철학이라고 부른다.
>
> 이렇게 말하면 매우 심한 민족주의자가 된 것 같으나 그런 것도 아니다. 무엇보다도 더 배타적 민족주의는 타기할 것이다. 그러나 개인주의를 배척하여도 개인의 가치를 존중하라는 것같이, 민족주의를 버려도 민족의 가치를 알아야 한다. 이를 모르고 역사를 알 수 없기 때문이다. 고로 역사의 하담자荷擔者는 민족이다. 개인도 계급도 아니다. 개인도 계급도 다 민족적 세력의 대표적 대행자다. 조선역사는 조선사람의 역사다. 어쩔 수 없이 조선사람의 역사다(「조선사의 기조」, 「성서

적 입장에서 본 조선역사」, 『성서조선聖書朝鮮』 65, 1934 ; 『논선』, 181~183쪽).

함석헌에 따르면 역사의 담당자(하담자荷擔者)는 영웅도 계급도 아닌 민족이다. 비록 '민족주의를 버려도'라고는 하였지만, 민족을 개인과 마찬가지로 보고 그것이 역사의 담당자라고 보는 점에서 민족주의사학과 서로 통하는 것이다. 그리고 함석헌은 한국사의 담당자인 한국 민족의 행동을 도덕적으로 평가하려고 하였다. 역사는 신의 섭리에 따라 진행되어왔다고 보면서도 민족의 도덕적 책임을 강하게 물었다. 이 점은 민족주의사학의 정신사관적인 특징과 일면 서로 통한다. 그러므로 함석헌의 한국사관은 큰 테두리에서 볼 때 민족주의사학에 포함시켜도 좋다고 생각한다.

함석헌은 한국 민족이 도덕적으로 악했기 때문에 신에 의해 처벌을 받게 되어 한국의 역사가 고난의 역사가 되었다고 보았다. 그는 사육신과 임경업의 억울한 죽음에 대해 자주 언급하였는데, 민족적인 비극의 시초랄까 하는 것을 여기서 상징적으로 봤던 것으로 생각된다. 함석헌은 우리 역사를 도덕적으로 타락한 길가의 창녀에 비유하기도 하였다. 그러나 그가 한국 민족의 앞날을 비관하였던 것은 아니었다. 함석헌은 로댕의 작품 중에 '늙은 창녀'라는 조각품을 예로 들어 그 속에 아름다움이 있다고 하면서, 결국 하느님에 의한 인류의 구원이 고난의 상징과 같은 우리 민족에 의해서 이루어지지 않겠는가 하는 희망을 널리 불어넣으려고 하였다.

지금까지 언급한 민족주의사학의 특징은 다음과 같이 정리할 수 있다. 첫째, 민족을 개인과 같이 단순한 것으로 보았다. 민족정신, 민족의 고유사상, 민족의 도덕적 책임 등을 강조하고 민족 내부의 사회적 모순이나 갈등은 중시하지 않았다. 둘째, 정신사관이다. 낭가사상은 화랑도 정신이고, 박은식의 신 혹은 혼이나, 정인보의 얼, 그리고 함석헌의 섭리 역시 정신이다. 즉 역사의 근본을 정신적인 것으로 이해하였다. 셋째, 고대사와 현대사에 집중적으로 관심을 가졌다. 고대는 낭가사상이나 신(혼), 얼이 만들어진 때였고, 현대는 그것이 독립운동으로 구체화되는 시기이기 때문이다. 넷째, 민족주의사학은 독립운동, 민족부흥운동의 정신적 지주였다. 단순한 학문적 요구가 아니라 독립운동을 위한 하나의 방편이었던 것이다.

민족주의사학은 우리 자신의 학문적 전통 속에서 차지하는 비중이 컸고, 또 영향력도 강하였다. 그럼에도 학문적으로는 높은 평가를 받아오지 못하였다. 가령 사회경제사학이나 실증사학 등에서 모두 이에 비판적이거나 혹은 무관심하였다. 이에 대해서는 뒤에서 살펴보기로 하겠다.

2. 사회경제사학과 유물사관

1930년대에 들어서면서 민족주의사학과는 다른 국면에서 새로운 역사학을 건설하려는 노력이 나타났다. 하나는 유물사관에 입각한 사회경제사학이요, 다른 하나는 실증사학이었다. 이전에도 장지연과 같이 양반 중심의 역사서술에 대해 비판적인 경우가 있었다. 민족주의사학 안에서도 역사의 사회경제적인 측면에 관심을 표명하는 학자들이 나타났는데, 앞에서 언급한 바와 같이 신채호나 문일평이 그러하였다. 그런데 백남운 등이 주창한 새로운 사회경제사학은 유물사관의 이론에 근거하였다는 점에서 앞의 경향과 달랐다. 한편 이것은 시카타 히로시四方博를 대표로 하는 경성제국대학京城帝國大學의 정체성론자停滯性論者들과도 판연한 차이를 나타냈다.

(1) 사회경제사학

1) 장지연

널리 알려진 바와 같이 사회경제사관을 대표하는 것은 유물사관이다. 그런데 유물사관과 관계없이 사회사에 관심을 가진 역사가들이 있었다. 그들의 관심은 양반 중심의 역사관에 대한 비판에서부터 비롯하였다. 이것은 역사의 담당자를 양반사회에서 억압받았던 피지배층에게까지 확대해야 한다는 주장이기도 하였다. 이런 입장을 지닌 역사가로 우선 장지연張志淵(1864~1921)을 들 수 있다.

> 위魏·진晉 이래로 문벌을 숭상하는 기풍이 성하여 인간의 재능은 마침내 그 밑에 굴하게 되었다. 이조는 고려 말기의 폐단을 답습하여 사람을 등용하는 길이 극히 좁아서 존귀한 세족世族의 집은 그 자손이 비록 못났을지라도 청환淸宦을 이어받고, 한문농가寒門農家 출신의 선비는 비록 영재·준걸이라 할지라도 한산한 직에 등용됨이 많았다. 또한 신분적으로 중인·서인·상민·천민을 구별하여 청환에 오르지 못하게 하고, 지역적으로 서북양도西北兩道를 구분하여 앞길을 막았다. 오호라, 원기寃氣가 화기和氣를 범하고 중한衆恨이 하늘에 사무쳤다. 이와 같이 하기를 4백여 년에 이르러 나라가 마침내 망하고 말았다.
>
> 내가 서항西巷에 우거한 다음 해에 촌중村中의 인사들이 많이 나를 따라 자주 노닐면서 서촌西村의 고사故事를 말하며, 내게 한 권의 책을 편찬하여 유언遺彦과 일사逸士로 하여금 매몰되지 않고 이를 세상에 전하게 하여 그 죽은 혼백으로 하여금 실로 지하에서 감읍케 함이 있게 하라고 요청했다. 내가 이에 『희조일사熙朝逸事』, 『침우담초枕雨談草』, 『추재기이秋齋記異』, 『위항쇄문委巷瑣聞』, 『어우야담於于野談』, 『진조속기震朝續記』, 『호산외기壺山外記』, 『앙엽기盎葉記』, 『겸산필기兼山筆記』, 『숭양지崧陽志』 및 그 밖의 여러 선배의 문집을 수집하여 상고해서 초록抄錄하기 수년을 지난 뒤 6책을 편성하였다. 이에 그를 이름 붙여 『일사유사逸士遺事』라 하였다(『일사유사』 서, 『일사유사』, 1922 ; 『논선』, 112쪽).

장지연은 신분적으로는 양반과 중인 · 서인 · 상민 · 천민이 차별되고, 지방으로는 남도와 서북 양도가 차별되는 상황을 비판하였다. 차별받는 사람들의 원한이 하늘에 사무쳐 나라를 망하게 하였다고 한다든가, 혹은 그러한 일사들의 전기를 엮어서 죽은 혼백이 저 세상에서 감읍하도록 하자는 장지연의 입장은 분명히 이전의 역사관과는 다른 바가 있다. 즉 그에게는 인간의 평등에 대한 강한 바람이 있었던 것이다. 그리고 그러한 평등한 대우를 받지 못한 사람들의 슬픈 영혼을 위로해야 한다는 의식도 가지고 있었다. 사회에 큰 공헌을 하고도 이러한 차별 관념 때문에 결국은 역사의 기록에 두드러지게 나타나지 못하고 말았거나 정사에 전해지지 않는 일사逸士들의 전기를 모은 『일사유사』는 바로 그 같은 뜻에서 저술된 것이다.

2) 문일평

앞에서 언급한 바와 같이 문일평은 민족을 신비로운 관념에서가 아니라 하나의 사회로 인식하려고 하였다. 그러므로 그에게 한국사는 제왕들만의 역사일 수가 없었다. 그것은 반역자들의 역사이기도 하였다. 그는 연개소문淵蓋蘇文(?~665)을 비롯하여 정중부鄭仲夫(1106~1179), 이시애李施愛(?~1467), 홍경래洪景來(1771~1812) 등 13명의 전기를 엮어 「사상史上의 기인奇人」을 썼다. 특히 만적萬積, 승려 우본牛本, 이통李通 등 반란을 꾀하였던 천인들을 포함한 점도 눈길을 끄는데, 이 글의 머리말에서

> 그네로 말미암아 빌우집은 반역이 크면 일국一國을 뒤집고 작으면 일세一世를 놀라게 하였다. 그네의 거사가 개소문蓋蘇文, 정중부鄭仲夫 외에 비록 모두 실패의 운運에 마치고 말았으나 오히려 조선사를 창조한 일대동력이 된 것만은 뚜렷한 사실이니, 만일 조선사에서 반역아를 모조리 빼어버린다면 발랄할 기백이 그만큼

사라질 것이요, 따라서 뼈 없는 기록이 되고 말 것이다.

진정한 반역아일수록 그에 의하여 시대의 병폐와 사회의 결함이 그대로 폭로되나니, 그러므로 사상史上의 반역아를 가져다가 검토하면 오로지 그 시대와 그 사회를 알 수 있을 것이며, 이것이 또한 조선인과 조선역사를 고찰하는 일측면관一側面觀으로서 매우 흥미 있는 일이라 하겠다(「사상의 기인」 머리말, 『조선일보』 1933년 6월 ; 『호암전집』 1, 1939 ; 『논선』, 168쪽).

라고 하였다. 그런데 문일평이 민족과 사회를 발견한 것은 한국의 사상적 전통에서 말미암았다기보다도 서양의 새로운 문화에서 영향을 받은 것이었다.

개인이나 민족이나 오늘날 처음 생긴 것이 아니요, 개인이 출생하는 그날부터 민족이 성립하는 그날부터 이미 있기는 있으되, 개성의 존귀에 눈을 뜨게 된다든지 민족적 이해利害를 의식하게 된다든지 함은 최근의 일이다. 그네들 중에 어떤 이는 일보를 더 나아가 사회를 발견하게 되었고, 최후로 또 민중을 발견하게 되었다. 그리해서 사회운동이 생기며 민중운동이 생기며 무슨 일에든지 사회화를 부르짖고 민중화를 부르짖게 되었다. 물론 이것이 세계적 대사조大思潮에 자극을 받아 그리 된 것이라 해도, 종래 가족문화의 협착한 범위 안에서만 아장거리던 조선인에게는 콜럼버스의 아메리카 발견과 바스코 다가마의 인도항로 발견과 마찬가지로 신세계를 발견한 셈이다(「조선문화에 대한 일고찰」, 『조선일보』 1929년 11월 13~17일자 ; 『호암전집』 2, 1939 ; 『논선』, 136쪽).

그런데 그는 이어, 이 신세계는 원각圓覺이니 이기理氣니 하는 형이상形而上의 세계가 아니고 누구나 볼 수 있는 형이하形而下의 세계이므로 쉽게 이해할 수 있다고 하였다. 그리고 이 신세계를 전개시키면 한국인의 문화적 시야가 넓어지게 되는 것이라고 하였다. 신채호 · 최남선 · 정인보 등이 한국고대사에 주로 관심을 가졌던 것에 비해 문일평이 조선시대 이후, 특히 개항 이후의 역사에 관심을 가졌던 것도 이러한 결과였다고 생각한다.

문일평은 일반적인 기준으로 보았을 때 학문적으로 대성하였다고 말하기는 어렵다. 그 자신도 지나치리만큼 자기의 학문적 업적을 낮추 평가하였다. 그러나 문일평은 한국사의 인식을 널리 펴는 데에 있어서 큰 역할을 하였다. 민중의 역사를 민중을 위하여 쓰려고 한 그의 기본정신이 이런 데에도 나타나 있는 셈이다.

(2) 유물사관

1) 백남운

한국사를 이해하는 데 유물사관을 적용하기 시작한 것은 대체로 1920년대 초로 추측된다. 「막스와 유물사관의 일별一瞥」이라는 글이 『개벽開闢』지에 실린 것이 1920년 8월이었다. 유물사관을 대표하는 백남운白南雲(1894~1979)은 1918년에 일본 동경으로 유학을 갔고, 1925년에 귀국하여 연희전문학교延禧專門學校에 교수로 부임한 것으로 알려져 있다. 그런데 그가 1922년에 이미 『조선사회경제사朝鮮社會經濟史』를 쓰기 시작하였다고 하였으므로, 그는 동경 유학 중 유물사관을 접하고 이에 끌리게 된 것으로 보인다. 당시 일본은 '다이쇼大正 데모크라시'라 불리는 사상과 학문의 자유가 구가되던 시기였으므로, 그 조류 속에서 백남운도 유물사관에 관심을 가지게 되었을 것이다. 그러나 그 학문적인 연구 성과가 나타난 것은 1930년대에 들어와서부터였다. 그는 1933년 유물사관에 입각한 최초의 한국사 저술로 생각되는 『조선사회경제사』를 발행하였다. 1937년에는 제2권인 『조선봉건사회경제사朝鮮封建社會經濟史』 상권을 펴냈다.

『조선사회경제사』는 원시시대와 고대의 사회경제사를 다룬 것으로, 신라 말에서 끝난다. 『조선봉건사회경제사』 상권에서는 앞의 책에 이어 고려시대의 사회경제사를 다루었다. 조선시대 사회경제사를 다룰 예정이었던 『조선봉건사회경제사』 하권은 출판되지 못했지만, 그가 원시시대 이래의 방대한 한국사회경제사를 정리하려고 시도하였음을 알 수 있다. 이러한 방대한 연구를 일관하고 있는 것은 무엇이었는가? 이와 관련하여서는 우선 과거의 역사학에 대한 그의 비판부터 살펴보는 것이 도움이 된다.

> 그런데 종래의 조선역사는 어떠한가. 먼저 그 내용을 보면 어떤 일정한 왕조를 중심으로 하여 정치적 권력의 외부적인 규정 및 흥망성쇠를 줄기로 한 왕조의 변혁사, 혹은 군주의 행동거지, 신하들의 진퇴 등에 관한 이른바 군신君臣의 언행록言行錄, 또는 정령政令의 개폐, 군주의 득실, 신하들의 포폄 등에 관한 전제정부의 일기장, 그리고 전쟁사 등을 가득 싣고 있다. 만일 그 편찬의 체계를 본다면 중국의 강목식綱目式을 답습한 연대기적 분류사이다. 나아가서 그 편찬자들의 태도나 방침을 살펴보면 정통주의正統主義 아래 놓이고 있다. 그러한 여러 특징을 지니게 한 본질적인 이유를 규명한 결과 두 가지 특징을 발견하게 되었다(「조선경제사 방법론」, 『조선사회경제사』, 1933 ; 『논선』, 169쪽).

백남운은 정통론에 입각한 왕조시대의 군주와 신하를 중심으로 한 전통시대의 연대기적 역사서술을 비판하였다. 그런데 그가 특히 문제 삼은 것은 근현대 역사학이었다.

> 최근의 우리 선배들은 조선사학을 위해 얼마만한 공헌을 하였을까. 혹은 문헌고증을 위해, 혹은 고적답사 및 유물수집을 위해 심혈을 기울이고 있다. 물론 어느 것이나 필요한 일이긴 하지만, 다른 면에서 보면 우리 사학의 영역에 있어서 하나의 새로운, 그러나 불행한 각인刻印으로서의 '특수사관特殊史觀'이라는 외래품을 일본에서 수입한 것도 우리 선배들일 것이다. (중략) 적어도 관념적으로는 조선문화사의 독자적인 소우주Mikrokosmus로서 특수화하려는 기도가 비교적 뿌리 깊게

> 습관화되어 있다. 이러한 종류의 특수성 외에 이것과는 외관상 다른 관제官製의 특수성이라는 것이 별도로 규정되어 유포되어 있다. 그것은 관리 제공諸公의 '조선특수사정'이라는 이데올로기가 바로 그것이다. 이런 두 가지 형태의 특수성의 차이를 찾아보면, 전자가 신비적 · 감상적인 데 대해 후자는 독점적 · 정치적이라는 점을 지적할 수 있지만, 본질적으로는 인류사회 발전의 역사적 법칙의 공통성을 거부하는 점에 있어서는 완전히 궤軌를 같이하고 있으며, 따라서 반동적이다. 이 두 가지 형태의—사실은 닮은꼴의—특수성은 조선사학의 영역을 개척하기 위해서는 정력적으로 배격해야 할 현실적인 대상이다(「조선경제사방법론」; 『논선』, 170쪽).

백남운은 한마디로 한국사의 특수성을 강조하려는 '특수사관'을 비판하였다. 일제 관리들이 말하였다는 '조선특수사정'의 이데올로기가 곧 식민주의사학을 가리킨다는 점은 쉽게 알 수 있다. 그런데 백남운이 '특수사관'을 수입하였으며, 관념적으로 조선문화사를 독자적인 소우주로 특수화하려고 하였다고 지목한 것이 민족주의사학자들이었다는 점은 주목할 필요가 있다. 그는 특히 신채호와 최남선에 대하여 비판적이었는데, 가령 단군신화에 대한 그들의 인식에 대하여 '일종의 특수문화사관'(혹은 '특수문화사')이라고 규정하였다. 또 해방 후 북한에 간 백남운은 『조선사회경제사』를 집필하게 된 목적의 일부로서 일제가 식민지화정책으로 내세웠던 일선동조론日鮮同祖論을 비판하고, 아울러 일반인들이 신채호 · 최남선 등의 이른바 '문화사관'에 의한 조선 역사를 조선 역사의 결정판인 듯 생각하게 된 악영향에 대하여, '문화사관'의 부정당성을 해명하기 위함이었다고 회고하기도 하였다(「백남운 원사의 토론요지」, 『삼국시기의 사회경제구성에 관한 토론집』, 평양 : 과학원 역사연구소, 1957 ; 서울 : 일송정, 1989, 347쪽).

이러한 민족주의사학에 대한 비판적인 태도는 뒤에서 언급할 다른 유물사관론자들에게서도 공통적으로 찾아볼 수 있다. 이 점에서 민족주의사학과 유물사관이 원래부터 친근관계에 있었던 것으로 보려는 한국사학계 일각의 경향은 문제가 있다. 이러한 경향은 아마도 백남운이 같은 연희전문 동료교수인 정인보로부터 문헌의 수집에 도움을 받았다고 한 것(『조선사회경제사』 서문), 앞에서 살펴본 바와 같이 신채호가 「조선혁명선언」에서 민중을 중시하였던 것에서 말미암은 것으로 생각한다. 그러나 백남운은 같은 서문에서 일본학자 시카다 히로시四方博, 아키바 다카시秋葉隆에게도 감사의 뜻을 전하고 있다. 그렇다면 백남운은 그들과도 학문적 · 사상적 친근관계에 있었다고 해야 하겠는데, 그렇게는 생각되지 않는다. 또 앞에서 언급한 바와 같이 신채호의 「조선혁명선언」은 신채호가 무정부주의자가 된 후에 작성한 글이므로 이를 민족주의사관의 산물이라고 보기는 힘들다. 물론 신채호는 위 선언에서 '고유적 조선'을 말함으로써 아직 민족주의를 완전히 탈피하지 못하였음을 나타내고 있는데, 이 역시 이미 지적하였듯이 민족주의에서 무정부주의로 넘어가는 과정에서 생긴 사상적 갈등이 정리되지 않은 것으로 보아야 할 것이다. 따라서 이에 근거하여 신채호에게서 민족주의사관과 유물사관의 조화된 모습을 찾으려고 하는 것은 잘못이라고 할 수밖에 없다.

백남운은 식민주의사학과 민족주의사학을 닮은꼴로 규정하고 이를 비판배격하면서 새로운 관점에 입각한 한국사를 구성하였다. 그 핵심은 일원론적인 역사법칙에 따라 한국사를 보아야 한다는 것이었다.

> 우리 조선의 역사적 발전의 전 과정은 예컨대 지리적인 조건, 인종학적인 골상骨相, 문화형태의 외형적인 특징 등 다소의 차이를 인정한다 하더라도, 외관상의 이른바 특수성이 다른 문화민족의 역사적 발전의 법칙과 구별되어야 할 독자적인 것은 아니며, 세계사적인 일원론적인 역사법칙에 의해 다른 제민족과 거의 동궤적同軌的인 발전과정을 거쳐 왔던 것이다(「조선경제사방법론」; 『논선』, 172쪽)

백남운은 한국사가 아무리 외관적으로 특수성을 나타내고 있다 하더라도 그것은 본질적인 것이 아니라고 생각하였다. 한국사도 '세계사적인 일원론적인 역사법칙'에 따라 다른 여러 민족과 다름이 없는 동일한 역사발전과정을 거쳐왔다고 주장하였다. 여기서 근대 한국이 일본의 고대 단계에 머물고 있었다고 보는 식민주의사학의 정체(성)론을 비판하려는 민족적 경향을 찾아볼 수 있다.

> 즉 조선민족의 발전사는 그 과정이 아무리 아시아적이라고 하더라도 사회구성의 내면적 발전법칙 자체는 오로지 세계사적인 것이며, 삼국시대의 노예제 사회, 신라통일기 이래의 동양적 봉건사회, 이식利殖자본주의사회는 오늘날에 이르기까지의 조선역사의 기록적 총 발전단계를 나타내는 보편사적普遍史的인 특징(!)이며, 그것들은 제각기 특유의 법칙을 갖고 있다(「조선경제사방법론」; 『논선』, 172쪽).

백남운이 생각하였던 '세계사적인 일원론적인 역사법칙'은 마르크스가 경제적 사회구성이 진보하여가는 단계로 제시하였던 아시아적 생산양식, 고대 노예제사회, 중세 봉건사회, 근대 자본주의사회, 공산주의사회로 넘어가는 공식이었다. 그것이 세계 다른 나라는 물론 한국사에도 들어맞는다고 생각하였던 것이다. 이는 세계사적인 발전과정에 비추어 한국사를 체계화하려는 시도였다는 점에서 의의가 크다.

유물사관에 따르면 고대 노예제사회에서는 노예주와 노예의 투쟁, 중세 봉건사회에서는 봉건영주와 농노의 투쟁, 근대 자본주의사회에서는 자본가와 노동자의 투쟁, 이러한 시대적 차이에 따르는 계급대립을 역사 발전의 동인이라고 하였다. 백남운은 이러한 계급 대립이 한국사에도 적용되는 것으로 보았다. 그런데 계급투쟁은 민족의 대외적인 문제가 아니라 민족 내부의 문제였다. 민족을 단일한 개인과 같이 생각하고, 그 대외관계사에 주력하다시피 한 민족주의사학과는 전혀 다른 부면에 대한 관심인 것이다. 즉 그는 민족 내부의 모순·갈등을 역사 서술의 주제로 삼은 것이다. 이것은 한국사를 보는 새로운 시각의 제시라고 할 수 있다. 이 점에서 계급사관을 도입한 것은 한국사 이해에 새로운 국면을 개척한 것이라고 하겠다. 유물사관을 수용한 사학사적 의의 중 하나는 여기서 찾을 수 있다.

> 조선사의 연구는 바로 과거에 있어서의 역사적·사회적 발전의 변동과정을 구체적으로 현실적으로 구명하는 동시에 그 실천적인 동향을 이론화하는 것을 임무로 삼아야 할 것이다(「조선경제사방법론」; 『논선』, 169쪽).

계급투쟁에 입각한 백남운의 한국사의 이해는 강력한 실천적 성격을 지니는 것이었다. 한국사를 계급투쟁사로 파악했던 것을 현실적인 실천과 결부시켜보면 그 결론은 계급 타파가 될 것이다. 다른 말로 바꾸어 말하면 사회주의 사회의 실현을 목표로 하였다는 것과 마찬가지일 것이다. 즉 백남운은 한국이 당면한 역사적 현실을 해결하는 길을 유물사관에서 찾을 수 있다고 믿은 것이다. 유물사관을 수용한 궁극적인 목표는 여기에 있었다고 할 수가 있다.

앞에서 언급한 바와 같이 유물사관의 수용이 갖는 의의는 적지 않다. 특히 세계사와의 관련에서 한국사를 체계화해야 한다는 구체적 업적을 수반한 주장은 분명히 새로운 것이고 특기할 일이라고 본다. 하지만 그가 세운 한국사의 체계는 구체적 연구에 입각한 귀납적 결론이 아니라, 유럽사에서 도출된 법칙을 일방적으로 한국사에 적용한 것에 지나지 않았다는 결함을 지니고 있다. 널리 알려진 바와 같이 유물사관의 공식은 유럽사가 기준이 된 것이고, 따라서 그것이 곧 세계사적인 발전법칙일 수 없다는 점도 명백하다. 즉 그는 한국 고대사회가 노예 노동력에 기초한 사회라고 보았지만, 그렇게 보기는 어렵다는 것이 일반적인 견해이다. 또 한국사에서는 영주領主를 봉건封建한 사실이 없는데도 봉건사회가 존재하였다고 주장할 수는 없는 일인 것이다.

그러므로 세계사적인 법칙이라는 것은 좀더 다른 각도에서 생각되어야 하리라고 믿는다. 그것은 오직 하나의 법칙만이 역사를 지배한다는 일원론적인 입장을 버리고 다원적인 법칙들을 이해하는 것이다. 이것은 민족에 따라서 다른 법칙들이 작용한다는 뜻으로서가 아니다. 동일한 법칙들이 어느 민족에게나 작용하는 것이지만, 그 법칙이란 것이 하나만이 아니라 여럿이라는 뜻에서인 것이다. 이렇게 생각해야만 이른바 특수사관을 완전히 극복할 수 있는 것이다. 그리고 여러 민족들의 특수성이란 것이 그 민족의 구체적인 사실에 입각해서 이해될 수 있는 이론적 근거도 마련할 수 있다고 믿는다.

2) 이청원

이청원李淸源(?~1956)도 백남운과 마찬가지로 한국사의 특수성을 부인하고 한국사도 세계사의 일환으로 발전하였다고 보았다.

> 과거의 조선은 많은 특수성, 정체성을 지니고 있지만, 그럼에도 불구하고 과거 및 현재를 통하여 역시 세계사의 일환으로서의 발전을 해온 데 지나지 않았다. 그러나 조선의 과거와 현실은 모든 점에 있어서 과학적 구명의 처녀지이며, 도끼를 가하지 않은 원시림이다(『조선사회사독본朝鮮社會史讀本』 서문, 『조선사회사독본』, 1936 ; 『논선』, 221쪽).

따라서 그도 백남운과 마찬가지로 민족주의사학에 대해 매우 비판적이었다.

> 그리고 최근의 국제적 · 국내적인 일련의 사정은 필연적으로 '조선의 과거와 현

실'을 이해하려는 기운을 높이었다. 그러나 유교훈화儒教訓話적인, 정책적인, 반봉건적半封建的 '조선학朝鮮學'은 조선의 역사적 과정을 세계사와는 전혀 별개·독립적인 고유의 신성불가침한 '5천 년간의 얼'을 탐구하는 데 열심이어서, 그 공식公式의 천재는 '단군'에 분식粉飾하고, 그 전체적인 영웅은 '이순신'의 옷을 빌려 입고, 그 재간 있는 사람들은 '정다산丁茶山'의 가면을 쓰고 역사를 왜곡하고 있다. 이리하여 '얼'에 의하여 이루어진 신비적인 역사가 만들어진 것이다(『조선사회사독본』 서문 ; 『논선』, 221쪽).

'5천 년간의 얼'이 앞에서 살펴본 정인보의 그것을 가리키는 것임은 명백하다. 심지어 그는 『조선사회사독본』의 집필 목적을 " '조선의 얼'을 깎아냄으로 해서 계몽상 하나의 기초를 확실하게 한다는 점"에 있다고 할 정도였다(『조선사회사독본』 서문 ; 『논선』, 222쪽). 이청원은 민족주의사학을 비판하면서 한국사에 대한 '과학적 구명'의 필요성을 제기하였다.

신흥 역사과학은 물론 이와 대립한다. 조선에 있어서의 모든 형태의 경제적 대립을 구체적으로 연구하고 이것을 역사의 발전법칙에 비추어서 역사의 진실을 파악할 것을 요구하고 있다(『조선사회사독본』 서문 ; 『논선』, 221~222쪽).

역사과학이라는 용어는 백남운이 이미 사용한 바 있었지만, 역사학이 과학이어야 한다는 것을 특히 강조하였던 것은 이청원이다. 위의 인용문에 이어

우리의 역사과학은 종래의 신비적·훈화적 역사학에 대립하여 종합적 과학의 날카로운 해부도解剖刀를 아직 만족스럽게 적용하지 못하고 있다. 그러나 역사과학 영역에서의 활동의 그 유치함에도 불구하고, 종래의 역사를 착실한 진실의 연구로부터 축출하고 과학의 우월성을 단연 확보하고 있다(『조선사회사독본』 서문 ; 『논선』, 222쪽).

라고 한 것에서 이청원이 얼마나 역사학이 과학이어야 한다는 것을 강조하고, 그 우월성을 내세우고 있는지를 잘 알 수 있다.

이처럼 역사학을 과학이라고 하였던 까닭은 사실을 합리적으로 해석한다는 뜻도 있는 듯하지만, 그것보다도 역사가 일정한 법칙에 따라 발전한다고 이해한 데에 말미암은 것으로 생각할 수 있다. 앞에서 보았듯이 백남운에게 이 역사법칙은 곧 유물사관의 발전법칙이었는데, 이청원의 경우에도 다르지 않았다. 그는 우리나라 노예제사회를 고려 말까지로 보고 조선시대를 봉건사회, 개항 이후를 자본주의사회로 보았다. 백남운이 신라 통일 혹은 고려 건국을 전후해서 노예제사회와 봉건사회로 구분한 것과는 다르지만 원칙적으로 유물사관 공식을 적용한 것은 같다.

3) 김태준

민족주의사학에 대하여 가장 비판적이었던 인물은 김태준金台俊(1905~1950)이다.

> 여기서는 조선의 ○○제씨諸氏만을 들어 이야기하려 한다(관변어용官邊御用의 학學은 본론에서는 생략하려 한다). 그들은 사물의 현상을 관념에 의하여 추단한다. 그들은 야만시대의 복사卜師처럼 때때로 통通한 ○신神○과 예언을 한다. 그들은 어디까지든지 환상적이다. 그들은 의당 금인今人이 고인古人만 못하다는 주관을 갖고 사회는 퇴화한다고 본다. 상고에 진선만능盡善萬能한 단군세계檀君世界가 있었고, 그 단군은 만주 · 조선 일대에 군림하기를 하나님께서 허가받은 천손자天孫子로서의 ○○○○○○ 그대로 믿는다. 벌써 옛날에 완전무결한 영웅과 위인이 많이 났다 한다. 강감찬姜邯贊 · 개소문蓋蘇文 · 세종대왕世宗大王 · 이순신李舜臣…… 운운하고 그○ ○○○ ○○한다. 그 영웅, 그 위인은 우리의 ○○히 모셔야 할 위대한 조상이요, 다음이 단군의 자손으로서 민족적인 화랑혼花郞魂

을 잘 준수하여야 한다는 것이다(「사학 연구의 회고 · 전망 · 비판」, 『조선중앙일보』 1936년 1월 1~11일자 ; 『논선』, 211~212쪽).

김태준이 말한 '관변어용의 학'은 대체로 식민주의사학을 가리키는 것으로 보이는데, 이를 논외로 하겠다고 한 것은 비판할 만한 가치가 없다는 의미였을 것이다. 다음으로 그가 단군의 실재를 믿고, 민족정신으로 화랑도의 정신을 중시하였다고 지적한 인물이 신채호나 최남선 같은 민족주의 사학자들이었을 것임은 쉽게 짐작이 간다. 김태준은 이들의 한국사 인식이 관념적이고 환상적이며 복고적이라고 비판하였다.

> 한학자漢學者가 역사를 쓴다는 것은 때로는 문헌학적으로 기여가 될 수도 있지만, 많은 경우에는, 특히 조선과 같이 독자층이 ○○적 ○○을 갖지 못한 곳에서는, 그 ○○○ 해독이 매우 큰 것이다. 모지某紙에 실은 「5천년간五天年間 조선朝鮮의 얼」 같은 것은 그 현저한 예이려니와 (중략) 그 발론이 너무나 비과학적이어서 논평의 대상이 되지 않음을 알아야 한다(「사학 연구의 회고 · 전망 · 비판」; 『논선』, 211쪽).

김태준은 아예 정인보의 「5천년간 조선의 얼」을 지목하여 논평의 대상이 되지 못한다고 혹평하기도 하였다. 그런데 그가 정인보를 비판하면서도 그의 연구가 문헌학적으로 기여가 될 가능성을 열어두었다는 점이 주목된다. 사실 그는 민족주의사학의 사관에 대하여서는 정면으로 비판하였지만 신채호나 정인보 등이 문헌고증적인 측면에서는 도움이 되는 바가 있음을 인정하였던 것이다. 이에 이르러 실증사학에 대한 유물사관론자들의 입장을 살펴볼 필요가 있다.

앞에서 본 바와 같이 백남운은 문헌고증에 대해 비판적인 태도를 취하였지만 그 필요성까지 부인하지는 않았다. 이청원은 『진단학보震檀學報』 제3권에 대한 서평(「진단학보 제3권을 읽고」, 『진단학보』 4, 155쪽. 『동아일보』에 실렸던 것의 재록)에서 진단학회 소속 학자들의 학문적 활동이 통속사가들보다는 엄청난 발전을 하였으며, 선행자들과 본질적으로 다르지는 않지만 결코 그 업적을 과소평가할 수 없다고 하였다. 물론 그들의 연구가 관념적이라고 신랄하게 비판하기도 하였지만(아마도 생산력의 발전이나 계급의 대립·투쟁 등을 다루지 않았다는 뜻일 것이다), 그들의 업적을 한편으로는 긍정적으로 평가하였던 것이다. 이는 김태준도 마찬가지였다.

> 『진단震檀』 제3호에 이병도李丙燾 씨는 '기자箕子의 후손 기준箕準'이란 설을 일축하고 기준을 한준韓準이라고 결론하였다(기자가 조선에 오지 않은 것은 논할 필요도 없이 명백하고, 이 점 이씨의 견해가 일면적으로 귀중한 작품이다)(「사학 연구의 회고·전망·비판」; 『논선』, 215쪽).

> 예컨대 이상백李相佰 씨의 「삼봉인물고三峯人物考」 같은 것은 문헌적으로 종래에 보지 못한 석명析明을 보여주면서도, 그 인물의 시대성을 그 사회경제적 배경에서 구명하지 않았기 때문에 삼봉 정도전鄭道傳이란 인물의 좀더 진정한 면목을 보여 주지 못한 것 같다(「사학 연구의 회고·전망·비판」; 『논선』, 216쪽).

김태준은 『진단학보』 제3권에 실린 이병도의 「삼한문제의 신고찰(2)—진국 및 삼한고」 중 이른바 한씨조선설이 기자조선의 정체를 밝히는 데 일정하게 기여할 바가 있다고 하였다. 또 『진단학보』 제2권과 제3권에 실린 이상백의 「삼봉인물고—무인난설원기戊寅難雪冤記를 중심으로」에 대해서도 대체로 긍정적으로 평가하였다. 하지만 그가 실증사학에 동조하였던 것이 아님은 물론이다.

> 이러한 역사적 방법은 종래의 현학적인 나열식의 병폐를 일소할 뿐 아니라 인류 역사적 활동의 궁극적인 원인이 무엇인가를 탐구하여 이를 사회의 물적 생산력의 발전에 귀착시킨 것으로, 인류의 역사적 활동의 동기와 사회적 변화의 원인을 어느 개인의 의사와 정복욕과 민족정신과 그타他 관념적인 동기한 역사와는 전연 판이한 입장에 섰다는 점은 코페르니쿠스적 전향이라고 하여도 과언이 아니다. 그리하여 조선문화 각 부문의 연구에 있어서 비과학적 · 권력적 · 보수적 · 관념적인 종래의 방법과 이에 반反한 것과의 양자의 대립을 보게 되는 것이다(「사학 연구의 회고 · 전망 · 비판」; 『논선』, 213쪽).

김태준은 식민주의사학은 물론이고 관념론적인 민족주의사학을 날카롭게 비판하였다. 실증사학에 대해서는 나름대로의 의의를 인정하였으나 기본적으로는 비판적 태도를 취하였다. 이러한 비판의 토대 위에서 유물사관에 입각한 역사인식을 강조하였던 것이다.

김태준의 민족주의사학에 대한 비판은 때로는 지나치게 과격하다고 느껴질 정도이지만, 그만큼 유물사관에 철저했다는 뜻도 될 것이다. 다만 민족주의적인 국수주의적 관념은 정상적인 것은 아니고 일제의 침략이라는 비정상적인 상황이 빚어온 결과라고 볼 수 있다. 민족주의사학은 학문적인 면도 있기는 하지만 이민족의 지배하에서 독립운동의 방편으로서 의의가 큰 것이다. 따라서 독립운동 자체를 부정하지 않는 한 그렇게까지 비판할 필요가 있었던 것일까, 또 이론적으로 비록 잘못이 있었다고 하더라도 그렇게까지 표현할 필요는 없지 않았나 생각한다.

4) 전석담

유물사관의 특징은 다만 학문적인 연구방법에만 있는 것이 아니었다. 그 특징은 현실의 개혁, 혹은 혁명에 대한 사명감에 있었다. 그러므로 앞에서 언급한 바이지만 백남운도 그 실천적인 의의를 강조한 바 있다. 하지만 일제시대의 억압된 분위기 속에서 실천을 지나치게 강조하기는 어려웠을 것이다. 당연한 추세라고 하겠지만 해방 뒤에 이 실천성은 더욱 강조되었다. 전석담全錫淡(1916~?)은 자신의 『조선사교정朝鮮史敎程』의 서론을 「조선사연구의 실천적 의의」라고 하였는데, 이는 그가 얼마나 한국사의 실천성을 중시하였는지를 말해준다. 전석담은 그 처음에

> 우리가 역사를 알고자 하는 목적은 과거의 종점인 동시에 미래의 시발점인 현재를 운동에 있어서 파악하는 데 있다. 그러므로 우리가 이제 조선역사를 알려고 애쓰는 것은 조선에 관한 여러 가지 옛 이야기를 취미 삼아 알자는 것이 목적이 아니라 조선의 미래를 우리 손으로 건설해 나아가자면 반드시 알아야 할 역사적 궤도를 찾아내자는 것이 목적이다.
>
> 이러한 의미에서 역사과학은 철두철미 실천적 의의를 띤 것이며, 따라서 실천을 떠난 역사과학은 학문이 아니라 고담·한화에 지나지 않는다. 그러므로 역사과학은 말이나 글자만으로는 해득할 수 없고 실천을 통하여 몸소 체득해야 한다(「조선사연구의 실천적 의의」, 『조선사교정』, 1948 ; 『논선』, 230쪽).

라고 하고, 그 끝에서는

> 역사는 실천의 기록이다. 역사는 실천의 피조물이며 동시에 실천의 창조자다. 그러므로 역사를 실천하는 자만이 역사를 이해할 수 있다. 우리는 부단히 현재를 비판하고 현재를 옳게 이끌어 나아가기 위해서 항상 새로이 돌아보고 역사의 지침이 가리키는 방향으로 일체를 들어 돌진해야 한다(「조선사연구의 실천적 의의」 ; 『논선』, 236쪽).

라고 하였다. 이와 같이 전석담은 역사를 실천이라는 관점으로 파악하였는

데, 그가 말한 '역사의 지침이 가리키는 방향'은 말할 것도 없이 자본주의사회 다음으로 필연적으로 예정되어 있다는 사회주의사회의 건설인 것이다. 따라서 그 방향으로의 돌진은 혁명운동일 수밖에 없다.

전석담은 실천적 의의를 강조하는 입장에서 역사적 사실에 대한 평가를 내리고 있다. 성공과 실패를 중심으로 한 역사적 사건에 대한 평가는 현실적인 혁명적 실천을 위한 전술적 교훈을 얻는 데 그 목적이 있었던 것으로 보인다. 하지만 전술적 차원에서보다는 역사적 발전 속에서 그 사실들이 차지하는 의의를 더 중요시해야 하지 않을까 한다. 그러한 발전적 관점에서 본다면, 비록 그 당시에는 실패한 것으로 나타나더라도 긴 안목에서는 성공으로 평가할 수도 있는 것이다. 가령 3·1운동이 당장 한국의 독립이라는 목표를 이루지는 못했지만, 온 국민이 독립운동에 참여하였고, 그 결과로 임시정부가 민주주의 원칙에 의하여 조직되고, 또 해방 뒤에 이루어진 정부의 형태가 민주주의의 원칙에 기초하게 되었다는 점에서 그 의의를 평가하는 것이 옳을 것이다. 결국 현실적인 실천을 고려한 계급의 대립과 투쟁이라는 단순화된 논리로만 역사적 사실을 평가하다 보면, 역사적 발전의 양상은 전혀 무시되는 결과가 나타나는 것이다.

유물사관은 1920년대 당시의 한국사학에 대한 비판을 토대로 수용되었다. 특히 일제 관학자들의 식민주의사학과 국내 민족주의사학에 대하여 대단히 비판적이었다. 실증사학에 대해서도 비판적이었지만, 한편으로는 그 공적을 인정하였다. 이렇게 과거의 역사학을 비판하고 유물사관이 내세웠던 것은 세계사적인 일원론적인 역사법칙이었다. 유일한 과학적 방법이라고 주장한 보편적인 일원론적 역사법칙은 곧 유물사관 공식의 적용을 뜻하는 것이었다. 이의 적용은 정체성 이론을 극복하려는 민족적 성향을 띤 것이기도 하였다. 또 유물사관에서는 사회발전의 계기를 생산력의 발전에서 구하고 있는데 이 관점은 한국사를 이해하는 유효한 하나의 방법이다. 더구나 그것은 관념적인 정신사관으로부터 한국사학을 구제하는 데 공헌하였다.

그러나 유물사관 공식의 적용만이 한국사 연구의 유일한 과학적 방법이요, 다른 연구의 시각은 모두 배척되어야 한다는 배타적인 태도는 잘못이라고 할 수밖에 없다. 종종 한국사의 실제와 일치하지 않는 허구적인 주장이 나오게 되는 것도 그러한 잘못에서 연유하는 것이라 생각한다.

3. 실증사학

민족주의사학이나 유물사관은 하나는 정신적인 입장이요 하나는 물질적인 입장이기는 하지만, 모두 일원론적인 원리 혹은 법칙에 입각해서 한국사를 이해해보려고 하였다는 점에서 그 궤軌를 같이하고 있다. 이에 대해서 어떤 선입견 없이 각자의 전공분야에서 한국사를 체계적으로 이해해보려는 학자들이 나타났다. 그 대표적인 것이 1934년에 조직된 진단학회를 중심으로 한 학자들이지만 이 같은 경향을 띤 학자들은 그 이전부터도 있어왔다.

(1) 이능화 · 안확 · 최남선

이능화李能和(1869~1943)는 『조선불교통사朝鮮佛敎通史』(1918)를 위시해서, 『조선여속고朝鮮女俗考』(1927) · 『조선해어화사朝鮮解語花史』(1927) · 「조선무속고朝鮮巫俗考」(『계명啓明』 19, 1928), 『조선기독교급외교사朝鮮基督敎及外交史』(1928) · 『조선도교사朝鮮道敎史』(연대 미상) 등의 많은 저술을 남겼다. 책 이름만 보아도 알 수 있듯이 그의 관심은 주로 종교사와 민속사에 쏠려 있었다. 이능화는 자신이 관심 가는 주제에 관한 사료를 발견하면 이를 필사하여서 저술에 이용하였다. 그러므로 그의 저술 안에는 현재 원사료를 찾아볼 수 없는 귀중한 기록이 포함되어 있다. 「미륵불광사사적彌勒佛光寺事蹟」에 실려 있었다는 백제의 승려 겸익謙益의 전기 같은 것이 그 예이다. 위의 책들은 전 시대의 역사편찬방법 중 하나인 편년체에 입각해 자료를 충실히 정리한 것들이다. 이능화는 서술 방법에 있어서는 전통적인 역사학을 답습하였다고 할 수 있다. 그러나 그가 종교와 민속 등의 부면에 관심을 가진 것은 새로운 시대의 조류를 반영한 것이었다.

안확安廓(1886~1946)은 『조선문명사朝鮮文明史』라는 총서를 계획하여 민족사 · 미술사 · 학예사 · 문학사 · 정치사 · 경제사 · 외교사 · 육해군사의 8개 부문에 걸친 분류사를 저술하려 하였다. 그중 『조선문학사朝鮮文學史』(1922)와 『조선문명사朝鮮文明史』〔일명 『조선정치사朝鮮政治史』(1923)〕가 출판되었다. 그의 원래 계획은 모두 이루어지지 못했지만 개인의 저술로는 대단히 야심적인 기도였다고 하겠다. 그것이 종합적인 계획이었다는 점에서뿐만 아니라 새로운 지식을 종횡으로 발휘하는 의욕에 있어서 또한 그러하다.

앞에서 이야기한 바와 같이 이능화가 동양의 전통적인 역사 서술방법에 따라 사료의 모집 정리에 치우친 것에 비해 안확은 참신한 연구방법을 도입하였으며, 그 서술방법도 새로웠다. 『조선문명사』 술례述例에 따르면, 그는 한국의 『대전통편大典通編』 등, 중국의 『통고通考』를 비롯한 이른바 구통九通 등, 서양서로는 『독일법제사獨逸法制史』 등 방대한 저술들을 참조하였을 뿐만 아니라 또 옛 대관大官 · 서리 · 아전들에게 직접 문의하기도 하였다고 한다. 광범위한 자료수집과 구체적인 예를 제시하였다는 점에서 그의 역사 연구는 실증적이라고 할 수 있다. 그는 "조선에 기왕 정치학, 또는 정치사에 관한 기록이 없으므로 본서의 체재는 전서前書를 효칙效則함이 없이 전혀 저자의 자의自意에 의하여 신모형新模型을 작作한다"라고 언명하였는데(술례),

이 정치사의 신모형은 만국정치사와 비교함으로써 얻은 것이었다. 사실 그는 본문 안의 여러 군데에서 중국정치사나 서양의 그것과 비교해가며 같은 점과 다른 점을 밝히려고 노력하였다. 현재 이론적인 체계화나 비교사학의 필요성을 강조하고 있지만, 그것이 이미 이때에 부르짖어지고, 또 실천되었다는 것은 한국사학사에서 특기할 만한 일이다.

> 정치사에 대하여 최중요한 것은 시대구별이라. 근세과학적으로 사회조직·경제·문화 및 지리상의 제문제에 의하여 그 범範을 취하면 조선정치사의 구분을 좌左와 여如히 별립別立하노라(『조선문명사』 서언, 『조선문명사』, 1923 ; 『논선』, 114쪽).

안확이 조선정치사의 시대구분에 대한 필요성을 인식하고 있었다는 것은 그가 역사의 발전을 체계적으로 인식하려고 하였음을 말해준다. 그리고 그것을 기준으로 정치뿐만 아니라 사회, 경제, 문화, 지리의 여러 측면을 고려하겠다고 한 것은 그가 정치사를 단순한 정치사로 보았던 것이 아니라 다른 여러 측면과 유기적으로 이해하려고 하였음을 의미한다. 이러한 관점에서 그는 한국정치사의 시대구분을 다음과 같이 시도하였다.

1기—태고太古 부락시대部落時代(원시시대)

2기—상고上古 소분립정치시대小分立政治時代(단군 건국부터 열국列國, 즉 삼한 말까지 2천 2백 년간)

3기—중고中古 대분립정치시대大分立政治時代(삼국 초부터 남북조까지 범凡 1천 년간)

4기—근고近古 귀족정치시대貴族政治時代(려조麗朝 범 5백 년간)

5기—근세近世 군주독재정치시대君主獨裁政治時代(이조李朝 범 5백 년간)

이 시대구분은 제1 · 4 · 5기가 사회형태와 정치형태를 기준으로 하고 있고, 제2 · 3기는 국가의 분립상태를 기준으로 하고 있기 때문에 반드시 일관성 있게 시대를 구분하였다고 보기는 어렵다. 하지만 이러한 시도는 독창적인 것이며, 한국사를 체계적으로 이해하려고 하였다는 점에서 높이 평가되어야 한다.

> 우右 구분으로 서양정치사에 비견比見하면 봉건시대가 없는지라. 조선은 본래 봉건제가 박약하여 천자 · 제후의 제도가 희미하고 희랍(그리스)과 같이 부족 자치와 각왕各王 분립의 정치로 상고 급及 중고의 사史를 작作하니라(『조선문명사』 서언 ; 『논선』, 114쪽).

앞에서 안확이 비교사적 방법을 채택했다고 하였는데, 그는 자신의 한국사 시대구분과 서양정치사의 그것을 비교하여 그 차이점을 간략히 설명하였다. 이 점에서 그는 한국사의 특수성에 대해 나름대로 의식하고 있었다고 할 수 있으며, 훗날 유물사관론자들이 중세봉건사회를 설정하려고 했던 것과는 크게 다르다.

최남선은 한국의 원시문화를 이해하는 데 문화권文化圈의 이론을 적용하였다. 단군신화에 대한 연구에 초점을 둔 불함문화권不咸文化圈에 대한 주장이 그것이다. 그의 단군 연구의 특징은 단군을 건국의 시조인 개인으로서가 아니라 원시사회의 신앙에 근거를 둔 종교적 제사장(무당)으로 이해하였다는 점에 있다. 이를 증명하기 위하여 그는 동북아시아 일대의 샤머니즘에 대한 연구에 힘을 쏟기도 하였다. 앞에서 말한 바와 같이 이것은 한국 고대문화 연구에 있어서 일단의 전진이었다고 할 수 있다. 나아가 그는 단순히 원시문화에 대해서뿐만 아니라 한국문화의 발전상 전반에 대해서 세계문화사에서의 위치를 규정하려고 하였다. 또한 『아시조선兒時朝鮮』에서 진화론에 입각하여 인류의 기원으로부터 서술함으로써 웰즈Herbert G. Wells의 『세계사The Outline of History』(1920)에서 영향을 받았음을 나타내기도 하였다. 어떻든 그는 역사의 체계적 인식에 적지 않은 관심을 가지고 있었다.

> 역사는 사실의 쓰레기통이 아니며 연대의 실꾸리가 아니며 무론 번쇄煩瑣한 고증과 쇄잡碎雜한 언행록言行錄이 아니니다. 일국의 역사는 그 민족·사회·문화의 발전·성립한 내력을 가장 단적으로 요령 있게 인과적으로 표현한 자이라야 할 것이다. 각개의 사실에 정당한 지위를 주어서 그것의 정제整齊한 연쇄連鎖가 곧 그 국가·민중·생활·문화의 합리적 전개상이라야 할 것이다(『조선역사』 소서小敘, 『조선역사』, 1931 ; 『논선』, 154쪽).

그런데 이러한 표방에도 불구하고 그의 『조선역사朝鮮歷史』는 사실의 나열에 그치고 말았다. 하지만 최남선은 한국을 중심으로 한 문화권론 또는 문화이동론에 있어서는 뚜렷한 자기 이론을 세웠다.

(2) 진단학회

진단학회震檀學會는 실증사학을 대표하는 학회이자 한국인으로 구성된 최초의 한국학 연구 학회이다. 진단학회가 조직된 것은 1934년의 일로, 백남운의 『조선사회경제사』가 발행된 다음의 일이다. 그러나 백남운의 이름은 이 학회의 발기인 명단에서 찾아볼 수 없다. 사회경제사에 관심을 가졌던 학자로는 박문규朴文圭가 발기인 명단에 끼어 있고, 또 문학사를 전공하였으나 이 방면에 관심이 깊은 김태준도 있다. 단 이들의 논문 기고는 찾아볼 수가 없다. 한편 기고자들 중에는 도유호都宥浩, 한흥수韓興洙 등의 고고학자들을 비롯하여 김석형金錫亨, 박시형朴時亨 등 그 계통으로 알려진 학자들의 논문이 실려 있는 것이 눈에 띈다.

앞에서 살펴본 대로 이청원, 김태준 등 유물사관론자들은 실증사학에 대해서 나름대로의 의의를 인정하였으나 기본적으로는 비판적 태도를 취하였다. 그런데 진단학회에서 다른 지면에 실렸던 이러한 비판의 글을 『진단학보』에 전재하였다는 점은 주목할 필요가 있다. 이것은 말하자면 사관과 관계없이 어떠한 학문적인 비판도 받아들이겠다는 태도를 나타낸 것으로 해석된다. 따라서 이는 진단학회가 유물사관론자들의 적극적인 참여를 얻지는 못하였더라도 그들을 용납할 수 있는 여지를 지니고 있었다고 해석할 수 있다. 앞서 말하였듯이 김태준이 발기인 중 한 명이었고, 그런 경향을 지닌 학자들의 논문을 『진단학보』에 싣기도 하였던 것이다. 그러나 인적 관계로 보나 또 학풍의 경향으로 보나 양자의 관계가 그리 따뜻한 것은 아니었다.

한편 발기인 명단을 보면 문일평의 이름을 찾을 수 있는데, 그는 민족주의에 입각하면서도 실증사학이나 사회경제사학에 가까이 하려고 한 역사가였다. 따라서 이 사실만으로 민족주의사학과 진단학회의 관계를 말하기는 어렵다. 그보다는 당시 국내에 있던 대표적인 민족주의 사학자라면 정인보를 들 수 있는데, 그와 진단학회가 별 상관이 없었다는 점이 눈길을 끈다. 그는 현재의 문헌에 전하지 않는 민족사적 진실까지를 찾고자 했는데, 이런 견지에서 일본 학자들의 문헌 고증을 추종하는 일본 유학 출신의 학자들을 못마땅하게 생각하였던 것이다. 진단학회 소속의 실증사학자들 역시 신채호, 정인보 등 민족주의 사학자들의 역사학에 만족하려 하지 않았고, 그 학문적 수준을 높이 평가하려고 하지도 않았다.

진단학회에 관계한 역사가로는 이병도李丙燾(1896~1989)를 위시하여 이상백李相佰(1904~1966)·손진태孫晉泰(1900~?)·김상기金庠基(1901~1977)·송석하宋錫夏(1904~1948)·고유섭高裕燮(1905~1944) 등이 있다. 이들은 모두 그들이 전공하는 분야와 시대를 갖고 있다는 것이 하나의 특징이다. 예를 들어 이병도는 고대 역사지리와 유교, 풍수지리 등의 사상사를 전공하였고, 이상백은 조선건국사와 사회제도사를, 손진태는 원시적 신앙과 민속을, 김상기는 대외관계사와 반란사를, 송석하는 민속을, 고유섭은 미술사를 각기 전공하였다. 이것은 한국사의 연구가 세분화되었다는 뜻도 되지만, 동시에 한국사학이 학문으로 성립하기 위해서는 그만큼 한 분야에 깊은 천착이 필요하였다는 뜻도 된다.

이상과 같이 생각하고 보면 실증사학의 본질을 대략 파악할 수 있게 되었다고 할 수 있을 듯하다. 우선 그들은 일정한 기성사관에 집착하고 있지 않았으며, 오히려 이를 기피하였다. 그보다 그들은 구체적인 역사연구를 통하여 인간에 대한 이해에 도달하려고 하였다고 볼 수 있다. 이와 관련하여 이상백이 일제하에서 논문을 쓸 때의 태도에 관해 말한 다음의 발언을 들어둘 필요가 있다.

> 이것을 좀더 구체적으로 말한다면, 역사의 사실이란 것은 항상 인간성의 전체에 관련하는 것이다. 이것은 리케르트가 역사적 개성이라는 것은 항상 역사의 전체에 편입되는 것이라는 의미와도 같은 것이다. 즉 이 역사사실이라는 것은, 인간성 전체 위에 있는 의미 있는 존재라는 것을 생각하여야 한다. 그러므로 개개個個가 전체에 관련하는 것은 그 개개를 조금도 변개함이 없어 전체에 관련할 수가 있다. 일개의 사건이 그 시간과 장소의 제약을 받으면서 넓게 그 시대 전체에 관련하고, 또 국민·민족의 전반에 관련하여 이해되고, 다시 인간 전체의 관련에 있어서 고찰할 수 있는 것은 이 때문이다(『조선문화사연구론고朝鮮文化史硏究論攷』 서, 『조선문화사연구론고』, 1947 ; 『논선』, 223～224쪽).

물론 이것은 그 개인의 생각이요, 이른바 실증사학자들 전체의 의견을 대변한 것은 아니다. 그렇지만 구체적인 사실의 구명을 통하여 인간의 일반적인 것을 이해하려는 태도에는 의식했건 못했건 간에 변함이 없다고 생각한다. 이상백의 조선 건국과정에 대한 분석 속에는 권력을 위한 정치가의 권모술수 일반에 대한 날카로운 비판이 담겨 있는 것이다. 이것은 나아가서 일제의 침략과정에 대한 간접적인 비판을 내포하고 있었던 것이다.

이렇게 개별적인 사실로부터 출발하는 연구 태도의 당연한 결과가 되겠지만, 실증사학은 연구의 방법을 중요하게 생각하였다.

> 또 역사 연구의 임무는 생활 진전의 일반적인, 인간에 보편한 법칙을 발견하려는 데에도 있는 것이나, 또 민족의 구체적인 생활의 실상과 그 진전의 정세를 구체적인 그대로 파악하여 역사로서 그것을 구성하는 데에도 있는 것이다. 따라서 그 연구의 도정道程에 있어서도 무슨 일반적인 법칙이나 공식만을 미리 가정하여 그것을 어떤 민족의 생활에 견강부회하는 방법을 취하여서는 안 된다(『조선문화사연구논고』 서 ; 『논선』, 227쪽).

> 또 어떠한 원칙을 실증하고 결론을 단정함에는, 정밀한 관찰과 확호確乎한 사실을 전제로 할 것이요, 독단적 해석과 기계적 적용은 진리를 탐구하는 방도가 아니요, 참으로 과학적 방법이 아니라는 점을 알아야 한다(『조선문화사연구논고』 서 ; 『논선』, 228쪽).

이상백은 가정된 법칙이나 공식을 일방적으로 적용하는 것이나 독단적 해석과 그것을 기계적으로 적용하는 것은 역사 연구의 '과학적 방법'이 아니라고 보았다. 그는 반드시 세계 모든 민족의 역사를 두루 살펴야만 일반적인 법칙이 추출된다고는 보지 않았으며, 일개인이나 일민족에서도 일반성을 추출할 수 있다고 생각하였다. 그리고 그것은 정밀한 관찰에 바탕을 둔 확고한 사실의 추구를 통해 이루어질 수 있을 것으로 보았다. 따라서 사료를 일차적으로 중요하게 여겼다.

> 근대사학의 과학적 방법에 대하여서도 새삼스러운 설명을 여기에 진술할 필요는 없으나, 한 가지 부정하지 못할 사실은 우리가 아직 학문적 방법에 의한 훌륭한 연구를 갖지 못하였다는 것이니, 이것은 우리 사학도의 중대한 책임이라고 하지 않을 수 없다. (중략) 이에 사료의 비판이 필요하게 되는 바이다. 비판이라 함은 그 기재의 역사적 사실 여부의 변별辨別만이 아니라, 그 문헌이 어느 때 누가 쓴 것이며, 그 술작述作의 정신과 동기와 목적이 어디 있는가를 명백히 하는 것이므로, 이 점에 있어서는 편벽과 오류와 허구가 역시 한 개의 역사적 사실인 것을 생각할 필요가 있다(『조선문화사연구논고』 서 ; 『논선』, 225~226쪽).

이상백은 사료 자체의 역사적 사실의 여부만이 아니라, 그 사료의 생산과 유통까지도 염두에 두어야 한다고 하였다. 개별적인 사실에 대한 과학적인 탐구를 중요시하였다. 사료를 그대로 믿는 것이 아니라 사료 비판을 중요하게 여긴 것이다.

실증사학자들은 개별적인 사실을 추구하기 위하여 기성의 이론을 일방적으로 적용하는 것을 거부하였으며, 때로는 법칙적인 체계화 자체로부터 해방된 듯한 느낌조차 준다. 그들은 어떤 이론적 선입견을 가지고 역사를 연구하는 것은 과학적 방법이 아니라고 믿었던 것이다. 이같이 실증사학이 등장함으로써 민족주의사학이나 유물사관이 자칫 소홀히 하기 쉬웠던 역사의 구체적 연구에 대한 방법의 문제가 새로이 제기되었다.

그런데 실증은 역사학의 기초조건이기는 하지만, 그것이 곧 역사학 자체일 수 없다는 것도 자명한 일이다. 실증사학자들은 개별적인 사실의 추구에 지나치게 몰두하였을 뿐 개개의 사실 위에서 일반적인 의미를 구체화하는 작업에 거의 의욕을 나타내지 않았거나 혹은 그 일반화 작업이 한국사 내지는 역사 전체에 일관하는 어떤 구체적인 체계로까지 발전되지 못하였다. 이 점에서 사관이 없다는 말을 듣게 되었을 것이다. 그뿐만 아니라 민족이 처한 현실이나 사회경제적 모순에 대한 관심 표명이 상대적으로 적었다는 점도 실증사학의 한계로 지적해두어야 하겠다.

4. 신민족주의사관

민족주의사관·유물사관 및 실증사관의 세 역사학 조류의 형성은 현대 한국사학의 기초를 닦아주었다고 할 수 있다. 그러나 이들의 어느 하나만으로는 현대 한국사학의 바람직한 모습이라고 할 수가 없었다. 이들 여러 전통은 비판적으로 계승·발전되어서 더 높은 차원의 한국사학이 건설되어야 했던 것이다. 그리고 실제로 그러한 노력을 한 학자들이 나타났다.

문일평은 그중의 한 사람이었다. 앞서 소개한 바와 같이 그는 민족주의사학에서 출발하였다. 그는 '조선심'에 토대를 둔 '조선사상'을 한국사를 인식하는 기초로 삼았다. 그러나 그는 '조선사상'을 민중을 토대로 한 사상이라고 함으로써 사회경제사적 입장에 접근하고 있음을 나타내고 있다. 그는 민족을 단일한 것으로 보지 않고, 그 안에 복잡한 사회가 있음을 인식하였다. 이것이 근대 민족주의사학의 일단의 전진이었음은 이미 말해둔 바와 같다. 이뿐만 아니라 문일평은 진단학회와도 관련을 맺으면서 실증사학의 연구방법을 받아들여『대미관계오십년사對美關係五十年史』(1939) 등의 저술을 남기기도 하였다. 말하자면 문일평은 민족주의사학을 기간으로 하고 여기에 사회경제사학이나 실증사학을 받아들인 사가였다.

이러한 종합적인 학풍을 건설하려고 노력한 또 다른 한 사람인 손진태는 문일평과는 달리 실증사학에서부터 출발하였다. 진단학회의 중요한 구성원이기도 하였던 그는 역사 연구에 대하여 다음과 같이 말하였다.

사실史實은 사실 그대로 이것을 인식하여 거기에 비판을 가하는 것이 진정한 과학자로서의 취할 바 당연한 태도이다(『조선민족사개론』 서설, 『조선민족사개론朝鮮民族史概論』, 1948 ; 『논선』, 241쪽).

이것이 그가 말하는 역사 연구의 과학적 태도였다. 그러나 그는 개별적인 사실을 밝히는 것에만 만족하지 않았다. 그는 개별적인 사실의 규명을 토대로 한국사를 체계적으로 이해할 수 있는 이론을 찾아내려고 노력하였다. 그리하여 민족사의 방법론에 대하여 다음과 같이 말하였다.

다음으로 수언數言할 것은 민족사의 방법론이다. 역사학은 오직 과거의 사실史實의 나열만으로써 되는 것도 아니요, 어떤 계급의 이익만을 중심으로 술작述作될 것도 아니요, 또 일국민이나 일민족만의 복리福利를 위해서 고구考究될 바도 아니다. 모든 사실史實을 사실 그대로 공정하게 파악하여, 또 그 복잡한 사실을 종합·비판하여, 거기서 민족의 참된 행복의 길을 발견하고, 겸하여 인류사회의 발전·향상과 평화를 재래齎來할 수 있는 이론과 방법을 터득하는 것이 사학의 지고至高목적일 것이다(『조선민족사개론』 서설 ; 『논선』, 240쪽).

그는 사학의 지고의 목적이 사실의 비판 종합을 통하여 이론과 방법을 터득하는 데 있다고 갈파하였다. 그는 고증만으로 만족하지 않고 새로운 이론을 창조해내려고 하였던 것이다. 이 점이 바로 그가 실증사학에 토대를 두고 있으면서도 사실의 객관적 인식에 만족하였던 실증사학자들과 갈리는 점이다.

손진태의 이론에 대한 추구는 아무래도 사회경제사학의 영향에 힘입었다고 보아도 좋을 듯하다. 그는 종래의 왕실중심적인, 따라서 귀족적·지배계급적인 사관을 비판하였다. 그리고는 다음처럼 백남운을 높이 평가하였다.

> 내가 아는 한에 있어 용감하게 이 구각舊殼을 깨뜨린 선구자는 오직 백남운 씨 한 사람이었다. 이 의미에 있어서 나는 씨의 저작 『조선사회경제사』와 『조선봉건사회경제사』에 대하여 경의를 갖는다(『조선민족사개론』 서설 ; 『논선』, 240쪽).

하지만 그렇다고 손진태가 사회경제사학의 유물사관을 그대로 계승한 것은 아니었다. 그는 위의 인용문에 바로 이어서

> 그러나 나의 견지로 보면 씨는 '우리 자신'의 일부만을 발견하였고 '우리 자신'의 전체를 발견하지는 못했다. 그것이 씨의 의식적인 결과인지 아닌지는 모르되 씨는 피지배계급을 발견하기에 너무 열중한 나머지 '민족의 발견'에 극히 소홀하였다. 나는 이 소저小著에서 이 '민족의 발견'에 노력하였으며, 또 이 '민족'의 입지에서 우리 역사를 개론해본 것이다(『조선민족사개론』 서설 ; 『논선』, 240쪽).

라고 하여 백남운과 자신의 차이점을 분명히 하였다. 민족보다 계급을 더 중요하게 여긴 데 대하여는 비판적이었던 것이다.

손진태가 민족을 중시하였던 것은 민족주의사학의 영향으로 보는 게 좋을 것이다. 그런데 위에서도 알 수 있는 바와 같이 그의 민족에 대한 이해는 종래의 민족주의 사학자들처럼 관념적인 것이 아니었다. 그가 민족주의 사학자들에 대하여 관심을 표명한 일이 없었던 것은 아마도 이에서 비롯되었을 것이다. 손진태는 자신의 한국사관이 민족이 지니는 사회적인 측면을 중요시하였다는 점에서 종래의 민족주의사학과 달랐기 때문에 자신의 사관을 신민족주의사관이라고 불렀다.

이상과 같이 살펴오고 보면 손진태의 신민족주의사관은 실증사학의 토대 위에서 사회경제사학과 민족주의사학을 흡수하여 빚어진 이론이라고 보아도 좋을 것이다. 다시 말하자면 민족적 입장에서 실증을 통하여 얻은 정치 ·

경제 · 사회 · 문화의 여러 사실史實을 독자적으로 체계화하려는 노력이 나타난 것이다. 문일평과는 다른 면에서 근대사학의 세 조류를 비판적으로 계승 · 발전시킨 예를 여기서 찾아볼 수 있다.

손진태는 신민족주의의 입장에서 한국사의 발전과정에 대한 독창적인 견해를 표명하였다. 가령 그는 『국사대요國史大要』(1949)의 서설緖說인 「민족역사의 대강大綱」 중 제3절 '사회의 발전과 왕조의 변혁'에서 한국사를 씨족공동사회, 부족사회 · 부족국가 · 부족연맹국가, 귀족국가의 3단계로 시대구분하였다. 구분의 기준은 민족 전체의 균등이었다.

민족주의사학에서는 고유사상 내지는 추상적 정신을 한국사를 이해하는 중심개념으로 설정하고, 그것의 성쇠가 민족사의 성쇠를 뜻한다고 보았다. 사회경제사학, 특히 유물사관에서는 생산력의 발전을 토대로 한 역사 발전의 법칙을 내세웠다. 민족의 균등 여부를 기준으로 한 손진태의 시대구분도 이러한 일원론적인 사관의 테두리를 벗어나지는 못하였다.

또 손진태가 한국사를 이해하는 잣대로 삼았던 민족의 균등은 장차 도달하여야 할 민족의 목표였다고 생각한다. 그는 그 지향해 나아가야 할 민족의 목표를 가지고 민족사의 과거를 비판하였다. 즉 민족의 균등이라는 기준에 합치된 사실은 그 역사적 의의를 높이 평가하고 그렇지 않으면 낮추 평가하였다.

그러나 현재적 가치판단의 기준에 비추어 보면 낮추 평가되어야 할 것이더라도, 그 당시 상황 속에서는 높이 평가되어야 할 것들이 있을 것임은 분명한 일이다. 사실들이 지니는 역사적 의의라는 것은 바로 그러한 것이다. 그런데 신민족주의사관의 입장에서는 이것이 불가능하게 되고 있다. 이것은 결국 역사의 발전에 대한 인식을 또한 불가능하게 하였다고 생각한다. 따라서 도덕적인 반복사관으로 되돌아갈 위험성을 내포하고 있는 것이다. 현재적 관심에 말미암은 사실의 가치 판단만을 지나치게 강조함으로써 사실의 역사적 의의에 대한 이해를 불가능하게 하였던 것이다.

위와 같은 한계성에도 불구하고, 신민족주의사관은 한국 근대 역사학의 전통을 비판적으로 계승·발전시켜서 새로운 독창적인 이론을 이끌어냈다는 점에서 높이 평가되어 마땅하다고 믿는다. 비록 이론적으로 뚜렷이 드러나지는 않았지만 다원적인 시대구분의 가능성을 제시해줌으로써 민족주의 사학이나 유물사관이 지니는 일원론적 사관을 비판·청산할 수 있는 길을 터놓아주기도 하였다. 현대의 한국 사학은 신민족주의사관으로부터 바로 이 점을 계승하여 이를 더욱 발전시켜야 할 것이라고 믿는다.

찾아보기

ㅅ

ㅇ

ㅈ

李基白韓國史學論集 ⑮

韓國史學史論

1판 1쇄 펴낸날 2011년 6월 2일

지은이 | 이기백
펴낸이 | 김시연

펴낸곳 | (주) 일조각
등록 | 1953년 9월 3일 제300-1953-1호(구 : 제1-298호)
주소 | 110-062 서울시 종로구 신문로 2가 1-335
전화 | 734-3545 / 733-8811(편집부)
733-5430 / 733-5431(영업부)
팩스 | 735-9994(편집부) / 738-5857(영업부)
이메일 | ilchokak@hanmail.net
홈페이지 | www.ilchokak.co.kr

ISBN 978-89-337-0607-7 94910
89-337-0108-7(세트)

값 22,000 원

* 이 도서의 국립중앙도서관 출판시도서목록(CIP)은 e-CIP홈페이지
(http://www.nl.go.kr/ecip)에서 이용하실 수 있습니다.
(CIP제어번호 : CIP2011002073)